社会系教科における評価のためのツール作成の論理
―― 授業者のための評価法作成方略 ――

井 上 奈 穂 著

風 間 書 房

目　次

序章　研究の意義と方法 …………………………………… 1
第1節　研究主題 ………………………………………… 1
第2節　本研究の意義と特質 …………………………… 3
第3節　研究方法と論文構成 …………………………… 6

第1章　授業者のための評価法作成の特質と課題 ………… 13
第1節　授業者のための評価法の特質 ………………… 13
第2節　先行研究の到達点と課題 ……………………… 15
　第1項　子ども／生徒の捉え方についての先行研究 ……… 15
　第2項　単元全体の評価に関する先行研究 ……………… 18
　第3項　評価のためのツールに関する先行研究 ………… 19
第3節　学力保障のための評価の課題 ………………… 22

第2章　社会系教科に求められる評価のためのツール ……… 25
第1節　社会系教科における学習評価の特質 ………… 25
　第1項　学習評価の対象 ………………………………… 25
　第2項　社会系教科における形成される学力 …………… 26
第2節　評価のためのツールの特質 …………………… 28
　第1項　社会系教科における学習評価の到達点 ………… 28
　第2項　授業場面と評価のためのツールの関係 ………… 28
　　1．授業場面の特質　28
　　（1）子ども／生徒が行う活動　29
　　（2）活動のための場　30

２．評価のためのツールの特質　　30
　　　　（1）SIATの概要　　30
　　　　（2）SIAT4に見られる評価規準　　32
　　　　（3）評価のためのツールの実際　　35
　　　　（4）それぞれの規準の対応関係　　43
　　第3項　評価資料の特質 …………………………………………… 45
　第3節　社会系教科における特徴的な授業場面 ………………………… 47

第3章　共感的理解につながる評価のためのツール
　　　　──人物に基づく社会認識形成の保障── ………………………… 51
　第1節　共感的理解につながる評価のためのツールの条件 ………… 52
　　第1項　人物に基づく社会認識形成の特質 ……………………… 52
　　第2項　形成される社会認識 ……………………………………… 52
　第2節　授業場面の特質 ………………………………………………… 54
　　第1項　単元全体から見た授業の位置づけ ……………………… 54
　　第2項　授業場面の実際 …………………………………………… 56
　　　１．発表を中心とした学習活動　　56
　　　２．意見交換を中心とした学習活動　　59
　第3節　評価のためのツール設計の実際 ……………………………… 60
　　第1項　回答行為の設定 …………………………………………… 60
　　第2項　「ふきだし」「手紙」の実際 ……………………………… 61
　第4節　共感的理解につながる評価のためのツールの作成と活用の
　　　　　論理 ………………………………………………………………… 64

第4章　事実の習得につながる評価のためのツール
　　　　──事実に基づく社会認識形成の保障── ………………………… 77
　第1節　事実の習得につながる評価のためのツールの条件 ………… 78

第1項　事実に基づく社会認識形成の特質 …………………… 78
　　第2項　形成される社会認識 ………………………………… 79
　第2節　授業場面の特質 ………………………………………… 80
　　第1項　単元全体から見た授業の位置づけ ………………… 80
　　第2項　授業場面の実際 ……………………………………… 81
　　　1．概念用語の確認　81
　　　2．概念用語の解説　82
　　　3．項目の解説　84
　　第3項　評価対象 ……………………………………………… 85
　第3節　評価のためのツール設計の実際 ……………………… 87
　　第1項　解答行為の設定 ……………………………………… 87
　　第2項　客観テストの実際 …………………………………… 88
　第4節　事実の習得につながる評価のためのツール作成と活用の
　　　　　論理 …………………………………………………… 91

第5章　見方・考え方の習得につながる評価のためのツール
　　　　――モデルに基づく社会認識形成の保障―― ………… 107
　第1節　見方・考え方の習得につながる評価のためのツールの条件 …… 108
　　第1項　モデルに基づく社会認識形成の特質 ……………… 108
　　第2項　形成される社会認識 ………………………………… 108
　　第3項　授業場面の特質 ……………………………………… 109
　第2節　思考過程に依拠したモデルの場合 …………………… 112
　　第1項　授業場面の特質 ……………………………………… 112
　　第2項　授業場面の実際 ……………………………………… 114
　　　1．単元「公害」の単元構成　114
　　　2．「探求モデル」を通した社会認識形成　115
　　　　（1）知識の累積的成長の場合　115

（2）知識の変革的成長の場合　116
　　第3項　評価のためのツール設計の実際 …………………………………… 117
　　　1．「探求モデル」の習得過程　117
　　　2．客観テストの設計　118
　　　　（1）一般的知識と個別的知識の関係の把握　118
　　　　（2）探求の過程　121
　　　　（3）評価規準の作成手順　122
　　　　（4）評価の実際　124
　　第4項　「探求モデル」に基づく社会認識形成の保障 ………………… 125
第3節　学問成果に依拠したモデルの場合 ………………………………… 126
　　第1項　分析モデルの場合 ………………………………………………… 126
　　　1．授業場面の特質　126
　　　2．授業場面の実際　127
　　　　（1）単元「消費社会論」の構成　127
　　　　（2）「分析モデル」を通した社会認識形成　128
　　　3．評価のためのツール設計の実際　131
　　　　（1）「分析モデル」の習得過程　131
　　　　（2）客観テストの設計　133
　　　4．「分析モデル」に基づく社会認識形成の保障　144
　　第2項　解釈モデルの場合 ………………………………………………… 145
　　　1．授業場面の特質　145
　　　2．授業場面の実際　146
　　　　（1）単元「古代国家の歩み」の構成　146
　　　　（2）「解釈モデル」を通した社会認識形成　147
　　　3．評価のためのツール設計の実際　150
　　　　（1）「解釈モデル」の習得過程　150
　　　　（2）客観テストの設計　151

4．「解釈モデル」に基づく社会認識形成の保障　156
第4節　見方・考え方の習得につながる評価のためのツール作成と
　　　　活用の論理 ………………………………………………………… 157

第6章　生き方の選択につながる評価のためのツール
　　　──判断に基づく社会認識形成の保障── ……………………… 163
第1節　生き方の選択につながる評価のためのツールの条件 ………… 164
　第1項　判断に基づく社会認識形成の特質 ……………………………… 164
　第2項　形成される社会認識 ……………………………………………… 164
第2節　授業場面の特質 …………………………………………………… 166
　第1項　単元全体から見た授業の位置づけ ……………………………… 166
　第2項　授業場面の実際 …………………………………………………… 168
　　1．子ども／生徒による判断場面　168
　　（1）「個人の判断」の場面─第1次─　168
　　（2）「問題点の判断」の場面─第2次─　168
　　（3）「クラス集団における集団的判断」の場面─第3次─　170
　　（4）「社会のあり方についての判断」の場面─第4次─　172
　　2．「子ども／生徒による判断場面」の流れ　173
　第3項　評価対象 …………………………………………………………… 174
第3節　評価のためのツール設計の実際 ………………………………… 175
　第1項　第1次の客観テスト・論文体テスト …………………………… 176
　第2項　第2次の客観テスト・論文体テスト …………………………… 178
　第3項　第3次の客観テスト・論文体テスト …………………………… 181
第4節　生き方につながる評価のためのツール作成と活用の論理 …… 184

第7章　社会系教科における授業者のための評価法作成方略
　　　　——単元「制度について考えよう」を事例に—— ……………… 187
　第1節　社会系教科における学習評価の段階 …………………………… 188
　第2節　評価のためのツールによって保障される社会認識形成 ……… 189
　第3節　評価のためのツールを活用した評価方略 ……………………… 191
　　第1項　単元のねらいと子ども／生徒に形成される社会認識 ……… 192
　　第2項　「社会構造の理解」に対応する評価 ………………………… 197
　　　1．展開1〜4で形成される社会認識　197
　　　2．展開1, 2に対応する評価のためのツール
　　　　　—事実に基づく社会認識形成—　198
　　　　（1）学習内容の構造　198
　　　　（2）評価のためのツールの実際　199
　　　3．展開3, 4に対応する評価のためのツール
　　　　　—モデルに基づく社会認識形成—　201
　　　　（1）想定する見方・考え方　201
　　　　（2）評価のためのツールの実際　202
　　第3項　「価値判断」の評価 …………………………………………… 203
　　　1．展開5, 6に対応する評価のためのツール
　　　　　—判断に基づく社会認識形成—　203
　　　　（1）評価のためのツールの役割　203
　　　　（2）評価のためのツールの条件　203
　　　2．展開5（1），6（1）に対応する評価のためのツール　204
　　　　（1）評価のためのツールの構成　204
　　　　（2）評価のためのツールの実際　207
　　　　（3）評価のためのツールに見られる評価方略　209
　　　3．展開5（2），6（2）に対応する評価のためのツール　209
　　　　（1）評価のためのツールの構成　209

　　　　（2）評価のためのツールに見られる評価方略　215
　　第4項　評価方略の検証 ……………………………………………… 216
　　　1．全体的な傾向　216
　　　2．個々の学生の回答　217
　　第5項　評価方略の活用の論理 ……………………………………… 220
　第4節　社会系教科における授業者のための評価法作成方略 ………… 221

終章　社会系教科における評価と今後の課題 …………………………… 231

引用・参考文献 ……………………………………………………………… 233
引用・参考論文 ……………………………………………………………… 237
報告書ほか …………………………………………………………………… 245
教材資料 ……………………………………………………………………… 246
あとがき ……………………………………………………………………… 251

図表一覧

図1-1-1. 教育システムにおける評価の位置 …………………………………… 14
図1-1-2. 学力形成過程と評価のタイミング ………………………………… 15
図1-2-1. 先行研究に見られる子ども／生徒の描かれ方 ……………………… 16
図1-2-2. 「理想」と「実態」をつなぐツールの位置づけ …………………… 20
図2-1-1. 形成される社会認識 ………………………………………………… 26
表2-2-1. SIATの概要 ………………………………………………………… 31
表2-2-2. 静的カテゴリー ……………………………………………………… 32
表2-2-3. 動的カテゴリーを示す例文 ………………………………………… 33
表2-2-4. SIAT4で評価される発言 …………………………………………… 35
表2-2-5. SIAT1の論争文と設問の解答 ……………………………………… 38
表2-2-6. SIAT2に見られる設問と「整理する活動」「話し合い活動」……… 40
表2-2-7. SIAT3の問題構成 …………………………………………………… 40
表2-2-8. SIAT3の評価規準と「整理する活動」……………………………… 42
表2-2-9. SIATの規準と「整理する活動」「話し合い活動」の対応関係 …… 44
表2-2-10. 評価資料と授業場面の関係 ………………………………………… 46
表2-3-1. 社会系教科の授業に見られる「よさ」と対応する授業場面 ……… 47
図3-1-1. 形成される社会認識―共感的理解― ……………………………… 53
表3-2-1. 単元「讃岐糖業の父『向山周慶』」から見た授業実践の位置づけ … 55
表3-2-2. グループにおける学習内容の相違 ………………………………… 56
表3-2-3. 発表を聞く姿勢についての指示（授業者）………………………… 57
表3-2-4. 授業者による意見交換前の指示 …………………………………… 59
表3-2-5. 授業者による意見交換中での指示 ………………………………… 60
表3-3-1. 子ども／生徒に求められる回答行為 ……………………………… 61
図3-4-1. 評価のためのツールを軸とした学力保障―共感的理解― ………… 65
図4-1-1. 形成される社会認識―事実の習得― ……………………………… 79
表4-2-1. 単元全体から見た授業「自然と人間―気候―」の取り扱い内容の位置づけ ………………………………………………………………… 81
表4-2-2. 概念用語の確認場面 ………………………………………………… 82
表4-2-3. 概念用語に関する解説の形成過程 ………………………………… 83
表4-2-4. 項目に関する解説の形成過程 ……………………………………… 84

図表一覧　ix

表 4-2-5. 授業実践「気候と人間」に見られる事実の体系 ……………………… 86
表 4-3-1. 子ども／生徒に求められる解答行為 ………………………………… 88
表 4-3-2. 授業実践「気候と人間」に対応する客観テストの事例 ……………… 89
図 4-4-1. 評価のためのツールを軸とした学力保障―事実の習得― ………… 92
図 5-1-1. 形成される社会認識―見方・考え方の習得― ………………………… 109
図 5-1-2. モデルに基づく社会認識形成の過程 ………………………………… 110
表 5-2-1. 単元「公害」の構成 ……………………………………………………… 114
図 5-2-1. 一般的知識の累積的成長（単元「公害」の場合） …………………… 115
表 5-2-2. 公害に関する探求の過程と対応する個別的知識 …………………… 115
図 5-2-2. 「探求モデル」の習得の過程 …………………………………………… 118
表 5-2-3. テスト問題と学習した一般的知識，個別的知識との関連 ………… 121
表 5-2-4. 評価の観点とその具体的項目及び段階 ……………………………… 122
表 5-2-5. 具体的な回答例 ………………………………………………………… 123
図 5-3-1. 単元「消費社会論」における分析モデル …………………………… 129
表 5-3-1. 単元「消費社会論」における主要な問い …………………………… 129
表 5-3-2. 単元「消費社会論」における分析モデルと事例の関係 …………… 130
図 5-3-2. 「分析モデル」の習得の過程 …………………………………………… 131
表 5-3-3. 子ども／生徒に求められる解答行為 ………………………………… 133
表 5-3-4. 客観テストで取り上げた事例と分析モデルとの類似性 …………… 139
表 5-3-5. パフォーマンス課題で取り上げた事例と分析モデルとの類似性 … 142
表 5-3-6. 単元「古代国家の歩み」における「解釈モデル」 ………………… 148
表 5-3-7. 単元「古代国家の歩み」における解釈モデルと事例の関係 ……… 149
図 5-3-3. 「解釈モデル」の習得の過程 …………………………………………… 150
表 5-3-8. 子ども／生徒に求められる解答行為 ………………………………… 152
表 5-3-9. 単元「古代国家の歩み」の客観テスト ……………………………… 155
図 5-4-1. 評価のためのツールを軸とした学力保障―見方・考え方の習得― … 158
図 6-1-1. 形成される社会認識―生き方の選択― ……………………………… 165
表 6-2-1. 単元「わたしのライフプラン」の単元構成 ………………………… 167
表 6-2-2. 単元「わたしのライフプラン」で形成される社会認識 …………… 171
図 6-2-1. 子ども／生徒の判断の過程 …………………………………………… 173
表 6-2-3. 単元「わたしのライフプラン」において「判断」を支える知識 … 174
図 6-4-1. 評価のためのツールを軸とした学力保障―生き方の選択― ……… 185
表 7-1-1. 社会系教科における学習評価の段階 ………………………………… 188

表7-2-1. 保障される社会認識の位置づけ ································· 191
表7-3-1. 単元「制度について考えよう」の構成 ························ 193
図7-3-1. 単元の構成と子ども／生徒に期待される社会認識 ············· 194
表7-3-2. 終結部で形成される社会認識 ··································· 195
表7-3-3. 展開5において生徒に形成される社会認識 ···················· 196
表7-3-4. 展開1〜4で形成される社会認識と対応する客観テスト ······· 197
表7-3-5. 単元「制度について考えよう」の展開1，2に見られる知識の構造 ······ 198
図7-3-2. 「主張」の構造 ··· 204
表7-3-6. ツール(1)に含まれる主張の要素 ······························· 206
表7-3-7. ツール(2)に含まれる主張の要素 ······························· 213
表7-3-8. 学生の回答 ·· 216
表7-3-9. 単元「制度について考えよう」に見られる学力保障のための評価方略
の構成 ·· 220

序章　研究の意義と方法

第1節　研究主題

　本研究の目的は，社会系教科における評価のためのツール作成の論理を明らかにすることである。

　評価のためのツールとは，目的に応じた評価の情報を得るために用いられる媒体である。これは，意図的にセットした課題に取り組ませ，その反応の状況を処理して資料を得ようとする方法[1]の中で用いられるものであり，標準学力検査など一般的な学習状況の把握を目的としたものと，いわゆる「教師自作テスト」のように，授業者である教師自身が生徒の学習状況を判断する情報を得るためのものに分けられる。本研究で取り上げるのは後者であり，授業の目標を実現しているか否かの判定を授業者自身が行うための情報を与えるものである。

　このような評価の情報を得るために用いられる媒体は，一般的には「テスト」と称されることが多いが，その形式，使用法は多様であり，いわゆる「テスト」の形式をとらないものもある[2]。本研究では，形式上の制約に制限されず，情報を得るための道具の作成とその論理を提示するという意味で「評価のためのツール」という表現を用いる。

　では，なぜ，社会系教科における評価のためのツール作成の論理の解明が必要なのか。

　社会系教科の目的は，社会認識を通して市民的資質を育成する[3]とまとめられるように，社会認識形成や市民的資質の意味，また，それらの関係をどう捉えるかという教科固有の役割から導かれる解釈と，社会で求められる

市民像から導かれる解釈に分けられる[4]。そのため,多様な授業が存在し,それらの背景には,授業についての考え方である授業観そのものの違いが存在する。このように多様な授業観の存在を前提にすれば,授業観と実際の授業に対応した評価は必然となる。

　しかしながら,これまでの研究において,授業や授業観そのものの多様性が意識されることは少なかった。なぜなら,社会系教科では,目標論,カリキュラム論,授業構成論といった授業に関する研究がその中心であり,「形成すべき学力」を育成できる最もよい授業の解明が,主要なテーマとされていたからである。「形成すべき学力」の育成を可能とするよりよい授業の探求は,目標論,カリキュラム論,授業構成論の研究としての意義を高める上で必要である。しかし,先行研究で提示される「形成すべき学力」のほとんどは,学校教育を終え,社会で活躍している大人をモデルとしている。しかもそれは,授業や学校教育の中で,その育成を見届けることはできない[5]範囲までも内包しており,授業者の育成に関わることのできる範囲も曖昧なものとなっている。そのため,授業者が,教育の専門家として,教室や生徒の実態に応じた授業を行う上での選択肢という意味においては不十分である。授業者にとって必要なのは,「形成すべき学力」よりもむしろ,実際に「形成される学力」であり,さらには,「形成される学力」を個々の生徒にどのように保障すればよいのかという方略である。

　このように考えると,「形成すべき学力」と「形成される学力」を区分し,授業者の保障できる学力を確定すること,そして,それを確定するための方略を提示すること,つまり,授業者が個々の生徒の学力を保障するための評価の論理を明らかにすることが求められる。評価は,学力形成に関わる機能を持つ授業とは違い,形成された学力の確認に関わる機能を持つ。従来の研究に評価の視点を加えることは,社会系教科の実際の授業における学力保障をよりよいものとすることを可能にしよう。

　また,本研究は,授業に関する研究に評価の視点を組み込むだけでなく,

評価に関する研究に授業構成の視点を組み込むものでもある。これまでの評価に関する研究では，結果から得られる情報の客観性を高めることでその質の向上が目指されてきた。しかし，情報そのものの客観性の質は高まっているにもかかわらず，十分に活用されているとはいい難い。そこには，対象は何なのか，何を測定できるのか，目的は何かを説明しうる論理の不在があり，評価のための評価となっている現状がある。このような論理が不在のまま実施された評価から得られる情報は，その客観性が保障されたとしても有効とはいえない。結果が独り歩きし，競争や序列化といった教育的ではない状況を生み出す[6]。その意味では，客観性よりもむしろ，評価の目的，ツールの具体，評価結果の解釈の方法を明らかにすることが，評価の質を高めることにつながる。授業を通して形成される学力を保障するという目的から，評価の論理を明らかにすることは，より活用可能な評価の在り方を提示することにもつながろう。

　本研究で開発される社会系教科における評価のためのツールは，授業と評価の双方をつなげるものである。この作成の論理を明らかにすることは，従来の授業論中心であった社会系教科の先行研究と，評価に関する研究の相互の問題点を克服し，授業者による学力保障をよりよいものとすることにつながるといえよう。

第2節　本研究の意義と特質

　評価研究は，社会系教科に関する研究の中で，蓄積が乏しい領域とされるが，評価に関わる研究は多い。そこで，第2節では，評価に関わる学術論文を事例として，それらの研究の特質を明らかにする。その上で，本研究の意義と特質を示す。

　では，ここで取り上げる評価に関わる学術論文とは何か。評価は「教育測定」と「教育評価」の2つの側面がある。前者は，子どもたちの学力をテス

トで量的に測定し，判定することであり，後者は，教育目標に照らし合わせ，実態を捉えることにより，子どもの発達する権利・学習する権利を保障するための情報を得ようとするものである[7]。第2節の目的は，評価研究の体系化が目的ではなく，あくまでも特質を示すことが目的なので，この「教育測定」，「教育評価」の側面が見られる論文を過去10年の社会系教科に関する学会誌の論文から抽出[8]したものを評価に関わる論文とする[9]。結果，36本の論文が抽出された[10]。これらの論文の特質は大きく4つに分かれる。まず，【Ⅰ】子どもの実態を教育測定の結果から明らかにする論文（1~11）である。次は，【Ⅱ】授業もしくは教材の有効性を示す論文（12~26）である。さらに，【Ⅲ】教育測定の結果を踏まえた授業開発を行った論文（27~28）である。そして，【Ⅳ】学校現場における評価実践及び評価法の具体についての論文（29~36）である。

　では，これらの中に見られる「評価」の特質を見ていこう。

　【Ⅰ】子どもの「実態」を教育測定の結果から明らかにする論文では，2つの特質が見られた。(1)アンケートや先行研究の分析を通して，対象とした生徒の実態を明らかにするもの（1~8）と，(2)授業を受けた後の，生徒の実態を明らかにするもの（9~11）である。これらの論文からは，限定的な結論ではあるが，生徒の実態が，論理的，統計的に示される。これは，授業者である教師が目の前にいる生徒をどのようにとらえればよいのかについての情報を与える。

　次は，【Ⅱ】授業もしくは教材の「有効性」を示す論文である。これは対象となる計画・授業構成論もしくは教材が示され，それに基づいた実践がなされる。この実践を通して見られた生徒の変容をプレテスト，ポストテストから判断し，計画・授業構成論もしくは教材の有効性を示す。これらの論文は，提示された計画・授業構成論，もしくは使用する教材として何が適切かを選択する上で有効な情報を読者である授業者に与える。

　【Ⅰ】【Ⅱ】に位置づく論文は，どのように生徒をとらえればよいのか，ど

のような授業を行えばよいのかという授業者の問いに答えるものであり，個々の生徒の学力保障というよりはむしろ，より多くの生徒にとって効果のある授業構成，教材，授業構成の条件が実証されている。そしてこのような研究成果を受けたものが【Ⅲ】に位置づく論文である[11]。

このように考えると，【Ⅰ】【Ⅱ】【Ⅲ】に位置づく論文では，評価とは「教育測定」のことであり，最も多くの生徒に効果のある授業を作るための，もしくは効果のある授業であることを示すためのデータを作る手段となる。

では，【Ⅳ】学校現場における評価実践及び評価法の具体についての論文を見てみよう。ここでは，3つの特質が見られた。それは，(1) 過去に行われた評価実践，評価法の分析[12] (29～32)，(2) 評価実践を踏まえた評価構成論の提案 (33～35)，そして (3) 授業構成論を踏まえた評価法の提案 (36) である。

この【Ⅳ】に位置づく論文の目的は，生徒の学習状況をどのように評価すればよいのかという問いに答えるものである。(1) は，過去に行われた評価の事実が示されるため，その具体や特徴は理解できる。しかし，評価実践や評価法を作るという点においては十分ではない。(2) は，評価実践の事実や評価実践から得られた情報が示されているが，行われた授業実践と評価実践，得られた結果の解釈の目的が明確ではない。授業実践は，測定された結果に基づけば実証可能である（【Ⅱ】）が，評価実践そのものから得られた結果は，評価実践自体の効果を実証するデータとはなりえない。(2) に位置づく論文はその点において評価実践の事例紹介にとどまり，その評価法の論理が明らかにはされていない。このように考えると【Ⅳ】(1) (2) (3) は，事実としての評価実践・評価法の提案にとどまり，評価法そのものの論理，妥当性に関して十分に示されてはないといえる。

このように事例として挙げた評価に関する論文では，【Ⅰ】～【Ⅲ】の手段としての教育測定，【Ⅳ】の事実としての評価実践・評価法の提案にとどまり，生徒の学習状況をどのように評価すればよいのかという本質的な問い

に答えるものは見られなかった。これは，過去の社会系教科における評価に関する研究でも同様である。評価研究では，教育測定や評価実践の提案にとどまる「評価に関する研究」ではなく，「評価」の本質的な問いに論理的に答えることが求められる。

このような評価に関する研究に対し，評価のためのツール作成を行う本研究の意義は2つある。1つは，授業者自身による評価のためのツール作成を可能にする論理が提示される点である。これまでの評価に関する論文は，提示されている問題そのものが活用され，一種の問題集として読まれることが多かった。このことが授業者の評価に対する自主性を阻み，授業と評価の齟齬を産む要因となっていた。評価のためのツール作成の論理が提示されることにより，生徒の実態や授業に合わせた授業者自身の評価を可能にする。

2つは，ツールにより得られる結果を判断し，次の学習に活かす論理が提示される点である。これまでは，評価結果が重視されていたため，評価が生徒の序列化につながることが多かった。評価の結果を次の学習に活かす論理が示されることにより，個々の生徒の学力保障につながるよりよいフィードバックを可能にする。

以上，2つの意義を持つ本研究は，従来の評価に関する研究の問題点を克服し，個々の生徒の学力をどのように評価すればいいのかという評価の本質的な問いに答えようとする「評価研究」として位置付けることができるといえよう。

第3節　研究方法と論文構成

本研究は以下の手順で社会系教科における評価のためのツール作成の論理を明らかにする。

第1章は，社会系教科における授業者のための評価法の特質と課題を述べる。授業者による評価の特質を，教育評価に関する先行研究から明らかにす

る。その特質は，単元全体に関わる評価と単元を構成する授業場面に関わる評価の2つの異なるレベルの評価活動で構成されることである。このような特質を踏まえ，社会系教科における授業者のための評価に関する先行研究の到達点を示し，社会系教科における授業者のための評価法作成の課題を明らかにする。

　第2章は，評価のためのツールを作成する前提を整理する。評価のためのツールから学力保障のためのより有効な情報が得られるのは，その評価資料と，それぞれの授業場面の特質に対応関係が見られる場合である。そこで，評価のためのツールから得られる評価資料の特質と社会系教科で特徴的な授業場面を先行研究から提示する。

　第3章以下では，第2章で明らかとなった特徴的な授業場面の見られる授業を取り上げ，それぞれに対応する評価のためのツールを作成する。

　まず，第3章では「人物に基づく社会認識形成」の保障に関わる評価のためのツールを示す。この授業場面の「よさ」は，郷土の偉人に代表される人物への共感的理解を中心とした学習活動の中に見られる。

　第4章では「事実に基づく社会認識形成」の保障に関わる評価のためのツールを示す。この授業場面の「よさ」は，授業者主導の解説の中に見られる。

　第5章では「モデルに基づく社会認識形成」の保障に関わる評価のためのツールを示す。この授業場面の「よさ」は，社会を説明するための枠組みとしてのモデルの習得と活用を中心とした学習活動の中に見られる。そのため，依拠するモデルの特質が授業に大きく影響を与える。そこで，「探求モデル」，「分析モデル」と「解釈モデル」の2つのモデル特質を踏まえた評価のためのツールを示す。

　第6章では「判断に基づく社会認識形成」の保障に関わる評価のためのツールを示す。この授業場面の「よさ」は，現実社会に即した判断場面の設定に見られる。

　第7章では，第3章から6章で明らかにされた授業場面に対応した評価の

ためのツールのそれぞれの機能を概観する。その上で，具体的な単元「制度について考えよう」を取り上げ，評価のためのツールのそれぞれの機能を組み合わせた評価法作成の方略を示す。

最後に，社会系教科のように複雑な構造を持つ授業を評価する場合，複雑さを一面で捉えようとするのではなく，授業場面の「よさ」とされる側面から捉え，それぞれの場面にふさわしい評価を行うこと，そして，それを組み合わせることによる学力保障のための評価法が必要であることを提案する。

注
1) この方法は，「テスト法」と言われるものである。しかしながら，方法としての「テスト法」と道具としての「テスト」は名称として似通っているが，異なる機能を持つものである。
「テスト法」については，橋本［2003, pp. 56-99］，渋谷［2006］に依拠した。
2) 例えば，授業で用いたワークシートや授業の中に見られる生徒の発言，行動等も，授業者の行う評価の一つであり，そのために用いられるワークシートや判断基準，規準を示したルーブリックなども評価のためのツールには含まれる。
3) 社会系教科の中心概念のこのような解釈ついては内海ら［1971］に詳しい。
4) 片上［1994］は，社会科の教科固有の役割は，「社会認識の育成」と「市民的（公民的）資質」の育成の2点に集約されると述べている。
5) このような「学力」を確認するためには，社会人として成長した生徒にとっての授業の「意味」づけを明らかにする必要があろう。このような学力を対象とした研究としては，村井［1996］の研究を挙げることができる。
6) 「客観的な」評価の結果が人間の序列化，競争の根拠として，文脈を無視して使われた歴史についてはグールド［2008］の文献に詳しい。
7) 柏木［2002］は，日本における「教育測定」から「教育評価」への史的展開をこれらの枠組みで示している。
8) 以下の条件を設定し，分析を行った。
　①全国社会科教育学会，日本社会科教育学会，社会系教科教育学会の学会誌（『社会科研究』，『社会科教育研究』，『社会系教科教育学研究』）に掲載論文。
　②1999年から2009年までの10年間に発表された，教育測定を扱っている論文。
　③3ページ以上執筆された，ある程度まとまりのある論文。

9) また，このほかに，研究者の立場から，実際に授業に見られる子どもと教師の見方・考え方の変容（代替的フレームワーク）に着目し，授業の構造，特質を明らかにしようとしている研究として，李［2009］の研究を挙げることができる。また，授業観に着目し，授業改善を図ろうとする研究として，峯［2009a］［2009b］［2009c］［2011］の研究を挙げることができる。序章では，「授業者」を主体とした評価を題材としているため，これらの研究は含めなかった。

10) ＜論文リスト＞（論文は年代順に並べた）

【Ⅰ】(1)
1．鈴木正俊「子どもの地理的空間認識に関する基礎的研究―手描く地図法の問題点に着目して―」日本社会科教育学会『社会科教育研究』No. 82, 1999年, pp. 1-12。
2．福田正弘「子どもの企業行動理解の発達」全国社会科教育学会『社会科研究』第50号, 1999年, pp. 111-120。
3．加藤寿朗「児童の社会認識の発達を規定する要因に関する調査的研究―小学校社会科の教育内容を基盤として―」全国社会科教育学会『社会科研究』第50号, 1999年, pp. 121-130。
4．寿福隆人「高等学校「日本史」学習における歴史イメージの形成に関する研究―「古代籍帳」を題材とした演習問題を通して―」日本社会科教育学会『社会科教育研究』No. 84, 2000年, pp. 32-46。
5．重松克也「書き言葉に着目した定量的な授業分析―規範が判断の視点に与える影響に関する実証的研究―」日本社会科教育学会『社会科教育研究』No. 84, 2000年, pp. 47-58。
6．加藤寿朗「子どもの社会認識の発達的変容に関する調査研究―店の相違を捉える視点の分析から―」日本社会科教育学会『社会科教育研究』No. 85, 2001年, pp. 1-10。
7．吉田剛「高校生の大陸・国家に対するイメージの空間性と空間認識について」日本社会科教育学会『社会科教育研究』No. 90, 2003年, pp. 1-14。
8．吉田剛「社会系教科における学習動機の内面化について―位置認知力との相関分析を通して―」全国社会科教育学会『社会科研究』第63号, 2005年, pp. 21-30。

【Ⅰ】(2)
9．須賀忠芳「地域史からみる日本史教育とその試み―会津藩を素材に―」日本社会科教育学会『社会科教育研究』No. 86, 2001年, pp. 12-25。

10. 釜田聡「日韓関係史を重視した中学校歴史的分野の教材開発―江戸時代の「通信使」を中心に―」日本社会科教育学会『社会科教育研究』No. 87, 2002年, pp. 49-63。
11. 松岡葉月「博物館の体験学習における児童の歴史意識の発達的変容―小学校第3学年単元「昔のくらし」からの考察―」日本社会科教育学会『社会科教育研究』No. 97, 2006年, pp. 27-39。

【Ⅱ】

12. 峯岸由治「小学校国際理解学習の改造―小六総合学習「みんな地球人」を手がかりに―」社会系教科教育学会『社会系教科教育学研究』第11号, 1999年, pp. 37-44。
13. 岡﨑誠司「新産業分類に基づく「ネットワーク部門」の内容編成―小学校産業学習の授業改善―」全国社会科教育学会『社会科研究』第50号, 1999年, pp. 191-200。
14. 峯明秀「意思決定力を育成する中学校社会科歴史授業―単元「田中正造へのメッセージ」の場合―」全国社会科教育学会『社会科研究』第50号, 1999年, pp. 271-280。
15. 豊嶌啓司「「構成主義」的アプローチによる社会科「意思決定」型学習指導過程―心理学における「多属性効用理論」及び「自己フォーカス」を援用した中学校公民的分野「家族と社会生活」を事例に―」全国社会科教育学会『社会科研究』第51号, 2000年, pp. 41-50。
16. 岡﨑誠司「社会変動の視点を重視した小学校地域学習の単元開発―第3学年単元「商店のある町―空き店舗問題―」の場合」日本社会科教育学会『社会科教育研究』No. 88, 2002年, pp. 15-28。
17. 岡﨑誠司「フードシステム論に基づく小学校地域学習の単元開発―4年生単元「わたしたちの県―広島菜をつくる―」の場合―」全国社会科教育学会『社会科研究』第58号, 2003年, pp. 41-50。
18. 平林和男「産業学習「住宅建築」の授業構成―小学校における都市型社会科カリキュラム開発―」社会系教科教育学会『社会系教科教育学研究』第16号, 2004年, pp. 45-52。
19. 山口幸男「郷土サウンドスケープに関する地理教材の開発」日本社会科教育学会『社会科教育研究』No. 66, 2006年, pp. 25-33。
20. 中本和彦・河田節生「科学的な見方や考え方を拡大・深化される小学校社

会科の単元開発とその検証—小学校3年生単元「ものを売る仕事—通信販売—」を事例として—」社会系教科教育学会『社会系教科教育学研究』第18号，2006年，pp. 19-30。
21. 佐藤香「主権者の育成を目指すNIE—現実の社会と人間に向き合う—」日本社会科教育学会『社会科教育研究』No. 101，2007年，pp. 27-37。
22. 上出正彦「民間信仰に着目した高等学校日本史の授業開発と実践分析—「古代・中世の転換期と天神御霊信仰」を事例として—」社会系教科教育学会『社会系教科教育学研究』第19号，2007年，pp. 47-54。
23. 市位和生「子どもの素朴概念を科学化・相対化する社会科授業—小学校第6学年の単元「武士とは何か」の開発と分析を手がかりに—」全国社会科教育学会『社会科研究』第66号，2007年，pp. 31-40。
24. 吉田嗣教・内田友和・中野靖弘・吉田剛人「子どもたちが歴史的見方を意識できる社会科授業構成—第6学年 単元「政府・民衆にとっての世界進出」の開発を通して—」全国社会科教育学会『社会科研究』第66号，2007年，pp. 41-50。
25. 大庭潤也「子どもの「わかり方」を踏まえた小学校社会科授業モデルの構築—社会的構成主義に基づく単元開発を通して—」全国社会科教育学会『社会科研究』第68号，2008年，pp. 41-50。
26. 土肥大次郎「社会的意思決定の批判的研究としての社会科授業—公民科現代社会小単元「市町村合併と地方自治」の場合—」全国社会科教育学会『社会科研究』第71号，2009年，pp. 41-50。

【Ⅲ】
27. 栗原久「学習者の素朴理論の転換をはかる社会科授業の構成について—「山小屋の缶ジュースはなぜ高い」—」日本社会科教育学会『社会科教育研究』No. 102，2007年。pp. 62-74。
28. 加藤寿朗・和田倫寛「子どもの社会認識発達に基づく小学校社会科授業の開発研究」社会系教科教育学会『社会系教科教育学研究』第21号，2009年，pp. 1-10。

【Ⅳ】(1)
29. 坪内康朗「中学校社会科におけるポートフォリオ活用の指導と評価—公民的分野「平和主義と自衛隊」単元を手がかりにして—」社会系教科教育学会『社

会系教科教育学研究』第 13 号，2001 年，pp. 109-116。
30. 坂井誠亮「知的な認識形成をめざす生活科の授業設計―「知的な気付き」を深める学習過程と指導に生かす評価―」社会系教科教育学会『社会系教科教育学研究』第 17 号，2005 年，pp. 53-60。
31. 阿部由貴子「歴史的見方・考え方を習得する学習の評価―理論探究型単元「律令国家とは何か」の開発―」全国社会科教育学会『社会科研究』第 68 号，2008 年，pp. 21-30。
32. 柴田康弘「市民社会科における対話的交渉過程の評価方法開発とその実践的考察―中学校公民的分野単元「成人年齢を考える」を事例として―」社会系教科教育学会『社会系教科教育学研究』第 21 号，2009 年，pp. 81-90。

【Ⅳ】(2)

33. 坂井誠亮「奈良県小学校社会科におけるテスト問題開発に関する検討―第 1 回奈良県小学校社会科診断テストを中心として―」社会系教科教育学会『社会系教科教育学研究』第 20 号，2008 年，pp. 101-110。
34. 棚橋健治「社会科の本質と学習評価―アメリカ社会科学習評価研究史の位相―」全国社会科教育学会『社会科研究』第 51 号，1999 年，pp. 1-10。
35. 井上奈穂「目標達成度を明確化した態度評価法―ハーバード社会科の社会的論争問題分析テスト SIAT を題材に―」全国社会科教育学会『社会科研究』第 57 号，2002 年，pp. 51-60。

【Ⅳ】(3)

36. 桑原敏典「合理的思想形成を目指した公民学習における評価方法―小単元「議会の動きと政策決定」の教授書開発を通して―」社会系教科教育学会『社会系教科教育学研究』第 16 号，2004 年，pp. 63-72。

11）【Ⅱ】と【Ⅲ】は授業構成のための一連の研究過程として見ることができる。例えば，加藤は子どもの社会認識と形成の実態を実証的に明らかにし［加藤，2007］，その結果を踏まえ授業開発［加藤・和田，2009］を行っている。

12）事例には含まれてはいないが，これに類する論文として，坂井［2008a］［2008b］が挙げられる。

第1章　授業者のための評価法作成の特質と課題

　第1章は，社会系教科における授業者のための評価法の特質と課題を述べる。

　まず，授業者のための評価法の特質を，教育評価に関する先行研究から明らかにする。その特質とは，単元全体に関わる評価と単元を構成する授業場面に対応する評価の2つの異なるレベルの評価活動で構成されること，そして，評価活動を通して明らかにされるのは，個々の生徒の学習状況に見られる「実態」と期待される「理想」のずれの程度であり，このずれは，生徒の学力形成過程の中の適切な時期に適切な方法で判定されるということである。

　さらに，明らかにされた特質を踏まえ，社会系教科における評価に関する先行研究の到達点を示し，社会系教科における授業者のための評価法作成の課題を明らかにする。

第1節　授業者のための評価法の特質

　第1節では，授業者による評価法の特質について，戦後教育評価論の基礎を築いた橋本[1]の所論を参考に述べよう。

　橋本は，評価について，以下の図1-1-1を用いて，次のように説明している。「①教育目標，②計画と指導，③評価の3つの部分が相互に規制し規制され合う関係にあるが，このシステムの中で評価が不可欠の位置と役割を持っている」[橋本，2003, p.10]。

　では，ここでいう評価の「不可欠の位置と役割」とはどういったものか。橋本は，「教育目標を達成するためにそこに立案・実施された計画と指導法が，はたして所期の成果を上げ得ているのかどうかは，評価によってこれを

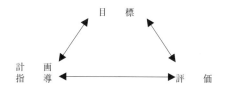

図1-1-1. 教育システムにおける評価の位置
(橋本, 2003, p.11より抜粋)

チェックしてみなければわからない。すなわち,評価が,その教育目標を基準として,それがどれだけの成果（出力）を上げているかについての評価情報をつくり,これを教師にフィードバック（feedback）してこそ,はじめてその計画や指導の成功・失敗が明らかとなり,改善の方途が示唆される」[橋本, 2003, p.10] と述べる。ここでいう評価は,教育目標の達成,計画や指導の妥当性をつなげる手段であり,教師は,評価情報の収集,計画・指導の成功・失敗の判断を行う。評価情報は,教育問題に対する賢明な選択と決定を行う上で必要なものであり,ここに教育評価の意義と必要がある。

では,学力保障に焦点を当てた時,授業者はどのような評価を通して,評価情報の収集,計画・指導の成功・失敗の判断を行うのだろうか。以下,図1-1-2は,子ども／生徒の学力形成過程に着目し,評価のタイミングと学力形成に対する授業者の働きかけを示したものである。破線の矢印は,子ども／生徒の学力が左から右へと形成される過程を示し,実線の矢印は,子ども／生徒の学力形成に対する授業者の働きかけを示している。授業者の働きかけとは,実践と評価情報の収集,評価情報の判断,改善案の計画立案である。

学力保障に焦点を当てると,評価を実施するタイミングは大きく3回あり,診断的評価（①）,形成的評価（②）,総括的評価（③）である。これらは学力形成過程のどのタイミングで子ども／生徒の学力を捉えるのかによって区分される。このうち,診断的評価と総括的評価は,計画を指導する前,もしくは実施後の学力の状況を捉えるものであり,学力形成の過程に直接関わらない。これらの内,学力形成過程に直接関わり,子ども／生徒の学力保障に最も有効な評価情報を与えるのが形成的評価である[2]。

形成的評価が,子ども／生徒の学力保障に有効な評価情報につながるとさ

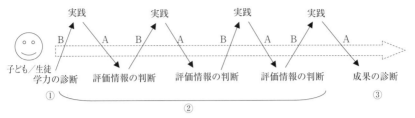

（A：評価情報の収集，B：(改善案の)計画立案）
図1-1-2．学力形成過程と評価のタイミング

れるのは，学力形成過程に見られる子ども／生徒の学習状況を適切にとらえ，そこで得られた結果を学力保障の手立てにつなげるからである。そのため，図1-1-2に示すように，この評価は学力形成過程の中で複数回行われることが多く，1時間の授業というよりむしろ，一つの大きな単元を構成する授業場面に対応した適切な時期に，適切な方法で行われる。そのため，形成的評価を実施するためには，単元全体がどのような授業場面で構成されているのか，それぞれの授業場面が単元全体の目標に対し，どのように位置づけられているのか，子ども／生徒の学力をどのように捉えるか，そして，授業場面で形成される学力を捉えるためにどのようなツールが必要であるかを明らかにする必要がある[3]。

では，子ども／生徒の学力の捉え方，単元全体に関わる評価法，そして形成される学力を捉えるためのツールに関する社会系教科の先行研究の到達点を明らかにしよう。

第2節　先行研究の到達点と課題

第1項　子ども／生徒の捉え方についての先行研究

先行研究では，学習状況に見られる子ども／生徒の学力をどのようなものとして考えていたのか。そもそも，社会系教科に関する研究では「子ども／

生徒」をどのようなものとして捉えていたのだろうか。

　子ども／生徒にどのような学力を期待するのかについては,「形成すべき学力」と「形成される学力」の2つがある。前者は現実の社会に生きる大人を見たときに, 必要な学力は何かという観点から導かれたものであり, 後者は実際の学校生活に見られる子ども／生徒を見たときに, 形成可能な学力は何かという観点から導かれたものである。このように子ども／生徒に求められる学力の背景にある根拠の違いを踏まえ, 子ども／生徒の捉え方を表したものが図1-2-1である。図1-2-1では上下に「①現実の社会」と「③学校生活」の2つを示し, それぞれから導かれた教育課程論を②, ④とした。このうち②は「①現実の社会」の分析から導かれた理想の子ども／生徒であり, 一方, ④は実際の「③学校生活」の分析から導かれた実態としての子ども／生徒である。更にこの理想と実態の齟齬は⑤として示した。図1-2-1の①～⑤は, 互いに関連し合っており, 例えば⑥は, 理想とする子ども／生徒（②）と実態としての子ども／生徒（④), そして齟齬（⑤）の関わりを分析対象としている。

　では, それぞれに見られる子ども／生徒がどのような描かれ方をしている

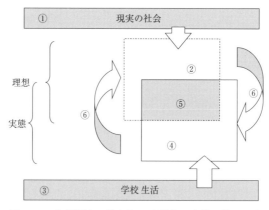

図1-2-1. 先行研究に見られる子ども／生徒の描かれ方

のかを見ていこう。

　第一に,「現実の社会」の分析を根拠として,子ども／生徒を示す研究として,①②を挙げることができる。まず,①は「現実社会」を分析し,実際に必要とされる能力・資質から,「形成すべき学力」を定義する研究である。例えば,尾原［2007a, 2007b］,渡部［2008］の研究が挙げられる。氏らは,社会学者の宮台［2000］の論を主に用い,日本の中でどのような子ども／生徒が求められているのかを分析している。このほかに,社会学者である本田［2005］は,学歴社会を前提とした「パイプライン・システム」の不備の分析から,「フレクスペシャリティー（柔軟な専門性）」の必要性を提唱している。ここで対象とされているのは,生涯を通して育成の目指される学力でもある。

　さらに,②は「形成すべき学力」を育成しうる教育課程の具体を海外の教育課程の分析から抽出する研究である。例えば,溝口［2003］,草原［2004］,桑原［2004］の研究が挙げられる。溝口は歴史による開かれた価値観形成を保障する教育内容の原理・内容・方法,草原は社会科地理の理念とその内容編成,桑原は社会科公民の理念とその内容編成に着目し,それぞれの特質の解明をアメリカの教育課程の分析から明らかにしようとしている。

　逆に学校生活における個々の子ども／生徒の観察から,実態としての「形成される学力」を提示した研究として,③④を挙げることができる。③は「学校生活」における子ども／生徒や授業者へのアンケートを通して,彼らの実態をつかもうとする研究である。たとえば,藤井による歴史認識の研究［1985］,福田［1999］,加藤［2007］による経済概念に関する調査研究,国立教育研究所による教育課程実施状況調査[4]などが挙げられる。また,④は「学校生活」の中に,研究者が自ら入り,現象学的なアプローチから子ども／生徒の実態を提示しようとする研究である。志水の「力のある学校」［2003］［2005］［2009］や佐藤の「学びの共同体」［2006］に関する研究を挙げることができる。志水は,1960年代から始まったアメリカにおける「効果のある学校」論［鍋島,2003］に着目し,わが国で,「しんどい」ながらも教育的効果を上げてい

る「効果のある学校」の実態をエスノグラフィーや統計的手法を用いて調査している。この調査を通して，教師と生徒，生徒間の関係に言及し，学校教育の中で育成可能な生徒像とその要因が明らかにされている。また，佐藤は，多くの授業を観察し，理想的な子ども／生徒の実態を分析し，それを学校で実現可能な授業のスケッチとして提示している[5]。また，授業実践記録の分析から，歴史を作り出す子ども／生徒の姿を提示したものとして，田口［2007］［2008］の研究を挙げることができる。

このように，社会系教科に関わる先行研究では大きく2つの子ども／生徒の捉え方を見ることができる。つまり，現実社会の分析，必要性から導かれる「理想」としての生徒，学校生活の分析，調査から導かれる「実態」としての子ども／生徒である。

しかしながら，これらの先行研究では，「理想（①，②）」と「実態（③，④）」がそれぞれ分析されているため，「理想」と「実態」の関連性が明らかとはなっていない。結果，「理想」と「実態」を照らし合わせることによって明らかとなる「⑤ずれ」が明らかとはなっていない。生徒の個人差とは，この「理想」と「実態」のずれの相違でもある。先行研究に見られる「理想」と「実態」の捉え方を踏まえ，そのずれをどうとらえるかを明らかにする必要がある。

第2項　単元全体の評価に関する先行研究

単元全体の学力を保障しようとすると，単元全体で育成が目指される学力と子ども／生徒の実態とのずれの把握を通して，授業者の働きかけの妥当性や実践の計画立案の方向性を判断することが必要となる。

このような単元全体の評価に関する評価実践として，田中，西岡［田中・西岡，2009］，［西岡，2007］の研究を挙げることができる。西岡は，ウィギンズとマクタイによる「逆向きの設計」論［西岡，2005］に基づく評価論を展開し，「学力保障のための評価」の具体を示している。この研究の特徴は，

求められている結果を明確にし，授業過程にあわせた評価基準の練り直しを行う点である。図 1-2-1 に基づき説明すれば，「理想」として学習者像を提示する段階（②）と，「実態」を把握する段階（④）を授業の中に組み込む点である。つまり，②，④の繰り返しによる学力保障である（⑥）。

このような学力保障の手段の核となるのは，「理想」と「実態」の2つを区別し，それらをつなげるツールであり，⑤の領域が対象となる。西岡の研究でいえば，形成すべき理想と実態の生徒とのずれを把握するためのルーブリックに該当する。このルーブリックは，適切に，学力保障を行うための評価情報を収集するための道具である。しかし，西岡らの実践では，単元全体で形成される学力を基準に学力保障が目指されているが，単元を構成している授業場面の特色に応じた評価のためのツールの機能やその活用について明らかとはなっていない。単元を構成している授業場面に応じた評価のためのツールは，どのような論理に基づいて作成され，活用されるのかを明らかにすることによって，単元全体の学力保障が可能となる。

第3項　評価のためのツールに関する先行研究

ここでは，学力保障を目的としたツールを「理想」と「実態」をつなぐものであるととらえ，先行研究の整理を行う。整理の視点は図 1-2-2 に挙げる A〜C の3つである。理想の子ども／生徒に対応したツールの作成（破線矢印A）。子ども／生徒の実態に則したツールの作成・改善（破線矢印B）。評価のためのツールそのものの機能に着目したものが（C）である。それぞれ見ていこう。

まず，理想とする子ども／生徒に対応したツール作成の研究（破線矢印A）を取り上げよう。この立場の研究として，伊東・池野ら［1986］［1987a］［1987b］，池野，伊東，奥山ら［1990］［1991］［1992］［1993］，伊東ら［1994］の一連の研究，山本［1999］，峯［2005］，梅津［2007］，原田ら［2008］の研究が挙げられる。

伊東・池野らの研究では，社会科テスト作成にかかる基礎的研究として，

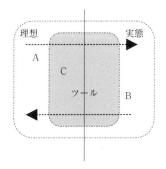

図1-2-2.「理想」と「実態」を
つなぐツールの位置づけ

歴史テスト問題作成にかかる基本的なモデルの提示，テスト構成案の必要性を論じ，テスト構成案の事例を示している。山本は，社会科における先行研究を踏まえ，社会科において身につけるべき「学ぶ力」を論理的に導出し，それを評価しうる社会科テストを提案している。峯は，先行研究から学力を設定し，それに基づき，大学入試センター試験の評価を分析し，その実態を明らかにしようとしている。梅津は社会科学力の構造に基づき，社会科テスト問題の分析を行い，その問題構成の基本原則を明らかにしている。原田らは，思考力・判断力の定義を示し，それを前提としたテスト問題の分析・開発を行っている。

　これらの研究は，基準となる理想的な子ども／生徒から，評価のためのツールの開発を行っている研究と，既存のテスト問題の分析から，目指すべき学力とのずれを問題点として指摘する点で，ツールを用いて理想から実態をつなげようとする研究である。

　次に，子ども／生徒の実態により則したツールを作成しようとする研究である（破線矢印B）。この立場に立つ研究として，寺尾の一連の研究が挙げられる。寺尾は既存のテストと実際の子ども／生徒の2つの実態を調査し，対応するテストの作成方略，改善の方向性を示そうとしている［寺尾, 1990, 1991, 1994, 1996a, 1996b, 1998］［寺尾ら, 1996, 1998］［清水・寺尾, 1995］。

　寺尾は，既存のテスト問題における受験者の解答過程を分析し，生徒の認識・認知構造の解明を行っている。これらの一連の研究の前提には，受験者の解答過程と生徒の認識・認知構造の一致があり，その実態を明らかにすることによって，テスト問題の改善，開発につなげようとする研究である。

　最後に，実践されたテスト問題の分析からそこで想定される子ども／生徒

の明確化（C）の研究である。この立場の研究として，棚橋［2002］，大木［1991］の研究を挙げることができる。

　棚橋は，先行研究からアメリカに見られる社会科の史的展開は，社会認識形成を通して市民的資質の育成を図る社会科の理念を実現に向けての過程であると解釈し，提唱された授業に対応する学習評価の想定している学習成果を分析し，理想ではなく，実際に評価法の中で確定される子ども／生徒の具体を示した。一方，大木はアメリカにおける国家的な評価調査であるNAEP（National Assessment Educational Progress）を分析し，評価原理を明らかにした。これらは，評価可能な部分を学力として確定する研究である。

　このように「評価のためのツール」に関する研究は，理想から実態，実態から理想，ツールそのものの3つの立場に立った視点から研究がなされている。これらは相互補完的であることが求められるものの，それぞれの研究成果の関連性は十分に意識されていない。つまり，Aの立場に立った研究は，社会系教科における一般的なテスト問題作成について論じているが，その実際は，それぞれの論者の「理想」とする子ども／生徒にのみ対応した限定的なものとなっている。Bの立場では，統計等の手法を用いた解答者としての特性に依拠した研究となっているため，実際はテスト作成方略まで至っていない[6]。さらにCの立場は，先行研究で位置づけられた評価法の分析にとどまり，その開発・改善につながるだけの研究の蓄積が不十分となっている。

　これらの研究に共通する問題は，客観テストに代表される評価のためのツールの限界を踏まえていない点である。ツールはツールである以上限界がある。それは技術上のものであったり，教育的配慮に基づくものであったりする。1つ1つの評価のためのツールの特性と限界を明らかにし，授業場面に応じたものとすること求められる。

第3節　学力保障のための評価の課題

　第1章では，社会系教科における授業者のための評価法の特質を示してきた。

　授業者が学力保障を目的として行う評価法は，形成的評価の特質を備えたものであり，学力形成過程に見られる子ども／生徒の学力の捉え方，単元全体の評価法，学習活動や学習場面といった授業場面に応じて個人差を捉えるためのツールの3点が有機的に結びつくことによって可能となることが明らかとなった。

　このような評価を通して明らかとなるのは，子ども／生徒に求められる「理想」の学力と「実態」の学力のずれである。先行研究では，「理想」と「実態」のそれぞれについての研究はなされているが，そのずれをどうとらえるかについては明らかになっていなかった。また，単元全体の評価法では，単元を構成している授業場面の特色に応じた評価のためのツールの機能やその活用について明らかとはなっていなかった。さらに，評価のためのツールに関する研究では，ツールの限界が踏まえられていなかった。

　以上を踏まえると，単元全体の目標とそれを構成する個々の授業場面に対応した評価のためのツールを適切に活用することが，授業者のための評価法としてよりよいものとなる。

　ツールはツールである以上限界がある。それは技術上のものであったり，教育的配慮に基づくものであったりする。この点を踏まえれば，社会系教科のように様々な授業形態があり，さらに，様々な授業場面が組み込まれる単元が見られる教科では，1つのツールに依拠することは困難であろう。1つ1つの評価のためのツールの特性と限界を明らかにし，授業場面に応じた評価のためのツール作成の論理と，評価法作成の論理を明らかにすることが求められる。

注

1) 橋本は，戦後教育評価論の基礎を築いた人物とされ，「指導のための評価」という評価観を生涯にわたって持ち続けていたとされる［赤沢，2007］。
2) 「診断的評価」「形成的評価」「総括的評価」についてはB.S.ブルーム［1973，1980］が「完全習得学習」理論を展開する中で使用したとされる。ただし，「形成的評価」「総括的評価」という用語を最初に用いたのはブルームらと同じシカゴ大学のM.スクリバンであり，氏はカリキュラム開発に際し，完成後に行う総括的評価に対し，開発途中で小刻みな評価である形成的評価の必要性を主張した［撫尾，2006］。なお，スクリバンの評価については根津［2006］に詳しい。
3) このような評価の具体的な方略については橋本［1981, pp. 123-198］に詳しい。ただし，橋本は到達度評価テストという観点から述べているにすぎない。
4) 学習指導要領における各教科の内容に照らした学習実現状況を把握し，今後の教育課程や指導方法等の改善に資する目的で，児童生徒を抽出し，対象としたペーパーテスト及び質問紙調査を実施している［国立教育研究所教育課程研究センター，2009］。
5) 佐藤は膨大な実践の記録資料（約3000例）の分析を通して，アメリカにおけるカリキュラム改造の歴史的展開を，単元学習の実践史として示した［佐藤，1990］。また，日本においても多くの学校（約1500校ともいわれる）を訪問し，「現場のことをよく知っている研究者」として知られる［佐藤，2000］。氏の現代の教室が抱える問題への提言の説得力はこのような資料の膨大さと日本において観察した授業の多さに起因する。
6) この点は，寺尾自身も指摘しており，このような課題に答える評価テスト作成の手順を示している［寺尾・大橋・中島，1996］。しかし，社会系教科に見られる学習活動，授業場面に即した一般的な方略を示すには至っていない。

第2章　社会系教科に求められる評価のためのツール

　授業者のための評価法を構成するツールは，ツールである以上，そのツールで評価可能な評価対象の特質が示される必要がある。評価対象は，生徒の学力を位置付けるための基準と，その結果が次の指導にどのように生かされるのかによって確定される。前者を評価基準，後者を評価結果の解釈としよう[1]。評価のためのツールで評価可能な評価対象と，それぞれの授業場面の特質に対応関係が見られるとき，学力保障につながる評価情報が得られる。そこで，社会系教科に求められる評価のためのツールで評価可能な対象の特質を先行研究から明らかにする。

　また，評価のためのツールは対応する授業場面が必要となる。そこで，社会系教科の特徴的な授業場面を先行研究から提示する。

第1節　社会系教科における学習評価の特質

第1項　学習評価の対象

　社会科を含む社会系教科は，社会認識を通して市民的資質を育成する［内海ら，1971, p. 7］教科とされる。このような「社会科」の本質に関わる定義を踏まえ，「社会認識」や「市民的資質」の意味，もしくは，これらの関係性をどう捉えるか，そもそも，その教科固有の役割とは何か［片上，1994］など，その「目標」についての様々な議論が展開している。そして，それぞれの論者が提示した「目標」に対応する形で，何を教えるべきなのかといった「内容」についての議論，どう教えるべきなのかといった「方法」についての議論が存在している。それらが志向しているのは「目標」，「内容」，「方

「法」の一貫した社会系教科の教科教育としての理論の構築であった。その意味で授業開発研究や過去のもしくは海外のカリキュラム分析研究では、理論の抽出、もしくは、具体化、言い換えれば、社会系教科において「形成すべき学力」の明確化・具体化が目指されていたといえる。しかし、序章でも述べたように「形成すべき学力」の多くは、学校教育を終え、社会で活躍している大人を想定しており、授業者はその育成を見届けることはできない[2]範囲を内包している。それに対し、「学習評価」で明確化・具体化が目指されるのは、授業者がその育成を見届け、確認できる範囲の学力、つまり「形成される学力」といえる。

では、社会系教科における個々の授業を通して、授業者による保証・保障が可能な「形成される学力」とは、どのようなものだろうか。

第2項 社会系教科における形成される学力

社会系教科では、社会認識を手段と考えるか、目的と考えるかで様々な議論が存在する[3]。しかし、社会認識を行うという点については異論の余地はないだろう。つまり、子ども／生徒の社会認識形成を担い、新しい社会についてのみ方・考え方を獲得させる教科である点については一定の合意が得られているといえる。以上の考察に基づけば、社会系教科の授業を通して「形成される学力」を捉える枠組みとして、授業後に想定される社会認識の側面に着目することが適切であるといえよう。図2-1-1は「形成される学力」の社会認識の体系に着目し、まとめたものである。図2-1-1は、生徒が獲得・形成した社会的事実の把握、社会的事実・事象間の関係性の把

図2-1-1. 形成される社会認識

握，社会的意味・意義の把握といったいくつかのレベルの異なる社会の分かり方とその関係性を示したものであり，授業後に想定される社会認識の全体であり，いわば「形成される社会認識」である。授業者は「問い」を通して子ども／生徒の社会認識を形成し，その結果は，命題化された知識として子ども／生徒から示される。

「問い」によって促された社会認識は，大きく3つのレベルの知識に分けることができ，それぞれ，入れ子構造となっている。例えば，「公害問題をいかに解決すべきか？」という価値判断を求める問いに応えるためには，「公害はなぜ，起こったのか？」「公害はどのように拡大していったのか？」というその背景にある社会的事実・事象間の関係性の把握を求める問いに対応する知識が不可欠であり，また，その知識は「公害はどこで起こったのですか？」「公害はいつ起こったのですか？」という事実に対する情報を求める問いによって促される知識が不可欠である。その意味では，「個別的知識」は「一般的知識」，「一般的知識」は「価値的知識」の基礎となる知識として位置づけられる。

では，授業後に期待される生徒の社会認識は，授業の中でどのように形成されるのだろうか。形成過程に授業者・子ども／生徒のいずれが主として関わるかに着目し，それを表したものが図2-1-1の2つの矢印である。まず，授業者から「形成される社会認識」への矢印を見てみよう。これは，授業者が示したものを子ども／生徒がそのまま形成する場合であり，指導計画上，「答え」や「獲得される知識」として示される授業者の用意した社会認識である。次は，「形成される社会認識」から子ども／生徒への矢印を見てみよう。これは，子ども／生徒自身が形成する場合であり，指導案上，「予想される発言」のように示される個々の子ども／生徒それぞれが形成する社会認識である。

では，このような「形成される社会認識」はどのように評価されるのだろうか。

第2節　評価のためのツールの特質

第1項　社会系教科における学習評価の到達点

　社会系教科に見られる学習評価に着目した研究として，棚橋［1999］［2002］の研究が挙げられる。棚橋は多様な学力論を展開するアメリカ社会科における学習評価の発掘とその分析により，それぞれの社会科学力論に対応した学習評価の実態とその特質・課題を明らかにし，一教科としての社会科学習評価法の確立過程とその到達点を歴史的に解明することを通して，社会科の理念実現過程を解明した。棚橋によると，社会科の理念を最も実現した学習評価は，ハーバード社会科[4]の学習評価，社会問題分析テスト（Social Issues Analysis Tests 以下 SIAT と略記）である［棚橋, 2002］とされる。

　この SIAT は，ハーバード社会科の理念に対応する評価法として開発されたものであり，授業場面と評価に対応関係が見られる。では，SIAT に見られる授業場面と評価のためのツールの関係を見ていこう。

第2項　授業場面と評価のためのツールの関係

1. 授業場面の特質

　授業では，その目的に応じて，子ども／生徒の行う活動が設定され，授業者は子ども／生徒の活動のための場を提供する。そして，授業者はその学習成果を評価法を通して判断し，次の学習に生かす。これが学力保障のための授業場面と評価の関係であるといえよう。このことから，理論上，子ども／生徒の行う活動と活動のための場は，評価と授業に共通のものであると想定される。

　以下では，この子ども／生徒が行う活動と授業者の用意する活動のための場という視点から SIAT を分析する。まず，SIAT に対応すると考えられる

授業に見られるそれらの活動を明らかにする。ハーバード社会科の先行研究は数多く見ることができるが、その多くは、オリバーやシェイバーの理論そのものや単元構成に着目したものであり、授業場面に着目したものは少ない。そこで、ハーバード社会科に見られる学習者の思考力・判断力のモデルを対象とした尾原の研究［尾原, 1995］と、ハーバード社会科と同じく、論争問題を扱った教授書［吉村, 2000］をもとに、子ども／生徒が行う活動と活動のための場を明らかにする。ここで取り上げる教授書では、対応する評価法やそのためのツールが作成されていないことからも SIAT との対応を明らかにすることは意義があるといえよう。

(1) 子ども／生徒が行う活動

尾原の分析によると、ハーバード社会科で取り扱われる「公的論争問題」とは「個人や集団の間の利害や価値の対立によって生じる、政治的決定や法的決定をめぐる論争問題」である。ここでいう政治的決定、法的決定とは、ある一定範囲以上の人びとを拘束してしまうような決定［尾原, 1995］である。このような決定の全体は法的正当化と呼ばれる［長谷川, 1996］。このような法的正当化をより客観的なものにするために2つのアプローチが試みられてきた。一つはモノロジカルなアプローチであり、もう一つは、ダイアロジカルなアプローチである。前者は、法的正当化を、それを行うものの単独の観点からとらえるものであり、後者は、一つの法的正当化を複数のものの共同作業の所産であるという観点からとらえるものである［長谷川, 1996］。このことから、論争問題をより客観的な解決に導こうとするとき、その活動は、大きく2つの側面からとらえることができる。他者や自分の主張を整理し、論争に見られる対立点を明らかにする活動と、対立点を話し合いによって調整し、その問題に対する一つの決定を下す活動である。前者を「整理する活動」、後者を「話し合い活動」と呼ぼう。次に、これらの活動を行わせるための場の設定について述べる。

(2) 活動のための場

論争問題をよりよく解決させるために，授業者は2つの場を用意する。他者の行っている論争を対象化し，分析する「分析の場」と，子ども／生徒自身が論争に参加する「論争の場」である。前者は，他者の論争の分析を通して，論争問題を解決する上で必要な知識と方法を身につけ，論争問題に対する認識を深めるための場であり，後者は，論争問題に対する論を子ども／生徒自身が展開し，子ども／生徒相互で解決するための場である。

例えば，吉村の教授書「脳死・臓器移植法と人権」を参考に子ども／生徒の行う活動と活動のための場を具体的に見てみよう。まず，「分析の場」は，論争を対象化する「1. 問題の提示」「2. 問題の把握」「3. 問題の分析」「5. 類似する論争問題の検証」である。ここでは，論争に見られる個人や集団の利害や価値や自分自身の考えを整理する，「整理する活動」が行われる。「論争の場」は，論争に生徒が参加する「4. 解決策の考察」「6. 解決策の評価」である。ここでは，まず，論争に対する子ども／生徒自身の解決策をトゥールミン図式化する「整理する活動」が行われ，次に，子ども／生徒が相互にその解決策を提示し，その論理的整合性や価値判断の構造の検討を通してその一致を目指す「話し合い活動」が行われる。

このように授業では，「整理する活動」と「話し合い活動」を「分析の場」と「論争の場」で見ることができる。従って，「指導と評価の一体化」した授業であるならば，これらの活動と場は，評価のためのツールにおいても見ることができるはずである。以下ではこれらの活動とSIATとの関係を見ていく。

2. 評価のためのツールの特質
(1) SIATの概要

評価のためのツールでは，授業での子ども／生徒の活動が再現される。よって，評価のためのツールでも授業と同様，「分析の場」と「論争の場」が想

定されると言えよう。また，評価のためのツールでは，どのような行為を子ども／生徒の活動として評価するのかがあらかじめ確定され，その行為の有無によって評価される。よって評価のためのツールと授業の関係を見るのならば，「分析の場」「論争の場」がどのように再現されているのか，どのような行為を行わせ，具体的にどの行為の有無をもって判断しているのかを明らかにする必要があろう。取り上げる SIAT では，「分析の場」「活動の場」が設定され，その場に対応する「整理する活動」と「話し合い活動」の有無によって子ども／生徒の論争を解決する能力を評価するツールとなっている。SIAT を活動のための場と評価のためのツールの形式，設問との関係からまとめたものが表 2-2-1 である。

表 2-2-1. SIAT の概要

SIAT	活動のための場	形式	設問
1	分析の場	多肢選択型テスト	論争における発言の役割は何ですか？
2			「整理する活動」「話し合い活動」の発言はどれですか？
3		インタビュー形式のテスト	「整理する活動」の発言を述べなさい？
4	論争の場	論争テスト	論争問題を解決しなさい。

(Oliver, D.W. & Shaver, J.P., Teaching Public Issues in the High School, Houghton Mifflin Company より筆者作成)

活動のための場に着目すると，SIAT1～3 が「分析の場」であり，他者による対論形式の論争が示される。他方，SIAT4 が「論争の場」であり，子ども／生徒が実際に論争するための論題が示される。さらに，その形式は，解答を子ども／生徒に選択させる多肢選択型テストと子ども／生徒自身に発言をさせるインタビュー形式のテスト，論争テストがあり，子ども／生徒に解答を選ばせる段階と子ども／生徒に回答させる段階とに分けて学習の成果を判断しているといえよう。

また，これらのツールは，いずれも「一つの意味のまとまりとしての発言[5]」

に着目した設問を通して,論争問題を解決するための「整理する活動」と「話し合い活動」ができるか否かを判断する。

つまり,「分析の場」であるSIAT1〜3では「整理する活動」「話し合い活動」に特徴的な発言を子ども/生徒に分析させている。他方,「論争の場」であるSIAT4では,それらの活動に特徴的な発言が生徒の論争の中で見られるかを判断するものとなっている。

そこで以下では,「整理する活動」「話し合い活動」に見られる特徴的な発言をSIAT4の評価規準から明らかにする。なぜなら,SIAT4の評価規準は,これらの特徴的な発言が一般化されて示されており,それらはSIAT1〜3で生徒に分析させている特徴的な発言と重なっているからである。

(2) SIAT4に見られる評価規準

SIAT4は,観察法によるテストである。評価者は,生徒による論争を録音し,あらかじめ設定してある規準に基づく観察によって評価を行う。評価者の用いる規準は「静的カテゴリー」「動的カテゴリー」の2つに分類され[6],それぞれ発言という形で示される。

①静的カテゴリー

静的カテゴリーに含まれる特徴的な発言は「論争の流れに関係な[7]」く見いだすことのできる発言であり,基本的に全ての発言をそのカテゴリー内のいずれかに当てはめることができるとされる[8]。シェーバーが,論争を定義

表2-2-2. 静的カテゴリー

問題を見分ける	
定義問題	定義に関する発言・拠り所
事実問題	特定の事実についての発言・事例
価値問題	一般的価値判断を行う発言・一般的な法的発言

(Oliver, D.W. & Shaver, J.P., Teaching Public Issues in the High School, Houghton Mifflin Company, pp. 216-217 より筆者作成)

問題，価値問題，事実問題の3つからなる[9]としていることから，その項目の大部分は，3つの問題に関わるものに大別できよう。表2-2-2は，3つの問題と挙げられている項目との関係を示したものである[10]。表2-2-2に示すように静的カテゴリーは，主張を3つの問題に分類するカテゴリーであるといえる。このことから静的カテゴリーに含まれる発言は，論争を「整理する活動」に当たる発言と言えよう。

②**動的カテゴリー**

動的カテゴリーに含まれる特徴的な発言は「互いの主張を比較し，統合する知的な操作［Oliver, D.W. & Shaver, J.P. 1966, p. 216］」を行うとされる。つ

表2-2-3. 動的カテゴリーを示す例文

＜「一貫性／非一貫性を指摘するような発言」の例文＞
A．(イ)人種差別撤廃命令は，南部における黒人の教育改善につながったと言える。
B．確かに黒人に対する教育は改善されていた。しかし，それは(ロ)リトルロック高校で人種共学がなされた年が境になっているといえる。
C．地域教育において，(ハ)差別撤廃のためのプランが実行され，地域にその下地ができると，人種共学の学校は黒人や白人に対してよりよい教育を提供することができるのである。

＜「一般化／特定化を行っている発言」の例文＞
D．第2次世界大戦の後，ロシアはヨーロッパの国々を支配下におき，中国を共産主義にし，ギリシアとトルコを攻め取るのに優位な立場につこうとした。
E．ロシアは世界に知られている国の中でもっとも大きな帝国なのである。

＜「限定を行っている発言」の例文＞
F．市民的自由は最も原理的なものである。(ニ)誰に対する市民的自由の抑制も民主的とはいえないでしょう。
G．もし，あなたが1930年代にドイツにいたとしましょう。そこで(ホ)人々がヒトラーに先導される市民的自由を抑制すべきだと思いますか？
H．抑制されるべきだと思います。私は市民的自由は抑制されるべき時があると思っています。それは(ヘ)市民的自由を保証するはずの政府が民主主義の危機に直面し，すべての市民的自由を抑制してしまうような状況に直面した場合です。

(Oliver, D.W. & Shaver, J.P., Teaching Public Issues in the High School, Houghton Mifflin Company, pp. 216-217 より筆者作成)

まり，主張相互の関係に関わり，論争を合意に導くための発言である。このカテゴリーでは，「一貫性／非一貫性を指摘するような発言」「限定を行っている発言」「一般化と特定化を行っている発言」の3種類の発言の形で示されている。以下，表2-2-3の例文から，具体的にこれらの発言を説明する。

「一貫性／非一貫性を指摘する発言」

この例文の中で，このカテゴリーに当てはまるのは，(ロ)の発言である。(イ)の発言に対して，(ロ)は人種差別撤廃命令が一つのきっかけであるという意味で，一貫性を持っているが，直接的なきっかけではないという意味で，一貫していないことを示している。この発言は，一貫性（もしくは非一貫性）を示す。結果的にこの操作を行う発言は，(ロ)に見られるような留保条件を引き出す発言につながる。

「一般化／特定化を行っている発言」

Dの発言を一般化したものが，Eの発言であり，逆に，Eの発言を特定化（具体化）したものがDの発言である。つまり，話し手がより一般的な発言を表すもしくはサポートする目的で，具体的に事例を示している。あるいは，事例から一般的な発言につながるものとなっている。

「限定を行っている発言」

この例文の中でカテゴリーに当てはまるのは(ヘ)の発言である。(ニ)の発言に対して，(ホ)は，Fの述べた条件で民主主義が成り立たない事例を挙げている。それに対して，(ヘ)の発言は，(ニ)の発言に新たな留保条件を加え，(ホ)の事例も当てはまるものにしている。つまり，先に挙げた条件を限定することによって主張全体をより明白なものとするために留保条件をつけ，条件を限定する発言である。

SIAT4に見られる「整理する活動」「話し合い活動」に当たる発言をまとめたものが，表2-2-4である。以下では，SIAT1〜3に見られる評価の規準とどのような関係にあるのかを示す。

表2-2-4. SIAT4で評価される発言

整理する活動	問題を見分ける	
	定義問題	定義に関する発言・拠り所
	事実問題	特定の事実についての発言・事例
	価値問題	一般的価値判断を行う発言・一般的な法的発言
話し合い活動	一貫性／非一貫性を指摘するような発言	
	限定を行っている発言	
	一般化と特定化を行っている発言	

(Oliver, D.W. & Shaver, J.P., Teaching Public Issues in the High School, Houghton Mifflin Company, pp. 216-217 より筆者作成)

(3) 評価のためのツールの実際

① SIAT1

SIAT1は，対論文と4つの設問で構成されている。各設問では，対論文からあらかじめ抜き出された発言が論争全体に対してどのような役割を果たしているかという問いとそれに対応する5つの選択肢がそれぞれ示されている。設問からSIAT1は「話し合い活動」に含まれる発言を対象としている。表2-2-5は，各設問の対象となっている発言と解答となる選択肢，発言に対応する「話し合い活動」の特徴的な発言をまとめたものである。

設問1では，Joeの発言が抜き出されている。これは，直前のJoeの発言（「今や彼らは堕落し不誠実な存在となっている」）の根拠を求めるMikeの発言（「どうして君は彼らが堕落し不誠実な存在であると考えるのですか？」）に答える発言である。つまり，直前のJoeの発言の根拠を示しているのである。よって，答えは「事実もしくは主張をサポートするような例を提供した」となる。これは，主張の根拠となる発言を説明していることから，設問1に見られる「話し合い活動」の特徴的な発言は「一般化と特定化を行っている発言」である。

設問2では，Mikeの発言が抜き出されている。この発言の前にJoeが「労働組合は堕落し，不誠実な存在となっている」を根拠に「私は労働組合を法

的に禁止すべきであると考えている」という主張を導き出している。この2つの主張は「堕落し，不誠実な存在は法的に禁止すべきである」という理由付けで結びついている。Mike の発言は，この Joe の発言に見られる理由付けが成り立たない事例を示すことで，Joe の発言に留保条件をつける必要があることを示すものである。そのため，答えは「議論において Joe の立場は限定もしくは定めることが必要であると主張した」となる。これは，留保条件を付け加えることを求めていることから，設問2に見られる「話し合い活動」の特徴的な発言は「一貫性／非一貫性を指摘する発言」である。

　設問3では，Mike の発言が抜き出されている。設問2により，Mike は「時々，銀行員たちが銀行から金を横領して捕まっています。しかし，誰も不誠実な行員がいるから銀行を法的に禁止すべきであるとは言いません」という発言によって，Joe の発言に留保条件を付け加えることを求めた。対して，Joe は「それは違います。銀行は必要なサービスを行っているのです。私たちは銀行なしにはやっていけないのです」という発言によって銀行のように必要なサービスを行っているところは例外であるという留保条件を付け加えた。しかし，設問3の Mike の発言はその留保条件を付け加えてもなお，Joe の発言が不十分であることを示し，さらなる留保条件を付け加えることを求めている。そのため，答えは「既になされた限定は適切ではなかったことを主張している」となる。これも，留保条件を加えることを求めていることから，設問3の「話し合い活動」に見られる特徴的な発言は「一貫性／非一貫性を指摘する発言」である。

　設問4では，Joe の発言が抜き出されている。設問3により，Mike は「労働組合は労働者たちの快適な暮らしを守るために必要なものだと多くの労働者たちは思っている。労働組合の役割は労働者に過剰労働をさせないように，また，不当な賃下げをさせないようにいい加減な経営者を見張ることなのである」という発言によって，労働組合は必要であることを指摘し，Joe の発言は，留保条件を付け加えても不十分であることを示した。それに対して

Joeは「いったん，労働組合に工場を任せるとその工場全体の運営方針，つまり，労働者にどれくらい支払うのか，どれくらい休みを与えるのか何時間働くことができるようにするのか，仕事が滞ったとき，誰を最初に首にするのかといったことを労働組合が指図する事になります。労働組合は自由な事業の考え方そのものと労働者が好きなように契約できる権利に反するものなのです」によって，労働組合は労働者の権利を侵害するものであるからという留保条件をさらに付け加えた。そのため，選択肢の中で適切な答えは「ある重要な価値が侵害されていると主張している」となる。これは留保条件を付け加えていることから，設問4の「話し合い活動」に見られる特徴的な発言は「限定を行っている発言」である。

SIAT1は他者の論争を観察し，分析するツールである。子ども／生徒が抜き出された発言の役割を示す適切な選択肢を選べるか否かで，「話し合い活動」に見られる特徴的な発言を把握できているか否かを授業者が判断するのである。

② SIAT2

SIAT2は，JohnとDickによる対論文と5つの設問で構成されている。各設問では，「整理する活動」，「話し合い活動」それぞれにみられる特徴的な発言を選択肢から選ぶことが求められる。子ども／生徒は設問1〜4では，「整理する活動」の発言を選択する活動を行う。設問5では「話し合い活動」の発言を選択する活動を行う。

「整理する活動」の発言の把握

論争の内容として子ども／生徒が把握することを求められているのは論争中の問題と両者の見解である。そして，それぞれの論者の主張やそれぞれの論者をサポートするのに適切な事実をあらわす発言を分類することが求められる。

設問1は「論争は次のどの疑問に関してなされているか？」という問いが出され，論争全体の相違についての選択肢での把握を求められる。設問2は

表 2-2-5. SIAT1 の論争文と設問の解答

論争文	解答	話し合い活動
Joe：当時の労働組合はよかった。しかし，今や彼らは堕落し不誠実な存在となっている。私は組合を法的に禁止すべきであると考えている。 Mike：どうして君は彼らが堕落し不誠実な存在であると考えるのですか？ Joe：トラックの運転手の組合におこった出来事を見てそう思いました。2年前，かなり大きなトラック運転手の組合のリーダー2人が組合の金を盗んで有罪となる事件がありました。(設問1)	→「事実もしくは主張をサポートするような例を提供した」	→一般化と特定化を行っている発言
Mike：時々，銀行員たちが銀行から金を横領して捕まっています。しかし，誰も不誠実な行員がいるから銀行を法的に禁止すべきであるとは言いません。(設問2) Joe：それは違います。銀行は必要なサービスを行っているのです。私たちは銀行なしにはやってはいけないのです。	→「議論においてJoe の立場は限定もしくは定めることが必要であると主張した」	→一貫性／非一貫性を指摘する発言
Mike：労働組合は労働者たちの快適な暮らしを守るために必要なものだと多くの労働者たちは思っている。労働組合の役割は労働者に過剰労働をさせないように，また，不当な賃下げをさせないようにいい加減な経営者を見張ることなのである。(設問3)	→「既に為された限定は適切ではなかったことを主張している」	→一貫性／非一貫性を指摘する発言
Joe：いったん，労働組合に工場を任せるとその工場全体の運営方針，つまり，労働者にどのくらい支払うのか，どのくらい休みを与えるのか何時間働くことが出来るようにするのか，仕事が滞ったとき誰を最初に首にするのかと言ったことを労働組合が指図することになります。労働組合は自由な事業の考え方そのものと労働者が好きなように契約できる権利に反するものなのです。(設問4)	→「ある重要な価値が侵害されていると主張している」	→限定を行っている発言

(Oliver, D.W. & Shaver, J.P., Teaching Public Issues in the High School, Houghton Mifflin Company, pp. 191-192 より筆者作成)

「JohnとDickの考えの不一致を最もよく描いているのは次のどの陳述か？」という問いが出され，それぞれの論者の背景にある価値観の違いを把握する[11]ことが求められる。設問3は「論争の中で，Johnが言ったこと，Dickが言ったこと，どちらも言ったこと，どちらも言わなかったことである。Dickの主張ならD，Johnの主張ならJ，どちらのものか言えないものは「答えられない」と書きなさい」という問いが出され，5つの項目が示される。これは，それぞれの論者の発言の言い換えとして適切なものを選択することを求めるものであり，発言の根拠となっている問題の捉え方（問題の定義付け）の違いを把握することが求められている。設問4では，「（以下の項目は）事実と考えられることである。これらの主張が論争の中で為されるとしたらどちらの立場を支持するとなるか？ Dickの立場ならD，Johnの立場ならJ，どちらのものか言えないものは「答えられない」と書きなさい」という問いが出され，5つの項目が挙げられる。これは，それぞれの論者の発言を支えるのに適切な「新たな事実」の把握を求めている。つまり，設問1〜4では，まず，論争全体に見られる概略的な相違点の把握（設問1）→価値観レベルでの相違点の把握（設問2）→定義レベルでの相違点の把握（設問3）→事実レベルでの相違点の把握（設問4）というように，概略，価値問題，定義問題，事実問題の段階に分けた相違点の把握を行わせているといえよう。

「話し合い活動」の発言の把握

設問5で把握することが求められている「話し合い活動」の発言とは，論争を合意に導く発言である。よって，設問5で，次の項目は「議論の中で2人が述べたことである。もしあなたが議論に参加していたならば，なすであろう最適な発言を二つ選びなさい。最良の発言とは相違点を明確にするか，何らかの合意に向けて議論を動かすものである」というような問いがなされる。つまり，これは「話し合い活動」の発言を選択することを示している。

このようにSIAT2は，子ども／生徒に他者の論争を観察させ，分析させるツールである。このとき，他者による論争に基づいて「整理する活動」と

表 2-2-6. SIAT2 に見られる設問と「整理する活動」「話し合い活動」

活動		設問
整理する活動	問題を見分ける	論争中の問題の把握（設問 1）
	価値問題	両者の見解の把握（設問 2）
	定義問題	主張の分類（設問 3）
	事実問題	事実の分類（設問 4）
話し合い活動		論争の内容を補完する発言（設問 5）

(Oliver, D.W. & Shaver, J.P., Teaching Public Issues in the High School, Houghton Mifflin Company, pp. 191-201 より筆者作成)

「話し合い活動」の特徴的な発言として適切なものを選択する能力の有無が授業者に判断される。表2-2-6はSIAT2に見られるそれらの活動と設問をまとめたものである。

③ SIAT3

生徒が行うこと

SIAT3は，対論文と評価者のインタビューで構成されたツールである。このインタビューは，大きく2つの段階の分析に答えることが求められる。まず全体を通しての分析と定義問題，事実問題，価値問題といった問題ごとの分析である。そして，それぞれの段階で，どこまで論者の相違を把握でき，それらの相違に対する解決策を提示できるかが評価されるのである。よって，子ども／生徒は「整理する活動」の発言をインタビューの中で示すことが求

表 2-2-7. SIAT3 の問題構成

設問 1	相違のタイプ（定義・事実・価値）を見分ける		
	定義に関する相違	事実認識に関する相違	価値認識に関する相違
設問 2	定義に関する相違点を明らかにし，解決する。	事実に関する相違点を明らかにし，解決する。	価値に関する相違点を明らかにし，解決する。

(Oliver, D.W. & Shaver, J.P.,Teaching Public Issues in the High School, Houghton Mifflin Company, pp. 206-212 より筆者作成)

められる。表2-2-7に示すように，インタビューは相違点の把握，争点の解決と段階ごとに行われる。

まず，設問1においては，論争文を読んだ上で，インタビューがなされる。「BobとDonの主張で相違点が見られる主なポイントはどこか？ そして，君は相違点をどのように解決するつもりですか？」。この問いに全く答えられなかった場合，設問2へインタビュー内容が移る。しかし，答えられた場合には，「BobとDonの主張で相違が見られる主なポイントが他にあるか？ もしくはそれらを解決するに当たって何か他に言いたいことがあるか？」と答えられなくなるまで続く。つまり，論争問題を定義問題，事実問題，価値問題に分類できることを前提に，子ども／生徒がBobとDonの論争の相違点をそれら3つの問題のどの段階まで把握できるかを授業者は判断しようとしているのである。

設問2においては，論争文中の「定義問題」に関する部分，「事実問題」に関する部分，「価値問題」に関する部分をインタビュー者が提示した上で以下のような形でインタビューがなされる。例えば，定義問題に関する部分なら「主張（私の思うところの団体交渉はそこの社長が労働者と労働条件について話をすることです。ごく簡単なことです）と主張（私はあなたの考えているような団体交渉に全く関心がありません。ここで問題となる事実は支配人であるSpindle氏が労働者と対等に話をすることさえしなかったと言うことなのです）ではどのような点で相違が見られますか？」という問いがなされる。「どの言葉で食い違っているのか？」という問いに対して，子ども／生徒が「団体交渉」という答えが出すことができなければ，インタビュー者が答えを提示する。そして「『団体交渉』の言葉の意味で相違が見られるとき，その単語に関してBobはどのように定義していて，Donはどのように定義しているのでしょうか？」という問いがなされる。ここで生徒が定義の違いを提示することができなければその相違点をインタビュー者が提示する。その上で「団体交渉という言葉の意味と定義の相違をどのように解決しますか？」という問いがなされる。

表 2-2-8. SIAT3 の評価規準と「整理する活動」

	設問	整理する活動	項目
設問1	相違のタイプ（定義・事実・価値）を見分ける	3つの問題を見分ける	定義問題では、「団体交渉」もしくは「定期的」という点での相違、事実問題では、「Spindle 氏は労働者たちに定期的に会っていた」という事実について相違、価値問題では、「Spindle 氏は労働者たちに定期的にあるべきか」という点について相違、これらをそれぞれあげることができる。
設問2	定義に関する相違点を明らかにし、解決する	定義問題	「団体交渉」という言葉の定義がそれぞれ異なることが分かる、それぞれの定義を述べることができる、他の人がどのようにその言葉を使っているかを見る、権威に頼る、辞書を使う、法律に頼る、"専門家"の意見に頼る、この事例以外の工場を見る、合意していると見る、多数決で解決する、両者の主張がおかしいと見る、何らかの基準となる定義を示す、定義をはっきりさせる、（言葉の）分類をする
	事実に関する相違点を明らかにし、解決する	事実問題	「Spindle 氏は定期的に労働者と会っていた」という事実に対する捉え方が異なることが分かる、事例に見られる根拠を用いる、労働者に尋ねる、Spindle 氏に尋ねる、事例に見られる根拠に疑問を呈する、更なる根拠を求める、記録を確認する、新しい事実を見つける、主張が適切なものかを試す、事実を訴える、特定の事実を述べる、一般的な事実を述べる、主張が適切なものであるかを試す、推測する、仮説を挙げる、主張の内容を試す、実例を挙げる、代表的な実例を示す、矛盾点・一貫している点を示す、説明をする、根拠を挙げる、直感的に考える、権威に頼る、観察する
	価値に関する相違点を解決し、明らかにする	価値問題	「Spindle 氏は定期的に労働者に会うべきなのか？」という問題に対する価値が異なることが分かる、ある価値の有効性を示す、事実に基づいて仮説を検証する、より重要性があると思われる価値を確定する、ある価値を押しつける若しくは強調する、それぞれの価値の重要性を検証する、公的な判断をもとに価値を確定する、価値のレベルを判断する、類似を用いる、ジレンマを考える

（Oliver, D.W. & Shaver, J.P. Teaching Public Issues in the High School, Houghton Mifflin Company, pp. 205-208 より筆者作成）

以下，「事実問題」「価値問題」に関しても同様にインタビューが行われる。つまり，設問2では，事実問題，価値問題，定義問題での相違を理解した上で，それぞれの問題を解決するための方法を実際に発言できるかを評価しているのである。

評価の規準

SIAT3は，評価者によるインタビューを通して「整理する活動」の発言を行う能力を評価するテストである。その評価はあらかじめ提示してある評価規準に当てはまる発言を生徒が行ったか否かで行われる。それらの評価規準と「整理する活動」に特徴的な発言を対応させたものが表2-2-8である。

この能力を評価するために示してある評価規準は，具体的に論争に即して問題を解決する「技能」と言うべきものであり，「話し合い活動」を客観的に評価するための規準となるものである。

(4) それぞれの規準の対応関係

これまで述べてきたSIAT1～4の解答や評価規準と「話し合い活動」「整理する活動」に特徴的な発言の対応をまとめたものが表2-2-9である。

SIATは，「話し合い活動」「整理する活動」の特徴的な発言を，他者の論争の分析者，もしくは，参加者の立場から把握できる能力を対象としている。つまり，それぞれのツールは次のような能力を評価しているのである。

SIAT1：他者の論争を対象化し，「話し合い活動」の発言の役割を把握する能力

SIAT2：他者の論争を対象化し，「話し合い活動」「整理する活動」の発言を論争に即して把握する能力

SIAT3：他者の論争を対象化し，「整理する活動」の発言を論争に即して表現する能力

SIAT4：論争に参加し，「整理する活動」「話し合い活動」を通して論争を解決する能力

表 2-2-9. SIAT の規準と「整理する活動」「話し合い活動」の対応関係

	SIAT1	SIAT2	SIAT3		SIAT4	
整理する活動	—	論争中の問題の把握	相違のタイプを見分ける		問題を見分ける	
		両者の見解の把握	価値に関する相違を明らかにし、解決する		定義問題	定義に関する発言・拠り所
		主張の分類	定義に関する相違を明らかにし、解決する		事実問題	特定の事実についての発言・事例
		事実の分類	事実に関する相違を明らかにし、解決する		価値問題	一般的価値判断を行う発言・一般的な法的発言
話し合い活動	「議論において Joe の立場は限定もしくは定めることが必要であると主張した」(設問 2)「既に為された限定は適切ではなかったことを主張している」(設問 3)	論争の内容を補完する	—		一貫性／非一貫性を指摘するような発言	
	「ある重要な価値が侵害されていると主張している」(設問 4)				限定を行っている発言	
	「事実もしくは主張をサポートするような例を提供した」(設問 1)				一般化と特定化を行っている発言	
対象とする能力	他者の論争を対象化し、「話し合い活動」の発言の役割を把握する能力	他者の論争を対象化し、「話し合い活動」「理解する活動」の発言を論争に即して把握する能力	他者の論争を対象化し、「理解する活動」の発言を論争に即して表現する能力		論争に参加し、「理解する活動」「話し合い活動」を通して論争を解決する能力	
評価ツールの特質	客観テストによる評価（解答の設定）		インタビュー、発言の分析による評価（模範的な回答の設定）			

(Oliver, D.W. & Shaver, J.P. Teaching Public Issues in the High School, Houghton Mifflin Company より筆者作成)

以上のような能力を測定するために，SIAT1〜2では，あらかじめ設定された解答とのずれによって子ども／生徒の能力を判断している。そのため，事前に解答が確定したツールとなっている。一方，SIAT3，4では，設問に対する模範回答が用意され，子ども／生徒の反応と模範回答を照らし合わせながら，子ども／生徒の能力を判断している。そのため，事前に設定されるのは，子ども／生徒に与える課題とその課題に対する模範回答，判断するための基準・規準となる。この違いは，評価を行う授業者の判断を絶対視する評価観に立つのか，評価される子ども／生徒自身の反応に合わせた相対的な評価観に立つのかの違いであるといえる。

　以上のような，評価のためのツールが対象としている能力，それを判断するための資料としての評価資料のとらえ方の違いと社会系教科の授業場面との関係を述べてみよう。

第3項　評価資料の特質

　授業場面との関連で考えたとき，評価資料はどのようなものとして捉えることができるだろうか。何を根拠として「評価」するのかという問いに対して，根拠として示される「評価資料」となり得るものは，授業態度，テスト，ワークシートなど様々な形式・形態が考えられる。しかし，やみくもに評価資料を集めるのではなく，授業理論・指導案と照らし合わせ，評価資料の位置づけを明確にした上で，収集する必要がある。では，社会系教科の場合，どのような評価資料が考えられるだろうか。

　評価資料は，授業場面や，そこで期待される子ども／生徒の活動のとらえ方によって，その特質を分類することができる。表2-2-10は，授業場面を「社会認識形成のための場」という視点から区分し，評価資料の特質に合わせ，整理したものである。

　横軸は，授業観，評価観の背後にある共通した子ども／生徒についてのとらえ方を整理した。まず，授業場面に着目すると，授業者が中心となって学

表 2-2-10. 評価資料と授業場面の関係

	子ども／生徒による学習／回答	授業者の用意した学習／解答
価値的知識	パフォーマンス課題 SIAT3, 4など	客観テスト SIAT1, 2
一般的知識		
個別的知識		

中央部：形成される社会認識（三角形）

(筆者作成)

習を進めていく場面と，子ども／生徒が中心となって学習を進めていく場面に区分することができる。これに，評価場面を加えると「子ども／生徒による学習／回答」と「授業者の用意した学習／解答」に分けることができる。また，中央部に示した三角形は，子ども／生徒に「形成される社会認識」を差し，縦軸は，社会認識の質を表している。

授業場面と評価場面の共通項及び「形成される社会認識」に着目したとき，評価結果の根拠となる評価資料は，表 2-2-10 に示した6つの位置づけ（「価値的知識」として示される子ども／生徒による回答，「一般的知識」として示される子ども／生徒による回答，「個別的知識」として示される子ども／生徒による回答，「価値的知識」として示される子ども／生徒による解答，「一般的知識」として示される子ども／生徒による解答，「個別的知識」として示される子ども／生徒による解答）のいずれに当たるかを区分する必要があると言える。

以上を踏まえると，「どの位置づけにある評価資料が根拠となるのか」を問う評価場面と，「どの位置づけにある知識を形成しようとしているのか」を問う授業場面は，表 2-2-10 を共通の枠組みとしてとらえることが可能となる。

では，以上を踏まえ，社会系教科における特徴的な授業場面について見て

いこう。

第3節　社会系教科における特徴的な授業場面

　社会系教科には様々な授業観が存在する。授業観とは，「社会認識形成を通して市民的資質を育成する」という社会科の理念をどのようにとらえ，具体化するかについての考え方である。端的に言うならば，育成すべき市民的資質の内容は何であり，その育成プロセスはどのようになるのかについての考え方である［棚橋, 2007, p. 23］。

　棚橋は，授業の事実を同じ枠組みで吟味し，それぞれの授業観に見られる「よさ」を比較・検討した。棚橋の抽出した「よさ」は，社会系教科である程度確立した典型的な授業観に対応したものであり，特徴的な授業場面といえる[12]。本研究は，授業観や「よさ」そのものの分析が目的ではなく，評価のためのツール作成が目的である。そこで，特徴的な授業場面の抽出は，棚橋の研究に依拠する。

　以下の表2-3-1は，棚橋の挙げた「よさ」と対応する授業場面を示したものである。社会科の理念を考えれば，授業観が異なったとしても最終的に生徒がなんらかの「社会認識形成」を行うことが期待される。では，このような「よさ」をもつ授業場面ではどのような社会認識形成がなされているのだろうか。

表2-3-1. 社会系教科の授業に見られる「よさ」と対応する授業場面

よさ	授業場面
望ましいひとつの生き方に導く	人物に基づく社会認識形成
社会的事象の構成要素を伝達する	事実に基づく社会認識形成
社会構造を教え，社会的事象の説明枠をとらえさせる	モデルに基づく社会認識形成
社会構造から自らの生き方を考えさせる	判断に基づく社会認識形成

（表2-3-1.は棚橋［2004a］［2004b］［2007］に基づき筆者作成）

まず，望ましいひとつの生き方に導くことが「よさ」とされる授業について見ていこう。この授業の「よさ」が表れているのは，体験的活動による内側からの事象理解，「私たちの」社会を知り，「私たちの」社会のよき一員になる，自ら調べてみて，自らしてみて，わかったことを表現する［棚橋，2007, pp. 43-47］授業場面である。これは，人物に対する共感的理解を通した学習であり，「人物に基づく社会認識形成」が行われている。

次に，社会事象の構成要素を伝達することが「よさ」とされる授業について見ていこう。この授業の「よさ」が表れているのは，社会を客観的実在ととらえ，その理解を図る，社会的事象を構成する要素を集積することにより，その事象の総体を理解する，不十分・不正確な知識しか持たない子どもに，正確な知識を充分に持つ授業者がその知識を要領よく注ぎ込む，事実を系統から示唆される政治や社会に関する価値観に支配されないことにつながる［棚橋，2007, pp. 43-50］授業場面である。これは社会事象についての事実を効率よく教授し，知識の総量の増大を目的とした学習であり，事実の習得を通した「事実に基づく社会認識形成」が行われている。

さらに，社会構造を教え，社会的事象の説明枠をとらえさせることが「よさ」とされる授業について見ていこう。この授業の「よさ」が表れているのは，「人々の工夫・努力の背後にあって，個人の願いや意思を超えた社会のメカニズムがわかる」，「対象となる社会的事象に関わる多くの事実を関連づけ，記述にとどまらない分析・説明をする」，「扱う事象の説明にとどまらず，他の事象の説明にも使える発展性のある知識，知識の構造化を促す問いの組織，子ども自身の利害・価値観などに関わらない客観的な判断，社会に対する自主的な判断力の形成，子どもたち皆が最高のレベルで社会をわかる」ことにつながる［棚橋，2007, pp. 84-94］授業場面である。これは，社会事象を説明しうる一つの枠組みがモデルの習得を目的とした学習であり，社会事象の見方・考え方としての「モデルに基づく社会認識形成」が行われている。

最後に，社会構造から自らの生き方を考えさせることが「よさ」とされる

授業について見ていこう。この授業の「よさ」が表れているのは，「自分自身の現実を社会的状況におき，自らの生き方の選択を行う」，「自らの生き方の選択を通して，社会のあり方を批判的に分析する」，「自らの判断基準を作り上げ，自分にとっての問題を構成する力をつける」ことにつながる［棚橋，2007, pp. 112-116］授業場面である。これは，実社会の社会に見られる判断場面に直面させる学習であり，生き方の選択を通した「判断に基づく社会認識形成」が行われている。

以上，棚橋の「よさ」の分析から，4つの特徴的な授業場面を社会認識形成の場として捉えなおした。社会系教科では他にも様々な授業場面は考えられるが，本書では，社会認識形成の保障する上で必要な4つを取り上げ，評価のためのツールを明らかにする。

注

1) 評価のためのツールの特質を表わす上で，従来の評価基準の特質に加え，評価結果の解釈を加えた。従来の相対評価や絶対評価では，基準の設定や集団の中での位置付けの妥当性が議論の争点に上がることが多く，学力保障に関わる「結果の解釈」が行われているにも関わらず，十分に検討されることがなかった。本研究では，「学力保障のための評価」を指向している。そのため，「結果の解釈」を分析することにより，本研究の目的に近い評価のためのツールの特質を明らかにする。

評価のためのツールに対するこのような捉え方については，橋本［2003］，板倉［2003］，稲葉［1984］を参考にした。

2) このような「学力」を確認するためには，社会人として成長した生徒にとっての授業の「意味」づけを明らかにする必要がある。そのような研究として村井［1996］が挙げられる。

3) 片上，1994, 67-76頁。

4) ハーバード社会科の先行研究は溝上［1971］，児玉［1976］，溝口［1994］が挙げられる。

5) Oliver, D.W. & Shaver, J.P., 1966, p. 214

6) ibid., p. 216

7) ibid., p. 216

8)　ibid., p. 216
9)　シェーバーは論争には価値問題，事実問題，定義問題の3つの問題が含まれていると考えている。[Oliver, D.W. & Shaver, J.P., 1966, p. 89]
10)　静的カテゴリーには，議論の方略，議論の進行の管理，妨害者の管理があげられている。これはSIAT4では生徒に論争を行わせているため，集団の統制という面も重要であるとされたからと言える。また，関連性（relevance）を示す発言も入る。これは前後の発言の関係を著すという意味で動的なカテゴリーに含まれるが，その発言をみるだけで，関連性を示していると言うことが分かるため（例「私はあの主張がこの議論で取り扱われるべきだとは思いません」が挙げられている），一応，静的カテゴリーとされている。[Oliver, D.W. & Shaver, J.P. 1966, pp. 218-220]
11)　例えば，選択肢には「Should ～ ?」や「Is it better ～ ?」のような形で表現されている。
12)　このような研究の方法としては，伊東［1983］，池野［1983］，吉川［1983］の「社会科授業理論の認識論的基礎づけ」についての研究が挙げられる。伊東らの研究では，日本で実際に多くの支持者を得て実践されている社会科授業を，その強調点の置き方に従って3つの流派に分類し，それらの基礎にある認識論を明らかにするとともに，その認識論にあって授業を組織する場合の教授学的操作を一般化し，それぞれの授業理論の比較考察を行っている。このような方法が採られた背景には，社会科には多様な実践形態，授業理論が存在し，演繹的に類型化の視点を設定することが困難であることが挙げられる。
　　本書も，社会科の授業において評価を組織する際の評価法作成方略を一般化することが目的であり，授業の類型化そのものが目的ではない。そのため，棚橋の挙げた，一定程度妥当であるとされる社会科授業の「よさ」とそれに対応する授業を4つ選択し，それを「社会認識形成」の評価という側面から分析し，それぞれに対応する評価のためのツール及び評価法を示すという方法を採っている。

第3章　共感的理解につながる評価のためのツール
――人物に基づく社会認識形成の保障――

　社会の構成員の一人としての「あるべき生き方」を子ども／生徒に理解させることを，社会系教科で果たすべき役割の1つであるとする立場がある。例えば，子ども／生徒にとっての身近な地域の偉人を取り上げ，彼／彼女自身の生き方に対する共感的理解を通した学習が挙げられる[1]。このような学習を通して，郷土への愛情とともに，「今」を生きる子ども／生徒に過去から続く社会の構成員として，「あるべき生き方」と構成員としての自覚を促すのである。このような立場において授業者は，子ども／生徒に対し，「人物に基づく社会認識形成の保障」を行っていると言えよう。

　では，地域の偉人に代表される「人物への共感的理解」は，授業のどのような場面の中で形成されるのか，そして，子ども／生徒に形成された「人物への共感的理解」は，どのように確定することが可能なのだろうか。そして，人物に基づく社会認識形成を保障するためには，どのような評価が求められるのだろうか。

　第3章では，「人物への共感的理解」を目指す具体的な授業事例として，授業実践「讃岐糖業の父『向山周慶』―周慶のすばらしさをまとめよう―」を取り上げ，「人物に基づく社会認識形成の保障」のための評価法とそれに対応する具体的なツールを開発し，先の問いに答える。

第1節　共感的理解につながる評価のためのツールの条件

第1項　人物に基づく社会認識形成の特質

　「人物に基づく社会認識形成」を目的としたとき，授業者は，どのような点を意識しながら，授業を行うことになるのだろうか。このような授業の特質について棚橋［2007a, pp.50-51］は以下のように述べる。

> 　授業は「信念」に収斂しなければならない。体験的活動などを通じて，子どもたち自身が自分の生き方を見出したように組織する。しかし，市民的資質育成の論理ならびに授業づくりの手順は逆である。形成すべき「生き方」に導くために，事実を選択する。取り上げるべき事実は，形成すべき「生き方」に規定される。
> 　したがって，対象となる社会的事象についての情報は，満遍なく，できるだけたくさん与えるということは必要ない。また，それらを知識として子どもたちに覚えることを強いる必要もない。この授業論では，事実自体に体系性を認めているわけではない。社会的事象に関する知識は，当事者の気持ちを推察するために必要な範囲で与えるべきものであり，推察させる当事者の気持ちは，子どもの生き方の模範を示すものになっている必要がある。

　授業者が，最も意識しなければならないのは，子ども／生徒にとって，模範となる「生き方」を示すことである。そして，模範となる「生き方」を理解するための補助的なものとして，「社会的事象に関する知識」や「当事者の気持ち」が位置づけられる。では，このような授業を通して形成される社会認識はどのようなものとなるだろうか。

第2項　形成される社会認識

　では，人物への共感的理解を通して形成された「人物に基づく社会認識形成」をどのように確定することが出来るのだろうか。まず，授業を通して形成される社会認識を確定しよう。

第3章 共感的理解につながる評価のためのツール 53

　以下，図3-1-1は，子ども／生徒に形成される社会認識を整理したものである。図の縦軸は子ども／生徒に形成される社会認識の質を示したものである。また，横軸は，社会認識の形成に主として関わるのが，「子ども／生徒」であるか，「授業者」であるかに着目し，分類したものである。つまり，「授業者」の示した知識をそのまま受容することが求められているのか，授業で示された知識を踏まえ，「子ども／生徒」自らが示すことが求められているのかに着目し，分類したものを矢印と網かけで示したものである。

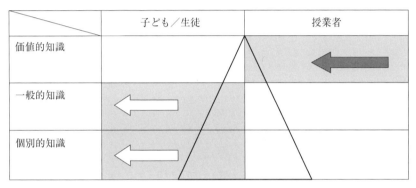

図3-1-1．形成される社会認識―共感的理解―

　人物への共感的理解を子ども／生徒が行うと言うことは，授業者が示す模範とすべき「生き方」を内面化することであると言える。言い換えれば，授業者の示す「価値的知識」をそのまま受け入れることである。つまり，現在に生きる子どもとは関係のない／まったく知らない人物と，自分自身を同一視し，彼／彼女の生き方，考え方に基づきながら，過去の社会や自分たちの社会を理解することが，子ども／生徒に求められるのである。そして，この「価値的知識」を裏付ける「一般的知識」や「個別的知識」を数多く獲得することが共感的理解をより深めることにつながる。

　以上のことから，子ども／生徒の「人物への共感的理解」は，以下の点を見とることによって，確認することができる。

> 1. 授業者の取り上げた人物に対する評価（価値的知識）の獲得の有無
> 2. 示された「価値的知識」を裏付ける知識（一般的知識・個別的知識）の量

　では，以上のような「形成される社会認識」を評価するためには，どのような評価法とそれに対応するツールが必要となるだろうか。まず，具体的な授業実践に見られる授業者の手立ての分析を通し，授業場面の特質を明らかにしていこう。

第2節　授業場面の特質

第1項　単元全体から見た授業の位置づけ

　第3章で取り上げる授業実践は，約10時間で構成される単元「讃岐糖業の父『向山周慶』―周慶のすばらしさをまとめよう―」[2]の終結部に位置づく。この授業実践は，1992年に香川県で実施された公開授業であり，3つのグループの調べ学習の成果発表がそのほとんどを占めている。また，取り上げられている人物は，東讃地方の江戸時代の重要な産業である糖業の成立・発展に功績のあった向山周慶である。

　次頁の表3-2-1は，授業実践に至る前に各グループが行っていた調べた学習の目的と内容を左に示し，授業実践の流れを右に示した。授業実践は，導入部で学習課題を確認し，展開では3つのグループによる発表，最後に周慶の生き方について意見交換を行う流れとなっている。各グループの発表内容は，単元の大部分を占める調べ学習を通して準備される。では，各グループの調べ学習の内容を見ていこう。

　まず「農民の暮らしグループ」は当時の人々（農民）から見た周慶の生き方を調べている。これを過去における周慶への価値づけとする。次に「向良神社グループ」は，周慶の功績をたたえて作られた「向良神社」を通して，

表 3-2-1．単元「讃岐糖業の父『向山周慶』」から見た授業実践の位置づけ

<授業実践に至るまでの調べ学習>　　　　　　　　　　<授業実践>

グループ	調べ学習の目的	調べ学習の内容		教授・学習活動	
農民の暮らし	当時の農民にとって周慶がどのような人物であったかを図書館で調べる。	過去における価値づけ	導入	学習課題の確認「向山周慶とはどういう人だったか。用意してきたことをみんなに発表しよう。」	全体
向良神社	周慶が砂糖づくりを研究する経緯，事情について，向良神社での碑文の内容調査，関連する文献調査，聞き取り調査等から調べる。	後世における価値づけ	展開	「農民の暮らし」について劇を演じる。	グループ
砂糖作り	当時の砂糖作りの具体的な様子，砂糖作り技術について砂糖工場での見学等から調べる。	価値づけられた業績		「向良神社」について紙芝居を発表する。	
				「砂糖づくり」について調べた内容を発表する。	
			終結	周慶の業績の歴史的意味について考える。	全体

後世から見た周慶の生き方を調べている。これを後世における周慶への価値づけとする。最後に，「砂糖作りグループ」は，周慶の伝えた砂糖づくりそのものの実際を事前に調べている。これを価値づけられた業績とする。このように「過去における価値づけ」，「後世における価値づけ」，「価値づけられた業績」の3つが事前に調べられている。なお，この学習内容を他のグループと共有する場面は，本授業実践に至るまで設定されていない。

では，このような調べ学習を前提とした本授業実践では，どのように周慶への共感的理解がなされているのか。以下，VTRの映像に見られる子ども

の学習活動の実際を，発表が中心となる展開部，まとめの場面に分け，その特質を見ていこう。

第2項　授業場面の実際

1．発表を中心とした学習活動

　授業場面における学習活動は，大きく2つに分けることができる。一つは自らの所属するグループが調べたことを発表する活動であり，二つは他のグループの発表を聞く活動である。実践に至るまで子どもは他のグループの調べ学習を把握していないため，自分のグループ以外の発表はその場で知ることとなる。そのため，どのグループに所属するかによって，周慶の生き方に

表3-2-2．グループにおける学習内容の相違

グループの立場 \ グループの調査対象	当時の人々（農民）にとっての向山周慶（過去における価値づけ）	後世の人々にとっての向山周慶の功績（後世における価値づけ）	向山周慶の伝えた砂糖づくりの実際（価値づけられた業績）
農民の暮らしグループ	**劇（発表形式）**：当時の人々（農民）にとっての向山周慶	①当時の農民から見た後世における価値づけ（例：農民たちの思いは現在にも伝わっているのだな）	②当時の農民から見た砂糖づくりの技術（例：苦しい農民たちにとって大変な作業だろうな）
向良神社グループ	③後世の視点から見た当時の農民の思い（例：こんなに大変な思いをした人々がいたのだな）	**紙芝居（発表形式）**：後世の人々にとっての向山周慶	④後世の視点から見た砂糖づくりの技術（例：砂糖づくりの技術のおかげで白砂糖が食べることができるのだな）
砂糖づくりグループ	⑤砂糖作りの技術から見た当時の農民の思い（例：大変な生活の中で生み出された技術だったのだな）	⑥砂糖作りの技術から見た後世における価値づけ（例：現在の人々にとっても意味のある技術なのだな）	**紙芝居，VTR（発表形式）**：向山周慶の伝えた砂糖づくりの技術

ついての学習内容が異なる。表3-2-2は想定される学習内容の相違を示したものである。

表3-2-2では，縦にグループの立場を，横にグループの調査対象（当時の人々（農民）にとっての向山周慶，後世の人々にとっての向山周慶の功績，向山周慶の伝えた砂糖づくりの実際）として示した。各グループの発表内容は，網掛けで示し，その発表内容を受け，他のグループが形成すると予想される学習内容を①〜⑥で示した。

では，発表内容を通して形成される学習内容を見ていこう。「農民の暮らしグループ」に所属する子どもは，「当時の人々（農民）」の思いに寄り添い，向山周慶を理解する。「向良神社グループ」に所属する子どもは，「後世の人々」の向良神社を建てた思いに共感的に寄り添い，向山周慶を理解する。なお，これらの2つのグループは，劇や紙芝居という形式を通して，その思いを表現する。さらに，「砂糖づくりグループ」に所属する子どもは，向山周慶の伝えた砂糖づくりの実際を調べ，当時の砂糖づくりの苦労を理解する。このグループは，VTRや紙芝居などを駆使し，その苦労を表現する。

では，これらの発表を聞いていた結果，形成される学習内容について見ていこう。例えば，自らのグループの立場から捉えた学習内容の形成は，表3-2-3に示す授業者の次のような指示を通して促される。

表3-2-3．発表を聞く姿勢についての指示（授業者）

> T：はい，ありがとう。
> それでは，えっと，で，ちょっと言い忘れたんやけどもねぇ，あの〜，今からねぇ，発表して，もう劇の人は発表してもらったんやけども，それぞれのね発表，一生懸命してくれるんだろうと思うんだけども，<u>自分達のね調べていることね，自分達が発表することにとっても関係がありそうだなとか，あ，ここのグループは僕たちのグループの発表をより詳しく発表してくれているなぁとか，そのようなね，所があったら素早くノートに書いといてください。</u>それをね，後でまとめて，発表してもらうからね。いいですか。はい。
> そしたらね，次はサトウ作りグループ，じゃなくて，向良神社グループの人ね，発表お願いします。紙芝居やるのか，そうか，机真ん中にして。次お願いします。

下線部の「自分達のね調べていることね,自分達が発表することにとっても関係がありそうだなとか,あ,ここのグループは僕たちのグループの発表をより詳しく発表してくれているなぁとか,そのようなね,所があったら素早くノートに書いといてください。」に見られるように,ただ聞くのではなく,グループの立場から聞くことが指示されている。

　このような指示を受け,どのような学習内容を形成することが期待されるだろうか。「農民の暮らしグループ」の発表を例に考えよう。

　「向良神社グループ」は,当時の人々の感情の具体を「農民の暮らしグループ」の発表から学習する。例えば,「こんなに大変な思いをした人々がいたのだ」と発表内容を受け止め,自らのグループが調べた「後世における価値づけ」が当時の人々の立場に立った場合も妥当であることを確認することになる。一方,「砂糖づくりグループ」も同様に砂糖づくりを行った当時の農民の感情の具体を「農民の暮らしグループ」の発表から学習する。例えば,「大変な生活の中で生み出された技術だったのだな」と発表内容を受け止め,自らのグループの調べた周慶の「価値づけられた業績」が当時の人々の思いを踏まえた場合も妥当であることを確認することとなる。

　このように考えると3つのグループそれぞれの学習内容は次のようになる。まず,「農民の暮らしグループ」は,前頁の表3-2-2の①②と劇で演じた「当時の人々にとっての向山周慶」についてが学習内容となる。「向良神社グループ」も同じく表3-2-2の③④と紙芝居で示した「後世の人々にとっての向山周慶」についてが学習内容となる。「砂糖づくりグループ」は表3-2-2の⑤⑥と紙芝居,VTRで示した「向山周慶の伝えた砂糖づくりの技術」についてが学習内容となる。それぞれ,当時の人々の立場,後世の人々の立場,砂糖づくりにたずさわっている人に寄り添うことで周慶についての理解がなされる。このように,展開部では,それぞれのグループの立場からの向山周慶の共感的理解を見ることができる。

2. 意見交換を中心とした学習活動

　終結部では，意見交換が行われている。表3-2-4に示した授業者による意見交換前の指示を見ていこう。授業者は，「さぁ！　それからね，今からね，授業の始めでも言ったように，自分のグループの発表と，他の二つの発表のグループを比べてみて，自分は，自分たちの発表に，とても参考になったなぁとか，自分たちのグループを，うまく説明してくれるなぁ，というところを，今からノートに書いてもらいます」と指示する。この指示を通して子どもは所属するグループの立場から，他のグループの発表内容をまとめる。

表3-2-4. 授業者による意見交換前の指示

> T：はい。ありがとう。それぞれがね，それぞれのグループが，自分の言いたいことを，上手に言っていました。<u>さぁ！　それからね，今からね，授業の始めでも言ったように，自分のグループの発表と，他の二つの発表のグループを比べてみて，自分は，自分たちの発表に，とても参考になったなぁとか，自分たちのグループを，うまく説明してくれるなぁ，というところを，今からノートに書いてもらいます。</u>
> さぁ，ノートを開けてください。10時ぐらいまでの間に，仕上げておいてください。はい，初めてください。

　しかし，ここでは単に，他のグループの立場ごとの理解が示されただけであり，まだ，所属するグループの立場からの共感的理解にとどまる。そのため，この後，授業者は表3-2-5の下線部に示した指示を出している。つまり，「ならね，今からね，元に戻って自分たちの発表したことと，それと他のグループの発表したこととをね，あわせてまとめてもらえんかな。」「じゃあね，自分の発表と他のグループの発表をあわせて考えて，どんなことが新たに分かってくるか」という発言である。

　授業者は，他のグループの発表と自分たちのグループの発表を合わせることを指示し，子どもに声を合わせて読み上げさせるなどの強調している。事前の調べ学習に対し熱心取り組んだ子どもであればある程，自らのグループの立場にとらわれてしまう。この指示は，単なる意見交換ではなく，他のグループと照らし合わせる段階を経ることにより，周慶について多様な見方，

表 3-2-5. 授業者による意見交換中での指示

> T：はい，なるほどね。農民の人の気持ちですね。さあ，いくらかね，発表してもらいました。今言ってくれたことは，他のグループの発表を聞いて分かったこととか，為になったことやな。ならね，今からね，元に戻って自分たちの発表したことと，それと他のグループの発表したこととをね，あわせてまとめてもらえんかな。ちょっと難しいかもしれないけども，こういうことになると思います。(フラッシュカード「他のグループの発表とつなげよう」の提示) 他のグループ…はい，みんなで読もうか，さんはい
> P（全員）：他のグループの発表とつなげよう！
> T：はい，そうすることによって，おそらく向山周慶さんのことがより一層ね，分かりやすくなると思います。じゃあね，自分の発表と他のグループの発表をあわせて考えて，どんなことが新たに分かってくるか。はい，じゃあそこのところを付け加えようという所に，書いてもらおうかな。じゃあこれも三分ぐらいでまとめていってください。はい，始めて。

つまり，表3-2-2の①〜⑥の共有が目指されていることが推察される。

第3節　評価のためのツール設計の実際

「人物に基づく社会認識形成」を確定するための評価方略として，ここでは，「ふきだし」への書きこみと「手紙」の作成を設定する。いずれも自発的な思いの表現に適しており，また，共感的理解の対象を明らかにすることが可能であるからである。

では，対応するツールである「ふきだし」，「手紙」の具体と，共感的理解に達している回答の条件を具体的な回答行為から見ていこう。

第1項　回答行為の設定

ふきだし，手紙の形式を用いる場合，子どもを，「誰に共感させるのか？」「何に対する思いを表出させるか？」を明らかにする必要がある。表3-3-1では，縦軸に共感すべき対象，横軸にその立場を示し，回答行為をまとめたものである。まず，当時の農民の立場から見た周慶の生き方への価値づけ，

砂糖づくりにたずさわった人々の立場から見た砂糖づくりそのものへの価値づけ，そして，後世の人々の立場から見た周慶の業績について問うものを設定した。回答行為の中で，子どもに立たせるべき立場や対象は，周慶の生きていた時代の「当時の人々」「砂糖づくりにたずさわった人々」「後世の人々」の３つの立場となる。子どもはそれぞれの立場に立ち，見た周慶の生き方，業績，後世におけるそれらの意義に対する思いを表出する。

表3-3-1．子ども／生徒に求められる回答行為

対象＼立場	過去		現在
	当時の農民の立場	砂糖づくりにたずさわった人々の立場	後世の人々の立場
周慶の生き方	ふきだし	⑤根拠	③根拠
砂糖づくり	②根拠	ふきだし	④根拠
後世における周慶への価値づけ	①根拠	⑥根拠	手紙

　授業で示されている３つの立場のうち，「当時の農民の立場」，「砂糖づくりにたずさわった人々の立場」は，周慶が生きていた当時の人々である。現在に生きる子どもにとって，今の自分の立場を留保し，共感を直接，表現することは困難である。そこで，当時の人々の言葉を考えさせるという意味で「ふきだし」が用いられる。一方，「後世の人々の立場」に関して，現在に生きる子どもはまさに当事者であり，共感は比較的たやすい。そのため，周慶への手紙という手法が用いられる。

　「手紙」「ふきだし」の中に現れる記述は，周慶に対する思いの根拠として，表3-3-1の①〜⑥を挙げることが想定される。そのため，周慶の生き方への共感的理解の深さは，①〜⑥を踏まえ，どれくらい多様な立場から周慶への思いを表出できるかで判断される。

第２項　「ふきだし」「手紙」の実際

　次頁は評価のためのツールの実際である。全体のリード文に「みんなの発

表内容を聞いて，どんなことを考えましたか？　ワークシートをまとめながら考えてみよう」を示し，授業を通して考えたことをまとめる場であることを示す。ワークシートでは「ふきだし」と「手紙」の2つで構成されている。

　まず，1. の「ふきだし」を見ていこう。まず，リード文を通して「周慶さんの時代にタイムスリップして，村の人々に周慶さんについて聞いてみました」という状況設定がなされる。インタビューの相手は（1）ではサトウキビをもった「男の子」，（2）では，砂糖づくりをしている「おじいさん」である。タイムスリップという設定により，当時の状況を再現し，（1）は当時の農民の立場，（2）は「砂糖づくりにたずさわった人々の立場」の思いをふきだしに書き出させている。

　まず，（1）は，「あなたにとって周慶さんはどんな人物ですか？」と問い，「男の子」の立場に立って周慶への思いを表出させている。その思いは，表3-3-1の②①を根拠として挙げることが期待される。例えば，「周慶さんが来てくれたおかげで，豊かな生活をおくれるようになった。これも，米の作りにくい私たちの土地にあった砂糖づくりをおしえてくれた周慶さんのおかげです」のような答えが期待される。次に，（2）は，「砂糖づくりをするようになってよかったなぁ～と思うことは何ですか」と問い，砂糖づくりをしている「おじいさん」の立場に立って周慶への思いを表出させている。その思いは，表3-3-1の⑤⑥を踏まえたものとなることが期待される。例えば，「大変な作業だけれども，高く売れるから，働きがいがあるね」のような答えが期待される。

　以上，この（1）（2）では，インタビューアーの問いに応える「男の子」，「おじいさん」の表情をにこやかなものとし，周慶の生き方への肯定を前提とした状況を設定する。

　次に「2. あなたから周慶さんにお礼の手紙を書いてみよう」では，手紙の形式の中に，「周慶さんへ　私たちの住む町に砂糖づくりを教えてくれてありがとうございます」と冒頭の文を加えることにより，周慶の生き方への

◎みんなの発表内容をきいて，どんなことを考えましたか？
　ワークシートをまとめながら考えてみよう。

1. 周慶さんの時代にタイムスリップして，村の人々に周慶さんについて聞いてみました。

   ＊サトウキビを持った男の子がうれしそうに遊んでいます。インタビューしてみましょう。

   （1）あなたにとって周慶さんってどんな人物ですか？

   めぐみさん

   ＊男の子になったつもりでせりふを書き込もう♪

   ＊砂糖づくりをしているところにきてみました。働いている人にインタビューしてみました。

   （2）砂糖づくりをするようになってよかったなぁ～と思うことは何ですか？

   めぐみさん

   ＊おじいさんになったつもりでせりふを書き込もう♪

2. あなたから周慶さんにお礼の手紙を書こう。

   周慶さんへ
   私たちの住む町に砂糖づくりを教えてくれてありがとうございます。

肯定を前提とし，後世に生きる当事者として，周慶への感謝を引き出すことが期待されている。ここでは表3-3-1の③④のような共感的理解の表出が期待される。例えば，「おかげで，今，私たちは白い砂糖が食べられることを勉強しました。私たちの祖先の生活を豊かなものにするきっかけを作ってくれてありがとうございます。向良神社をみるたびに，周慶さんに感謝したいと思います」のような答えが期待されるだろう。

以上，「ふきだし」「手紙」により，共感的理解の場を設定することにより，子どもの多面的な周慶の生き方への共感の度合いを見ることができる。

第4節　共感的理解につながる評価のためのツールの作成と活用の論理

ここまで人物への共感的理解につながる評価のためのツール作成の論理を示してきた。次は人物に基づく社会認識形成を保障する上での活用の論理を示そう。

図3-4-1は，評価結果の活用を図示したものである。

人物への共感的理解は，取り上げた人物の思いと子どもの思いという点で一致していなければならない。つまり，過去の社会の，現在に生きる子どもとは関係のない／まったく知らない人物と，自分自身を同一視し，彼／彼女の生き方，考え方に基づきながら，過去の社会を理解することが求められる。これが，子どもの生活する現在と過去をつなげる知識となる。しかし，このような授業前，授業後の変容は，理想であり，実際はそうならない子どもも存在する。ここで設計される評価法及びツールでは，取り上げられた当事者の立場に立った過去の社会の理解，現在の自分とのつながりが意識できていない子どもを把握するためのものである。単に，「周慶さん大好き」というような記述だけでは不十分であり，取り上げられた価値的知識を裏付ける知識を，取り上げた人物の功績，他の子ども／生徒の言葉，自分の身近な社会

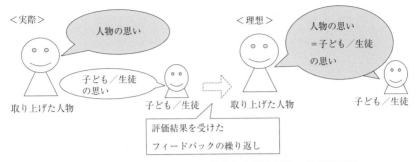

図 3-4-1. 評価のためのツールを軸とした学力保障―共感的理解―

についての知識などあらゆるところからできるだけたくさん見出せることが、よき社会の構成員としての自覚をより強くする。

以上を踏まえると、評価のためのツール作成の際、取り上げた人物への共感を表明する場面の設定とそれを裏づける社会認識の獲得を確認する場が必要となる。前者は授業者が一定の共感的理解に達しているか否かを判断するための場であり、後者は生徒の共感的理解の深さを見とるためのものである。第3章では、このような評価のためのツールとして、子どもの自発性を阻害しない「ふきだし」、「手紙」形式を選択した。「ふきだし」をどのような人物につけるのか、「手紙」を誰に対して書くのかは、授業者の設定した「あるべき生き方」によって決まる。また、子ども/生徒の回答は、「あるべき生き方」を支持する根拠の数を見ることにより、その共感の深さを判断することができる。

また、対象となる人物に対して否定的な思いが表出されることも想定される。その場合、取り上げた授業の中に授業場面の「よさ」が表れているのか検討が必要となろう。

注
1) 人物を扱った学習についての批判,検討,提案授業については小原［1985］［1998］,

梅野ら［1991］の論文，文献が挙げられる。
2) 授業実践「讃岐糖業の父『向山周慶』―周慶のすばらしさをまとめよう―」は，棚橋［2004b］［2007a］［棚橋ほか，2004］，草原［2006］，渡部［2010］の論文等で紹介，分析されている。

【資料編】授業実践「讃岐糖業の父『向山周慶』」

	授業の具体	学習形態
導入	授業者／ はい，注目。こちら向いてください。 今まで向山周慶さんのお勉強を進めてきたんですが，さあ，今日はどんなお勉強をしていこうか。どういうふうにお勉強進めていこうか。 何か言える人手を挙げてくださいよ。手を挙げてくださいよ。はい，A君。 A／農民の勉強。 授業者／あなたは農民の暮らしだったなあ。それをまとめてみんなの4Eは，今日はどんな勉強してくるん。はい，B君。 B／砂糖づくりの勉強だと思います。 授業者／砂糖づくりね，あなたたち。はい，C君。 C／向山周慶はどういう人だったか。 授業者／うん，向山周慶がどういう人か。それらを三つに分かれて勉強してゆくんだったな。で，それらが。それぞれの向良神社や向山周慶の故郷の農民の人たち，また，向山周慶さんの昔からの砂糖づくりの様子。それぞれが発表していくんだな。さあ，元気に発表できますか。 全員／はい。 授業者／はい，もっと大きく。発表できますか。 全員／はい。	全体
展開	授業者／じゃ，ほんならねぇ，農民の暮らしからいこうか。せっかくもう衣装着とるけん。なっ。はい，どうぞー。 はい，じゃあほんなら準備してくださいね。	準備
	(前に並び，挨拶) 児童／今から劇を始めます。 児童／僕達は農民の役をします。 児童／僕は池田玄丈の役をします。 児童／僕はお殿様の役をします。 児童／僕は向山周慶の役をします。 児童／僕は代官の役をします。 児童／僕はナレーターをします。 児童／礼 児童／昔，このあたりは日照りに悩まされ大きな川が無いため，農民達も困り果てていました。そのころのお話です。井戸の水もなくなり果てて，農民は畑の仕事に苦労をして，食べものにも大	劇 農民の暮らし

変困っていました。そして，農民の人たちは，
児童／そうだ，代官様に頼もう。
児童／そうだそうだ。
児童／そして代官様に頼みに行きました。
児童／代官様お願いです。
児童／なんとかしてください。
児童／そんなことが出来ればいいが。
児童／そこを何とかお願いします。
児童／そうだな，頼んでみるか。
児童／それから代官様はお殿様のいるお城に行きました。
児童／お殿様お願いします。
児童／出来るものならなんとかしたいが，無理だ。
児童／代官は農民達のいる村へ行きました。
児童／すまん，頼んだが無理だった。
児童／そうですか。
児童／農民達はがっかりして畑仕事を続けました。
このお城では殿様がなんとかしようと考えました。そのころ，水を必要としない作物はないかと考え，鹿児島で盛んな，砂糖づくりを思い出しました。香川県ではこの引田町だけがセンタカンソウと呼ばれ岩石でできている土地なので，白砂糖を作るのによいサトウキビができるのです。そして殿様は
児童／そうだ，玄丈を呼ぼう。
児童／そして玄丈を呼び寄せました。
児童／わが藩のためにも砂糖づくりにがんばってくれ。
児童／砂糖ですか？　はい，わかりました。
児童／玄丈は研究を始めました。研究はすこしずつ進んで行きました。ある日，玄丈が病にかかりました。そして，弟子の周慶を呼び寄せました。
児童／周慶，私がお殿様に頼まれた砂糖づくりを継いでくれ。私は病気なので果たすことができん。頼むぞ！
児童／はい，わかりました。精一杯砂糖づくりをやります。
児童／それから周慶は砂糖づくりの研究を始めました。
児童／なあ，みんな。周慶という人がサトウキビの研究をしているそうだべ。
児童／協力してみるか。
児童／それから農民達は周慶に協力しました。そして農民はサトウキビを育てていきました。サトウキビはだんだん大きくなっていきました。
(前に並び，まとめ)

	児童／農民は日照りで米を作るにはとても苦労していたんだなぁと思いました。 児童／周慶は農民達に期待されていたんだろうと思いました。 児童／これで劇を終わります。礼。 （拍手）	
	授業者／ はい，ありがとう。それでは，えっと，で，ちょっと言い忘れたんやけどもねぇ， あの〜，今からねぇ，発表して，もう劇の人は発表してもらったんやけども， それぞれのね発表，一生懸命してくれるんだろうと思うんだけども， 自分達のね調べていることね，自分達が発表することにとっても関係がありそうだなとか，あ，ここのグループは僕たちのグループの発表をより詳しく発表してくれているなぁとか，そのようなね，所があったら素早くノートに書いといてください。それをね，後でまとめて，発表してもらうからね。いいですか。はい。	まとめ
	そしたらね，次はサトウづくりグループ，じゃなくて，向良神社グループの人ね，紙芝居やるのか，そうか，机真ん中にして。次，お願いします。	準備
	（前に並んで挨拶） 児童／礼。僕達は， 児童／向良神社に行って 児童／おじさんに 児童／聞いたことを 児童／まとめて 児童／紙芝居に 児童／してみました。 児童／それを 児童／今から 児童／発表します。礼。 児童／向良神社。向良神社には砂糖神様，向山周慶がまつられています。砂糖が完成したとき，農民の人たちや近所の人たちが，抱き合って喜びました。そして，白鳥に神社が建てられました。 児童／これは，隣町の白鳥町にある向良神社の写真です。 児童／高松にも同じ向良神社という名前の所がありました。高松の人たちは向良神社のことをどのように呼んでいるのか調べてみました。	紙芝居

	児童／これが高松の松島町にある向良神社です。 児童／高松の人たちは高松の向良神社のことを産業の神様としても呼ばれています。高松に向良神社がある理由は何かなぁと思って聞いてみたら，昔，周慶がいた頃は，白鳥も，高松藩の一部でした。だから，殿様も同じ人でした。そして，殿様が水田を必要としない作物に目をつけて，砂糖づくりを思いつきました。そして，殿様は池田玄丈という人にお願いしました。 児童／ところが池田玄丈が病気にかかり，弟子の周慶を呼んで， 児童／お前が遠く・・・ 児童／・・・高松にも同じ名前の向良神社が建てられました。 児童／・・・なっています。 児童／終わり。 (前に並び，まとめ) 児童／玄丈は病に倒れ，周慶に後を頼んだ。 児童／私たちが白砂糖を使えるのは，周慶達のおかげです。 児童／これで向良神社グループの発表を終わります。礼。	
	授業者／はい，拍手。 全員／（拍手）。 授業者／向良神社の人達はぁ，高松にもある。同じ名前の神社が二つあることにとってもね，不思議に思って，ねっ，えぇー，こういう風な紙芝居でそれぞれのね，考えをまとめてくれました。	まとめ
	さあ，ほんな最後に，砂糖グループさん，ちょっと発表してもらおうかな。お願いします。	準備
	(児童，前に並ぶ) 児童／今から「しぼり」の発表をはじめます。 児童／これを見てください（杵の写真を見せる）。昔は，このように杵でサトウキビをつぶしていました。しかし，このようなつぶし方では，完全に糖蜜は絞り取れませんでした。 児童／これを見てください（糖蜜を絞る道具の写真を見せる）。これは牛に引かして糖蜜を絞る道具です。昔の人はこのような石臼にサトウキビをかまして糖蜜を絞っていました。さっき紹介した絞り方よりは沢山の糖蜜が絞れます。ここの部分に手を挟まれて沢山の人が怪我をしたそうです。 児童／この絞り方は危険なので安永2年に船叡左右衛門という人が新しい機械を発明しました。そのために多くの人が怪我をせずサトウキビを搾ることができました。 児童／新しい機械は1日12 gの糖蜜を搾り取れました。 児童／蜜を沢山絞るために石臼を牛に引かせました。	調べたこと 砂糖づくり

児童／これで絞りのグループの発表を終わります。つぎは煮詰めの段階に入ります。煮詰めのグループの人お願いします。
(児童入れ替わり)
児童／今から砂糖の煮詰めの作業のことを説明します。
授業者／今, ビデオを
(授業者がビデオの用意する)
(ビデオの放映, 煮詰め作業の様子をビデオで確認する)
(児童のまとめ)
児童／・・・泥の落とした糖液に新しい変化はありませんでした。そして, ・・・石灰を加えていたように思い,
児童／これが石灰です。
児童／貝の殻をたくさんとってこさせて, それを焼いて石灰の粉を作らせました。で煮詰めては, 何回も
児童／灰汁を取り石灰を繰り返してようやく, 灰汁を取り中和に成功しました。
児童／これが灰汁を取るものです。
児童／煮詰めのとき, 石灰を入れて中和させます。
児童／感想, 網だけで灰汁を取るのを工夫しているなあと思いました。次はおし舟作業です。よろしくお願いします。
(児童の入れ替わり)
児童／今から, おし舟の説明をします。しろした糖を木箱に詰めて, 石をのせ, 蜜を絞り出します。それを出してこねます。それを何回も繰り返しているうちに, だんだん白くなっていきます。工夫しているところは, 石の重さと, てこの力で蜜を絞り出すところです。昔の人はてこの力で, 人間の力があまりいらず, 大変楽でした。その様子をビデオで見てみます。
(おし舟作業の様子をビデオで確認する)
(児童のまとめ)
児童／おし舟は石の重さと, てこの力で蜜を絞り出します。これでおし舟の説明とまとめを終わります。とぎグループの人お願いします。
(児童の入れ替わり)
児童／今からとぎの説明をします。とぎというのは手のひらでこねることで, このとぎを何回も繰り返すと, 次第に黄色っぽくなります。
児童／なぜそうなるか, それは空気を十分入れることによって蜜を絞り出すからです。今からビデオを見ます。
(とぎ作業の様子をビデオで確認する)
(児童のまとめ)

	児童／・・・桜の木が使われています。 児童／次，木型の人お願いします。 (児童の入れ替わり) (児童のまとめ) 児童／今から木型の発表をします。 児童／始めはビデオを見ます。 (木型作業の様子をビデオで確認する) 児童／これがあられ糖をつくる道具（道具を示しながら説明）です。この先の丸いところがよくできているなぁと思いました。 児童／これが木型（木型を示しながら説明）です。この木型に砂糖を詰めると，この木型の形が写ります。感想は，この木型の杖のところがうまく彫れているなぁと思いました。 児童／木型の説明。木に穴を彫っているものに色々な形の砂糖を詰めて，形がくずれないように出します。これで切ったものをふるいで，転がし，形をととのえます。これが，あられ糖やいろいろなものになります。 児童／動かしていたことを発表します。昔は機械の代わりに，木の道具で，形がくずれないように工夫をしていました。 児童／感想は，僕たちも木型に砂糖を詰めて砂糖のお菓子をつくりたいです。 児童／これで終わります。礼。	
	児童／（拍手） 授業者／はい。ありがとう。それぞれがね，それぞれのグループが自分の言いたいことを上手に言っていました。	まとめ
	さぁ！ それからね，今からね，授業の始めでも言ったように，自分のグループの発表と，他の二つの発表のグループを比べてみて，自分は，自分たちの発表に，とても参考になったなぁとか，自分たちのグループを，うまく説明してくれるなぁ，というところを，今からノートに書いてもらいます。さぁ，ノートを開けてください。3分間，10時ぐらいまでの間に，仕上げておいてください。 はい，始めてください。 (ノートを書く)	発表全体のまとめ
	授業者／何人かの人に発表してもらおう。いける人どうぞ。はい。はい，Dさん。 D／はい。前から知りたかった，向良神社のことを，くわしく説明していたので，ためになりました。 授業者／そうか。サトウキビの中は，向良神社のことも，実は知りたかったんだということやな。はい，E君。	

E／はい。向良神社は，白鳥町にも，高松にも知られて，有名だと思った。
授業者／なるほど，2つの神社がある，ということですね。はい，Fさん。
F／私は，砂糖づくりの部分でヘラが割れにくいように，桜の木が，使われているなんて，全然知りませんでした。うまく説明をしてくれて，ためになりました。
授業者／道具一つにしても，割れないような，工夫が生んだということやな。なるほど。はい，G君。
G／砂糖ができて，農民の人たちが，とても喜んだ，ということが分かりました。
授業者／なるほど，農民の人たちね。はい，H君
H／周慶が高松に関係あることは知りませんでした。
授業者／そうか，白鳥町の生まれのね，周慶さんのね。はい，Iさん。
I／私は農民の人の発表を聞いて，昔農民の人はとっても困っていた様子が分かった。
授業者／はい，なるほど。はい，Jさん。
児童／はい，私は砂糖づくりの中でも，しぼり方のことが知りたかったので，石臼のことがよく分かって良かったです。
授業者／なるほどね。はい，Kさん。
K／はい，私のグループは農民の人の気持ちを少ししか書いてなかったけど，農民のグループの人は，農民の人の気持ちをたくさん言っていました。

授業者／
はい，なるほどね。農民の人の気持ちですね。さあ，いくらかね，発表してもらいました。今言ってくれたことは，他のグループの発表を聞いて分かったこととか，為になったことやな。ならね，今からね，元に戻って自分たちの発表したことと，それと他のグループの発表したこととをね，あわせてまとめてもらえんかな。ちょっと難しいかもしれないけども，こういうことになると思います。
（「他のグループの発表とつなげよう」と書いた用紙を黒板に貼る）
他のグループ，はい，みんなで読もうか，さんはい
児童全員／他のグループの発表とつなげよう！
授業者／はい，そうすることによって，おそらく向山周慶さんのことがより一層ね，分かりやすくなると思います。じゃあね，自分の発表と他のグループの発表をあわせて考えて，どんなことが新たに分かってくるか。はい，じゃあそこのところを付け加えよ

	うという所に，書いてもらおうかな。じゃあこれも3分ぐらいでまとめていってください。はい，始めて。 （ノートを書く）	
	授業者／はい，注目。じゃあ，どれくらいの努力，かんそうなどは入れやすいと思うけれども，それを自分たちのグループに付け加えて，いろんなところで二つの考えを合わせて，また，新しい考えをつくりだすということかな。さあ，完全にできてない人でもいいから，ちょっと言ってもらえないかな。はい，どうぞ，手を挙げて言ってください。 児童数名／はい，言います。言います。 授業者／はい，Lさん。 L／向山周慶は，農民の人にとって役立つことをしたから，向良神社が建ったんだと思います。 授業者／ああ，なるほど。農民の人の生活と，向良神社を合わせると，そういうことになるのかなあという考えが浮かんできますね。はい，M君。 M／はい。農民は，日照りで米を作るのに大変苦労していたのに，周慶に協力するほど，周慶に期待していたんだろうと思いました。 授業者／うん，なるほどね。はい，N君。 N／はい。農民は周慶に協力して白砂糖が完成したからとても喜んでいたと思います。 授業者／うん，なるほど。はい，Oさん。 O／はい。私はあまり農民のことを知らないで勉強をしていました。でも農民がグループの人の発表を聞いて学校のことが分かりました。 授業者／うん，なるほどね。知らなかったこともまた新しく情報になったね。はい，Pさん。 P／はい。私は，農民の人が周慶にとても感謝していることが分かって，だから今でも向良神社のお祭りに沢山の人が来ていることがわかりました。 授業者／うん，なるほどね，向良神社のお祭りね。はい，Q君。 Q／はい。農民や向良神社や砂糖の全部をよく知らないけど，発表を聞いていたらだいたいわかりました。 授業者／うん，だいたいね。はい，R君。 R／砂糖は，農民にすごく希望を与えたことがわかりました。	
終結	授業者／うん。そしたらね，いろいろ農民の暮らしの様子とか，向良神社の出来た理由についていろいろ発表してもらったんだけども，実はね，向良神社に前に，向良神社の保存会の人にインタ	

ビューしに行ったよな。その時に話してくれた中で、ぜひみんなに伝えて欲しいということで、テープがあるんだけれども。それを聞いてまた新しい学習の手がかりにしたいと思います。

(テープを聞く)
インタビュアー／先に周慶さんがこの地元の地域に新しく恩恵というと
保存会の方／結局ね、周慶さんが砂糖の製造方法を発見していわゆる砂糖の白い砂糖を作る方法を研究して実用化した。いわゆる港の工業、いわゆる環境工業としての商売、その商売というかな。それをしたために非常に裕福な農家ができた。
それで明治の始めまで来たんだけども、ところが明治の時代にくらいになってくると今度は外国とかから安い外国の砂糖がどんどん入ってきて、砂糖がだめになってしまった。ところが、今までやってきた砂糖づくりの農家はそこで儲けたお金を工業へつぎ込んでいく。手袋とかな。そのきっかけとなったといえる。地場産業へと資本が移っていったんだな。

授業者／はい、おじさんのそのままの声を聞いてもらったんやけれども、おじさんの話にもあったように、江戸時代に行われた砂糖づくりって言うのは、結局外国から来た安い砂糖には勝てんかったんやけどな。やっぱり安い方を買ってしまうからな。でも、江戸時代に起こった砂糖づくりのおかげでな、今の手袋、有名やな。それとか薬の産業にも、とっても役立っていく、な。お金の面でとってもね、地場産業って言ったら難しいかも知れんけどな、地域での産業にとっても役立っていく。だから江戸時代のお話というのは実は、今のこのあたりの産業にとってもね、結びついてるんよ。そういうことを向山周慶の一生にもね、今にも付け加えていけるんよね。
(校内放送)
授業者／みんな後ろに書いてもらったようにね、物語をどういう風に終わらすか。
そういうことをこれから考えて行きたいと思います。はい。授業者今日は終わります。
児童S／きりーつ。これで社会の勉強をおわりましょう。
全員／終わりましょう。
児童S／礼。

＊グループ発表，挨拶については，子どもの発言を区別せず，「児童」と表記した。
＊各自の発表については，子どもの発言をA〜Sに区別し，表記した。

＊「・・・」で示した箇所は，音声の聞き取りが聞き取れなかった箇所である。
＊かっこ内には，音声として確定できない活動・動きを記入した。

第4章　事実の習得につながる評価のためのツール
——事実に基づく社会認識形成の保障——

　社会について様々な知識を子ども／生徒に獲得させることを社会系教科の果たすべき役割の1つであるとする立場がある。例えば，社会的事象に関する知識を子ども／生徒にとって身近で分かりやすい事例とともに提示すること，もしくは，体系的に示すことにより，子ども／生徒に，社会についての知識を効率よく，そして，できるだけ多く獲得させる学習が挙げられる。このような学習を通して，子ども／生徒に，社会に出た際に必要な基礎的・基本的な知識としての社会についての教養的な知識の獲得を目指すのである。このような立場において授業者は，子ども／生徒に対し，「事実に基づく社会認識形成」の保障を行っていると言えよう。

　では，いわゆる教養的な知識のような「事実」を習得することは，授業のどのような場面の中で行われるのか，そして，子ども／生徒の獲得した「事実の習得」は，どのように確定することが可能なのだろうか。そして，事実に基づく社会認識形成を保障するためには，どのような評価が求められるのだろうか。

　第4章では，「事実の習得」を目指す具体的な授業事例として，授業実践「自然と気候」を取り上げ，「事実に基づく社会認識形成の保障」のための評価法とそれに対応する具体的なツールを開発し，先の問いに答える。

第1節　事実の習得につながる評価のためのツールの条件

第1項　事実に基づく社会認識形成の特質

　社会的事象を客観的に存在する事実と捉えたとき，授業はどのようなものとなるだろうか。「事実の習得」を目指す場合，授業では一般社会での生活に不可欠とされる教養的な知識の獲得が目的となる。このような授業の構成の論理について棚橋［2007, p. 62］は以下のように述べる。

> 　　社会とは，子どもの精神の外側に厳然と存在するものであり，誰が見ても同じものである。社会をわからせるのが社会科であるから，その内容を決めるのは認識主体の精神の外側に存在する社会であり，神や絶対的真理や子どもの欲求といったものではない。（略）このような考えにもとづくと，子どもが社会を知る，わかるとは，自分の中に何らかの主観的実在をつくりだすということではなく，外部の客観的実在が忠実にあるがままに発覚してくるということであるということになる。自己の外的世界の実在が発覚したものとしての知識を，適当な教授・学習過程を通して習得することである。

　生徒／子どもが社会を知る，わかるということは「外部の客観的実在が忠実にあるがままに発覚してくる」ということである。そのため，授業者が意識しなければならないのは，誰が見ても同じものである事実や社会的に必要とされる知識を，「あるがまま」に示すことである。そして，子ども／生徒が「あるがまま」に獲得すべき知識とは，授業の場面で提示された知識そのものであり，それは，授業者による解説として具体化される。このような授業を通して形成される社会認識はどのようなものとなるだろうか。

第2項　形成される社会認識

　まず，事実の習得を通して形成された「事実に基づく社会認識形成」をどのように確定することが出来るのだろうか。まず，授業を通して形成される社会認識を確定しよう。

　図4-1-1は，子ども／生徒に形成される社会認識を整理したものである。図の縦軸に示した①〜③は子ども／生徒に形成される社会認識の質を示したものである。また，横軸は，社会認識の形成に主として関わるのが，「子ども／生徒」であるか，「授業者」であるかに着目し，分類したものである。つまり，「授業者」の示した知識をそのまま受容することが求められているのか，授業で示された知識を踏まえ，「子ども／生徒」自らが示すことが求められているのかを，矢印と網かけで図示した。

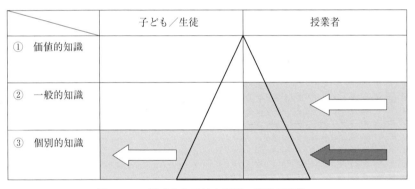

図4-1-1. 形成される社会認識―事実の習得―

　事実の習得とは，授業者が示す解説を，子ども／生徒がそのまま獲得することである。授業者の示す解説は，一般的知識とより詳細な個別的知識とが関連付けられ，体系化された知識となっている。授業者の示す体系化された知識に対応する個別的知識を，子ども／生徒が，調べ学習などを通して付け加えることにより，知識の体系はより詳細なものとなる。つまり，「事実に

基づく社会認識形成」がより深まるのである。

　以上のことから，子ども／生徒の「事実に基づく社会認識形成」は，以下の点を見とることによって，確認することができる。

---
1. 体系化された知識（一般的知識，個別的知識）の獲得の有無
2. 体系化された知識に加えられた知識（個別的知識）の量

　では，以上のような「形成される社会認識」を確定するためには，どのような評価法とそれに対応するツールが必要となるだろうか。まず，具体的な授業実践に見られる授業者の手立ての分析から，授業場面の特質を明らかにしていこう。

第2節　授業場面の特質

第1項　単元全体から見た授業の位置づけ

　第4章で取り上げる授業実践「自然と人間―気候―」[1]は，放送教育開発センターの教師教育教材授業記録から抜き出した高等学校社会科の地理的分野の授業であり，1987年に行われたものである。本授業が当時の学習指導要領及び教科書に照らした際に，想定されうる単元と単元から見た位置づけ示したものが，表4-2-1である。

　表4-2-1の左には，想定される単元の全体を示し，右には本授業の授業構成を示した。この授業はその実践の時期，内容から，1978年の学習指導要領社会科の地理的分野の「(1) 人類と地球」の「イ　生活舞台としての自然」に位置づく。この内容は，自然の地形，気候，植生などの自然環境と人文現象を対応させながら理解させるよう扱うこと［文部省，1978］とされる。この内容は，当時の教科書[2]を見ると，いずれも，ケッペンの枠組みを提示した上で，個々の気候帯の特色をとらえさせる構成となっている。

表 4-2-1. 単元全体から見た授業「自然と人間―気候―」の取り扱い内容の位置づけ

単元全体の構成	
生活舞台としての自然をケッペンの気候区分に基づき捉える。	熱帯気候（A）
	乾燥気候（B）
	温帯気候（C）
	冷帯気候（D）
	寒帯気候（E）

授業「自然と人間―気候―」の授業構成		
指導過程		
導入	導入：身近な例から「熱帯」をイメージさせる	
展開	「熱帯」の位置と定義を確認する	
	熱帯を構成する気候区の説明	熱帯雨林気候（Af）の説明
		（弱い乾季を含む）熱帯雨林気候（Am）の説明
		サバナ気候（Aw）の説明
終結	本時の授業内容の確認と次時の予告	

（授業記録の映像および，学習指導要領に基づき筆者作成）

以上を踏まえると，「生活舞台としての自然をケッペンの気候区分に基づき捉える」単元の一部であることと，授業実践は全体を5つの気候帯に分けたうちの「熱帯気候」の授業に対応する。

では，5つの気候帯の中で「熱帯気候」についての事実が，授業者のどのような教授活動を通して，どのような構造を持つ知識の総体として示されるのか。以下，VTRの映像に見られる授業場面の実際を分析し，その特質を見ていこう。

第2項　授業場面の実際

1. 概念用語の確認

表4-2-2は，授業の導入場面である。導入部では，以下のように，既習事項の復習が行われている。

授業者は「昨日区分しましたけれども，この熱帯の区分，どうなっていましたか？」「熱帯を二つに分けると，何と何と何があったっけ？」というように，既習事項についての知識を問うている。それに対し，生徒は「はい，

表 4-2-2. 概念用語の確認場面

T ：で，今までずっと熱帯って言ってきましたけれども，熱帯ってこう，<u>こないだの気候区分でいうと，どういう定義をしたか覚えてますか</u>。熱帯。気候区分やったときにこう定義をしましたけれども，A君。いますか。熱帯っていったらどういうところだったっけ。ケッペンの気候区分で見ると
S (a)：最寒月の気温が18度以上
T ：はい，平均気温ね。そうです。一番寒い月の平均気温が18度以上，そこのところを熱帯と言っています。でね，熱帯の中でも，三つに分かれました。<u>昨日区分しましたけれども，この熱帯の区分，どうなってましたか</u>。三つの種類言ってほしいですけど。記号とあと名前。Bさん。<u>熱帯を三つに分けると，何と何と何があったっけ</u>。
S (b)：と，と。
T ：記号で言うと。
S (b)：え，分かりません。
T ：A何とか。昨日やったでしょ。
S (b)：<u>はい。えと，AfとAwとAmです</u>
T ：それぞれなんていう気候。
S (b)：<u>熱帯雨林気候と，サバナ気候と弱い乾季のある熱帯雨林気候</u>
T ：はい，そうです。はい，いいですよ。熱帯・・Aっていう記号を一番先につけて<u>3つに区分しました</u>。AfとAwとAm。熱帯雨林気候とサバナ気候，後もう一つ弱い乾期のある熱帯雨林気候。<u>この3つに区分しました。</u>

(T：授業者，S：生徒，(a)(b)は個々の生徒の区分を示したものである)

えと，AfとAwとAmです」や「熱帯雨林と，サバナ気候と弱い乾季のある熱帯雨林気候」と名称を答えている。

　導入部で復習として確認されている本時の学習のキーワードとなる名称を「概念用語」としよう。導入部で確認された3つの概念用語はどのように解説されるのか。これらの3つの概念用語の解説の特質を見ていこう。

2. 概念用語の解説

　ここでは，「熱帯雨林気候（Af）」「弱い乾季のある熱帯雨林気候（Am）」「サバナ気候（Aw）」などの概念用語の解説を見ていこう。表4-2-3は，対応する場面に見られる概念用語の解説を抜き出したものである。

　表4-2-3の中から，「熱帯雨林気候（Af）」の解説を見ていこう。

表 4-2-3. 概念用語に関する解説の形成過程

展開	授業記録
Af	（略）まず熱帯雨林気候……Af。（授業者の板書「Af」）熱帯雨林気候について詳しく見ていきたいと思います。 ⓐまず，熱帯雨林気候の気温を見ると……（略） ⓑそれから，今度は降水……（略） ⓒで，あと，もう一個，気候要素でやりました。今度，風。（略） ⓓ今度はこれがどこに分布しているのかということを具体的に見ていきたいと思います。（略） ⓔ今度は，この Af 気候の植生について見ていきます。（略） ⓕで，以上が自然的なことで，今度は人間生活とどういう関係があるのかっていうのを見ていきたいんですが，この Af 気候のところで行われているので顕著なのはプランテーションと呼ばれるものです。
Am	（略）同じように今度は Am，弱い乾期のある熱帯雨林性，熱帯雨林気候区，そこについて，ちょっとやっていきたいと思います。同じ順序でやりますから。 ⓐっと，まず気温。（略） ⓑで，降水，今言ったのは降水のことでした。（略） ⓒモンスーンっていうのは，やっぱりこれも前にやりましたから分かると思いますが，季節風のことですね。（略） ⓓで，じゃあどこに分布しているかっていうのは，（略） ⓔで，ここの植生はどうかって言うと，（略） ⓕで，じゃあ人間生活の関係っていうのはどうなってるかって言うと，（略）
Aw	（略）で，最後が，Aw という記号で書かれる所で，サバナ気候。 ⓐで，ここは，年較差*っていうのは，やはり Af より大きい。（略） ⓑで，雨はどうかって言うと，（略） ⓒモンスーン地域ではモンスーンの交代，季節風の交代によって雨季乾季っていうのが分かれますが，（略） ⓓで，これがどこにあるかって言いますと，（略） ⓔ今度は植生を見ると，（略） ⓕで，ここは灌漑によってこう開発することがやりやすいところなんですね。で，これからどんどん灌漑がすすんでいけば，もっと農業生産とかそういうのはあがるんじゃないかって言われます。（略）

（* は気温に関するもの。一部省略，加工した）

「まず，熱帯雨林気候について見ていきたいと思います」と，取り上げる概念用語が示される。次に，取り上げた概念用語が，ⓐ気温，ⓑ降水，ⓒ風，ⓓ分布，ⓔ植生，ⓕ人間生活の面でどのような特質をもつのかについて解説

される。このような解説は,「熱帯雨林気候（Af）」だけでなく,「弱い乾季のある熱帯雨林気候（Am）」「サバナ気候（Aw）」も同様である。これらの項目のうち,「気温」,「降水」はケッペンの気候区分の基本となる指標であるが,「風」,「植生」,「人間生活」は, 区分された気候区の属性に関するものであり, その順序に学問的な意味はない。しかしながら,「同じ順序でやりますから」という授業者の発言に見られるように, その順序には授業者の意図が含まれる。

以上を踏まえると, 概念用語の解説は6つの項目（ⓐ気温, ⓑ降水, ⓒ風, ⓓ分布, ⓔ植生, ⓕ人間生活）への区分にその特質が見られる。

3. 項目の解説

表4-2-4は「熱帯雨林気候（Af）」の「分布」に関する項目についての授業者による解説を抜き出したものである。これを例に, 項目に関する解説の特質を見ていこう。

表4-2-4. 項目に関する解説の形成過程

授業記録	教授活動
<u>今度はこれがどこに分布しているのかということを具体的に見ていきたいと思います。</u> どこに分布しているか？　じゃ, こっち見てください。Afの気候がどこに分布しているかというのは, これ（黒板に提示された地図）見て, だいたいすぐわかると思います。	発問, 教材（地図）の指示
この赤道付近, だいたい南北10度くらいの間に, 10度もうちょっとかな？10度くらいの間に入ってます。赤で書いてあるのね。たとえば, ここらへん。	特徴の解説
シンガポールがここですが, 東南アジアの島々とか, あとコンゴ盆地のあたり, あるいはギニア湾岸のあたり, あとこっちですね。 南, 南アメリカの方, あと中央アメリカのカリブ海側など, こういうところにAf気候っていうのは分布しているわけです。	具体的事例の解説
だいたいの地域を覚えておいてくださいね。だいたい赤道のところから南北10度くらいの間にだいたい入っています。	特徴の解説

まず，授業者は教材である地図を指し示しながら，「今度はこれがどこに分布しているのかということを具体的に見ていきたいと思います」と取り上げる項目が何であるかを示す。次に，「熱帯付近，だいたい南北10度くらいの間に，10度もうちょっとかな？ 10度くらいの間に入っています」と，その分布を示す。これは，取り上げた項目から見た該当する概念用語の一般的な傾向である。さらに，「特徴」の解説を受け，シンガポールや東南アジアの島々，コンゴ盆地など気候区の位置づく具体的な地名が挙げられる。なお，ここでは，便宜上，一般的な傾向についての解説を「特徴」，その具体についての解説を「具体的事例」とする。

以上を踏まえると，項目の解説は，一般的な傾向である「特徴」と対応する「具体的事例」により，より詳細な知識が加えられる構造となっている点にその特質がある。

第3項　評価対象

教授活動の特質は，「概念用語」を6つの「項目」(ⓐ気温, ⓑ降水, ⓒ風, ⓓ分布, ⓔ植生, ⓕ人間生活) に区分することが挙げられる。区分された「項目」は，その一般的な傾向である「特徴」と対応する「具体的事例」により，より詳細な知識が加えられる。この「概念用語」，「項目」，「特徴」，「具体的事例」のパターンの繰り返しにより，これらの知識が結びつけられ，知識の獲得へと結びつくことが期待されている[3]。このように考えると，授業を通して示される社会事象についての事実は，表4-2-5のような構造をもった知識の総体として表すことができる。

では，表4-2-5のような構造をもった知識の総体と生徒の理解の一致を確定しうる評価対象は何だろうか。

評価対象となるのは，「概念用語」，「項目」，「特徴」，「具体的事例」で示される個々の知識と，これらの知識のつながりである。そのため，「概念用語」がどの「項目」，「特徴」，「具体的事例」とつながりがあるのか，もしくは，

表4-2-5. 授業実践「気候と人間」に見られる事実の体系

概念用語			項目	特徴	具体的事例
熱帯	熱帯雨林気候	熱帯雨林気候(Af)	ⓐ気温	月の平均気温が一年中ほとんど変わらず，年較差が少ない。	シンガポール
				一日のうちの最高気温と最低気温の平均に差があり，日較差が大きい。	
			ⓑ降水	最少雨月降水量が60mm以上であり，一年中，規則的に午後からスコールが降る。	―
			ⓒ風	風が弱くて風向きが変わりやすい。	―
				昼間に海風，夜間に陸風が吹いて過ごしやすい。	―
			ⓓ分布	緯度が南北10度くらいの間に位置づいている。	コンゴ盆地…
			ⓔ植生	セルバといわれる熱帯雨林が見られる。	アマゾン川流域
				ジャングルといわれる熱帯雨林が見られる。	東南アジア
			ⓕ人間生活	ラテライトと呼ばれるやせた土地があり，農業には適していない。	―
				プランテーションにより，ゴム，カカオ製品，油やし，ココやしがつくられている。	ブラジル，マレーシア…
				風土病があり，人間にとって住みにくい。	マラリア…
		弱い乾季のある熱帯雨林気候(Am)	ⓐ気温	日較差の方が年較差より大きいが，Afよりは季節感がある。	―
			ⓑ降水	夏はモンスーンによって雨が多く降る。	―
				冬は少し乾燥する。	―
			ⓒ風	夏と冬とで風向きが反対になるモンスーンが吹く。	
			ⓓ分布	ほぼAfと同じ地域に分布している。	インドネシア半島の海岸部…
			ⓔ植生	ほぼ熱帯雨林におおわれている。	―
				ラテライトといわれるやせた土地がある。	―
			ⓕ人間生活	稲作が盛んである。	―
				前世界の約90%の米が生産されている。	―
				プランテーションにより，さとうきび，お茶がつくられている。	―

(サバナ気候は略)

逆に「具体的事例」は，どの「概念用語」，「項目」，「特徴」とつながりがあるのかを生徒に問い，適切な知識の想起をもって，確定されることとなろう。

第3節　評価のためのツール設計の実際

　「事実に基づく社会認識形成」を確定するための評価方略としてここでは，「問い」と「正答」からなる客観テストを設定する。なぜなら客観テストは，「一般的知識」と「個別的知識」の関連性を想起できるか否かを明らかにすることが可能だからである。

　以上の条件を踏まえ，評価のためのツールである客観テストの形式の具体と，事実の習得ができているか否かを判断できる解答行為を見ていこう。

第1項　解答行為の設定

　以下の表4-3-1は，客観テストを通して生徒に求められる解答行為をまとめたものである。教師の解説は，概念用語，項目，特徴，具体的事例という横のつながりで構成されているため，縦のつながりは考慮されない。そのため，解答行為は表4-3-1の①〜⑥が想定される。

　まず，①，②はリード文や問いに示された特徴や具体的事例から，対応する概念用語・項目を想起する問題。この問題は「〜は何ですか？」という問いとなる。③，④はリード文や問いに示された概念用語・項目や具体的事例の特徴を想起する問題。この問題は「〜の特徴は何ですか？」という問いとなる。⑤，⑥はリード文や問いに示された概念用語・項目やその特徴から，具体的事例を想起する問題。この問題は「〜の具体的事例は何ですか？」という問いとなる。

　これらの問いに対する答え方としては，記述させるもの，選択肢の中から選択させるものが考えられるが，問いの基本構造は，この6つとなる。では，これらの解答行為を客観テストの具体を通して見ていこう。

表 4-3-1. 子ども／生徒に求められる解答行為

正答＼問い・リード文	概念用語・項目	特徴	具体的事例
概念用語・項目		① 特徴に対応する概念用語・項目の想起	② 具体的事例に対応する概念用語・項目の想起
特徴	③ 概念用語・項目に対応する特徴の想起		④ 具体的事例に対応する特徴の想起
具体的事例	⑤ 概念用語・項目に対応する具体的事例の想起	⑥ 特徴に対応する具体的事例の想起	

第2項　客観テストの実際

　表4-3-2は，6つの解答行為を客観テストとして表したものである。正答として「概念用語・項目」の想起（①，②）が求められるものが【1】。「特徴」の想起（③，④）が求められるものが【2】。「具体的事例」の想起（⑤，⑥）が求められるものが【3】である。

　「概念用語」を想起させる【1】では，全体のリード文として熱帯の定義とそれに属する気候区，それらの具体的事例が示される。各問である(1)は，「（　）に当てはまる言葉として適切な気候帯，気候区の名称を解答欄に記入しなさい」という穴埋めの形式となっている。対応する箇所では「(ア)は，一年中，気温が高く，季節の変化が小さい」と「……赤道に近い(イ)では年間を通じて多雨で，年間降水量は2000mm以上のところが多い」と（　　）の周りに特徴が示され対応する概念用語を想起し当てはめることが求められる。解答行為としては表4-3-1の「①特徴に対応する概念用語の想起」に当たる。(2)はリード文の下線部「b．ブラジルのカンポといわれる地域のような草原の中に木がまばらに生えるサバナの植生になり大型の野生動物も多

表4-3-2. 授業実践「気候と人間」に対応する客観テストの事例

【1】以下の文章を読み，以下の問いに答えなさい。
　（ア）は，一年中，気温が高く，季節の変化が小さい。気温の日較差は年較差よりも大きく，「夜は（ア）の冬」といわれることもある。（ア）は大きく3つの気候区に分けることができ，赤道に近い（イ）では年間を通じて多雨で，年降水量は2000mm以上のところが多い。熱帯雨林と呼ばれる背の高い密林がしげるが，土壌はやせているため伝統的に焼畑が農業の中心となってきた。雨はスコールがほとんどで傘は役にたたないが，30分もすれば雨はやむ。a．モンスーンの影響を受ける地域がある。緯度が少し高くなると，一年が雨季と乾季に明瞭に分かれる地域も出てくる。例えば，b．ブラジルのカンポといわれる地域のように草原の中に木がまばらに生えるサバナの植生になり，大型の野生動物も多い。
　(1)（　　　）に当てはまる言葉として適切な気候帯，気候区の名称を解答欄に記入しなさい。
　　　答）ア：熱帯，イ：熱帯雨林気候，ウ：サバナ気候
　(2) 下線部 b について。この地域の位置づく気候区を解答欄に記入しなさい。
　　　答）サバナ気候

【2】熱帯気候は大きく Af，Am，Aw の3つにわけることができます。それぞれについて以下の問いに答えなさい。
(1) Af と Am の気候区は，気温，降水量の面でどのような違いがありますか？　論じなさい。
答）Am は Af に比べ，気温の年較差が大きく，やや季節感がある。また弱い乾季のある時期がある。
(2) ブラジルに代表される Af の気候区に住む人々は，森林を焼き払い，数年間利用し，他の場所に移るという焼畑農業を行っている。それはなぜか。Af の気候区の特徴を踏まえて論じなさい。
答）この地域はやせた土壌が多いため，森林を焼き払うことによって得られる灰を肥料とした農業がおこなわれるようになった。森林を焼き払うことによって得られる肥料は一時的なものであるため，耕地は数年間で放棄されることになる。

【3】次に示す地図と雨温図を見て以下の問いに答えなさい。
(1) 気候帯 A～F の中から熱帯気候にあたる地域を選び，記号で答えなさい。　　答）A
(2) 雨温図ア～キから熱帯にあたるものを選び，記号で答えなさい。　　　　　答）キ
(3) 季節に応じ風向きの異なるモンスーンが吹くことによって，弱い乾季が生じる気候区に位置づく国を1つ挙げなさい。
　　　答）インドネシア，フィリピン，インド，アフリカ，ベネズエラ

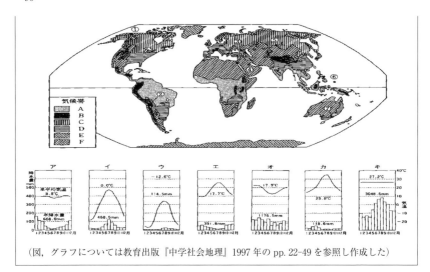

（図，グラフについては教育出版『中学社会地理』1997年のpp. 22-49を参照し作成した）

い」という具体的事例に対応する気候区の名称を答えさせる問題である。解答行為としては表4-3-1の「②具体的事例に対応する概念用語の想起」に当たる。

「特徴」を想起させる【2】は，全体のリード文でAf, Am, Awの3つの熱帯の区分が示される。各問である(1)は，「AfとAmの気候区は，気温，降水量の面でどのような違いがありますか？　論じなさい」と問い，AmとAfの違いを，気温，降水量の面から説明することが求められる。Af, Amという気候区について，「気温」「降水量」という項目という側面からその特徴を論じることが求められていることから，解答行為としては表4-3-1の「③概念用語の特徴の想起」に当たる。(2)は，「(ブラジルに住む人々は，)森林を焼き払い，数年間利用し，他の場所に移るという焼畑農業を行っている」という具体的事例を受け，その理由をブラジルの属する気候区の特徴を踏まえて答える。解答行為としては表4-3-1の「④具体的事例に対応する特徴の想起」に当たる。

「具体的事例」を想起させる問題【3】は，リード文ではなく，気候区に区分けされた世界地図とそれに対応する雨温図が示される。

各問である（1）は，「気候帯A～Fの中から熱帯にあたる地域を選び，記号で答えなさい」という設問と地図が示され，地図上の具体的事例に対応する気候帯を選択する問題となっている。（2）は，「雨温図ア～キから熱帯にあたるものを選び，記号で答えなさい」という設問と様々な気候帯の属する地点に見られる雨温図がいくつか示され，適切なものを選択する問題となっている。（1）（2）では「熱帯」という概念用語を示し，それに対応する具体的な場所，雨温図の選択が求められている。よって，表4-3-1の「⑤概念用語に対応する具体的事例の想起」にあたる。（3）では，「季節に応じ風向きの異なるモンスーンが吹くことによって，弱い乾季が生じる気候区に位置づく国を1つ挙げなさい」という問題である。弱い乾季のある熱帯雨林気候（Am）の特徴を受け，対応する気候区の分布する国を答えることが求められる。よって，解答行為としては表4-3-1の「⑥特徴に対応する具体的事例の想起」にあたる。

表4-3-2に示した客観テストは，表4-3-1に示した6つの解答行為に対応しており，「概念用語」「項目」「特徴」「具体的事例」に対応する言葉，つながりの想起を求めるものとなる。

第4節　事実の習得につながる評価のためのツール作成と活用の論理

これまでの考察を踏まえ，事実の習得につながる評価のためのツール作成の論理と事実に基づく社会認識形成を保障する上での活用の論理を示そう。

図4-4-1は，評価結果の活用を図示したものである。

事実の習得は，解説を通して提示される知識の総体と子ども／生徒の獲得した知識とが，個々の知識とそれらのつながりという点で一致していなければならない。しかし，それは理想であり，実際はそうなっていない生徒も存在する。本章で開発されたツールは，生徒が獲得していない知識，つながり

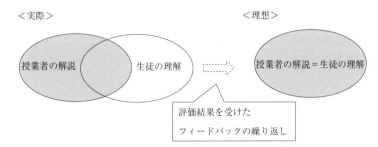

図 4-4-1. 評価のためのツールを軸とした学力保障—事実の習得—

を把握していない知識を発見するためのものである。このツールで得られた結果を受け，授業や授業外での活動のなかで，フィードバックし，知識や知識のつながりの確認を繰り返すことにより，理想とした状態に生徒を近付けることが可能となる。

　以上を踏まえると，評価のためのツール作成の際，授業者の設定する知識の総体を明らかにすることが必要となる。つまり，授業者の判断基準は，想定した知識の総体に一致しているか否かになるからである。第4章では，この条件を踏まえたツールとして正答と問いの組み合わせで構成される客観テストを選択した。知識の総体を構成する個々の知識が，テストを構成する材料である問い，正答，リード文に相当し，個々の知識をつなげる構造が，生徒に求められる「解答行為」に対応する。このような客観テストにより授業者の解説と子ども／生徒の習得した知識の一致の程度を判断することができる。

　では，このような評価のためのツールの活用の論理はどのようなものとなるだろうか。このツールは，授業者の設定した知識の総体と子ども／生徒の習得した知識との齟齬を明らかにする上では有効である。発見された齟齬は，対応する知識を加えることによって解消され，結果として，想定した知識の総体と子ども／生徒の習得した知識との一致が図られる。そのため，教授すべき知識が確定しており，授業者自身が何を教えたいかがはっきりしている

授業においての活用が望ましいといえよう。

注
1) この授業は放送教育開発センター［1978］に収録されている授業である。また，本授業を分析した先行研究として棚橋［2007］がある。
2) 対象としたのは，帝国書院［1993］，二宮書店［1994］の地理の教科書である。
3) このような知識のつながりは，森分のいう「分類による説明」に該当する。
　「分類による説明」とは，「何」という問いに対して答えることであり，被説明事象を既知の概念によって分類することである。分類による説明は，一般に詳しい分類ほど，そして内容の豊かな概念による分類ほど「説明」としての性格が強くなる。この説明が「説明」となるためには，分類に用いられる概念は既知のものであることはもちろんであるが，同時に，十分に明確なものでなくてはならない。しかもその概念は被説明事象によってしか規定できないようなものであってはならないとされる［森分，1978, pp. 98-99］。さらに森分は，「社会的事象・出来事を科学的に説明できるようにさせる」ことをねらいとする社会科授業構成の原理の中核に位置づくものとして，3つの説明のパターンを示している。「分類による説明」はその1つである。森分はこのパターンを言語哲学的知見から導いており，一般性が高い。そのため，「説明」という言葉に内包される概念は広く，授業者による教授活動と子ども／生徒の学習活動の区別をつけることが難しい。そこで，本章では，授業者による教授活動であることを明示する意味で，「解説」という言葉を用いた。

【資料編】授業実践記録「自然と人間―気候―」

	授業者の発言・発問	生徒の対応
Ⅰ	欠席はいません，ね。みんないますか。じゃあ早速はじめたいと思います。 ん？　あ，そうなのごめんね。 えと，今まで気候要素についてと，あと気候区分についてざっとやってきましたので，今日からその中の熱帯について今度は詳しく見ていきたいと思います。 で，最初に熱帯，熱帯という言葉が出てくるんですけれども，日本にいると，ま，熱帯なんて遠くて，とてもこう分からないというか，イメージできないと思うかもしれないんですがこれから夏になると（笑いながら）どうぞ。	
	何，足で探してんの。	
	いいよ，とって。（笑う）	
	はい，いいかな。はい，いいですか。で，えと，熱帯夜というのがあります。夏になると，ほら，夜寝苦しくてしょうがない日がありますよね，あれが熱帯夜。で，あれは一日の最低気温が25度以上の夜を熱帯夜といいます。 あと，真夏日って，真夏日が何日続くとか，そういうニュースがよく夏になると出ますが，それは，最高気温が30度以上，その日のことを真夏日といいます。だから熱帯っていってね，すごく遠いイメージでこう日本では分からない，ぜんぜんイメージできないと思いがちですけれども，でも夏になると日本でも熱帯的な，て言うかな，熱帯に似たような体験をすることができるわけです。 では，これは気温で，あと，鳥なんかでもね，え，これどういう鳥だか知りませんけれども，小笠原諸島のほうに，えと，アカオネッタイチョウと言うのかな，熱帯系の鳥がいます。こういうのもいるし，あと，本州四国に，ヤイロチョウという鳥がいるそうなんですね。これも熱帯系の鳥です。だから，日本とまるっきりこうかけ離れた感じを持ちますけれども，ま，そうでもない，日本にも結構熱帯的な現象とか事物ていうのはあるわけです。	
Ⅱ	で，今までずっと熱帯って言ってきましたけれども，熱帯ってこう，こないだの気候区分でいうと，どういう定義をしたか覚えてますか。熱帯。気候区分やったときにこう定義をしました	

	けれども，A君。いますか。熱帯っていったらどういうところだったっけ。ケッペンの気候区分で見ると，	
		最寒月の気温が18度以上
	はい，平均気温ね。そうです，一番寒い月の平均気温が18度以上，そこのところを熱帯と言っています。でね，熱帯の中でも，三つに分かれました。	
	昨日区分しましたけれども，この熱帯の区分，どうなってましたか。三つの種類言ってほしいですけど。記号とあと名前。Bさん。熱帯を三つに分けると，何と何と何があったっけ。	
		と，と。
	記号で言うと。	
		え，分かりません。
	A何とか。昨日やったでしょ。	
		はい。えと，AfとAwとAmです。
	それぞれなんていう気候。	熱帯雨林気候と，サバナ気候と弱い乾季のある熱帯雨林気候
	はい，そうです。はい，いいですよ。 熱帯，Aっていう記号を一番先につけて3つに区分しました。 AfとAwとAm。熱帯雨林気候とサバナ気候。 あと，もう一つ弱い乾期のある熱帯雨林気候。この3つに区分しました。	
Ⅲ	で，これ1つずつ今度は詳しくやっていきたいと思います。 まず熱帯雨林気候……Af。（授業者の板書「Af」） 熱帯雨林気候について詳しく見ていきたいと思います。 まず，今まで気候要素の事をやって来ましたからここの所から少し予測ができるとは思いますが，まず，熱帯雨林気候の気温を見ると……気温について……（授業者の板書「気温」） 気候要素のまず，気温について見ると……， （授業者の板書「日較差＞年較差」） 日較差……もうこれなんだか分かりますね。 説明しなくても分かると思いますが，日較差の方が年較差より	

も大きい，という特徴があります。これは，教科書の24ページ。24ページの左下の所にAf気候，この場合はシンガポールが例になっていますけれどもここに雨温グラフっていうのが載っています。 これを見て，えーと横に走っている黒い線これが月平均気温です。ほとんど変わらないわけですね，1年中。で，それに対してその上の部分に赤い線で，一日のうちの最高気温の平均それが出ています。あと，黒い線を挟んで下の方赤の点線で今度は最低気温の平均が書いてあります。 一日のうちの差の方が一年間の気温の変化よりも大きい，と，いうことがこれを見ると分かります。黒い線ほとんど一直線になってますよね。 季節感があまりない，っていうのかな。 気温を見ると日較差のほうが年較差よりも大きくなっています。	
それから，今度は降水。（授業者の板書「降水」） 降水についてみるとこれは，昨日やったことですから	
これも聞いてみようかな。Cくん。いますか。あ，2人いるのかな。 「Cて」って書いてある。これ，名前なんでしょうけど， 「て」って書いてある……はい。降水はどうなっていますか。Af気候の場合は。Af気候の場合昨日やったでしょう。熱帯を3つに分けた時に	
	えーと，最少雨月降水量が60mm以上。
はい，そうです。（授業者の板書「最少雨月雨量　60mm以上」） 一番雨の少ない時ですね。一番雨の少ない月の雨量が60mm以上。 これ，昨日やりました。	
Afっていうのはこういうところをいうわけですがで，あとほとんど通年，つまり一年中，規則的に毎日，午後からスコールっていうのが降ります。これも少し前のところでやりましたがスコールっていうのは非常に強い日射によってできる非常に盛んな上昇気流。 それの為に，雲がね，積雲が発達しまして，それが午後には，そこから雨が降るすごく激しい雨で，そのスコールっていうのは，スコールが降っている時間っていうのは20分から30分く	

らいだそうです。 これくらいの間にバケツをひっくり返したような、ものすごい雨が降ります。 これが毎日、ほぼ毎日規則的に、午後から、まあ、夕方、夜間にかけて降るわけです。	
で、あと、もう一個、気候要素でやりました。今度、風。 で、この Af って言うところは赤道低圧帯、やりましたね、赤道低圧帯。 そこにあたりますので、一般に風が弱くて、で風向が変わりやすいところです。 これを赤道無風地帯とか、そういう言い方もしますけれども、風が弱い、風が弱くて、あと変わりやすい、そういうところです。そしてあと、特にこれは海岸地方ですが、海風あるいは陸風が吹いてしのぎやすい、海岸地方は非常に高温なところではありますけれども、でも海風、陸風があるのでしのぎやすい、比較的しのぎやすいということです。	
この海風、陸風っていうのもやりましたから、ちょっと誰かに、ええっと説明してもらいたいと思います。 ええっとね、ええっと、じゃあ、Dさん。 （椅子を引く音） 海風、陸風ってなんでしたっけ？　風のところでやりました。 どっちからどっちに吹くの、じゃあ。海風っていったら？	
	海から吹く風。
陸風は、そのー	
	あ、陸から吹く風。
どっちが昼間で、どっちか夜なの。	
	えーっと（隣の人が答えを言う） 海風の方が昼間で
はい。	
	陸風の方が夜。
はい、そうですね。これ、原因ていうのは分かってるかな。	
	原因は、えーっ、海水が、あの、海水は温まりにくく、冷め、あ、温

	まりにくく冷めにくく。
そう。はい、そのせいね。いいですよ。 風やったときにこれを少し詳しく説明したので、繰り返すこともないと思いますけれども、海風っていうのが昼、海から風が吹いてきて夜は陸から海に向かって風が吹くこれが熱帯のこの熱帯雨林気候区、ここの気候区の海岸地方で卓越しています。 で、今までやって来た気候要素で特徴を挙げるとだいたいこういうことです。 気温について、降水について風について、ていうのはこういう特徴があります。	
こんどはこれがどこに分布しているのかということを具体的に見ていきたいと思います。どこに分布しているか？ じゃ、こっち見てください。Afの気候がどこに分布しているかというのは、これ見て、だいたいすぐわかると思います。 この赤道付近、だいたい南北10度くらいの間に、10度もうちょっとかな？ 10度くらいの間に入ってます。赤で書いてあるのね。たとえば、ここらへん。 シンガポールがここですが、東南アジアの島々とか、あとコンゴ盆地のあたり、あるいはギニア湾岸のあたり、あとこっちですね。 南、南アメリカの方、あと中央アメリカのカリブ海側など、こういうところにAf気候っていうのは分布しているわけです。 だいたいの地域を覚えておいてくださいね。だいたい赤道のところから南北10度くらいの間にだいたい入っています。	
そして、今度はね、地図帳を見てほしいんですが、地図帳の29ページにこれと同じ、図があります。これの下のところね。 左下のところに雨温図があり、その下にもう一つグラフがあります。これをちょっと説明したいと思うんですが、これは一般にクライモグラフと呼ばれていますが、本当はハイサイグラフと言います。クライモグラフでもいいと思います。このグラフは縦軸が気温、横軸が降水量になっています。 どこにあるか分かりますか？ 地図の左下のところにいくつか載っています。 これは気温と降水量をとってありますので、グラフの形を見ると、どこの気候区か分かります。 Afだったら一番雨が少ない月で60ミリ以上ですから、この線	

よりもこっち側（右側）になります。しかも，熱帯。A というのは（気温が）18 度以上でしたので，この目盛りを 18 度だとすると，この線より上になります。 つまりこういう感じでグラフができている場合は Af 気候だということがわかります。どうしてこうなるかというと，一月から十二月までそれぞれ気温と降水量の点を取っていくね。ここが一月とか十二月とか。それを全部結ぶんです。 そして出来るのがこの形になります。 このように気温 18 度以上降水量 60 ミリ以上の場所にこういうグラフが出来ていれば，これは Af 気候のクライモグラフだなとわかります。 隣に Aw のクライモグラフが載っていますが，これも同じ見方をします。	
今度は，この Af 気候の植生について見ていきます。 で，これは，特にアマゾン川流域の熱帯雨林のことを，セルバという特別な名前がついています。これアマゾン川流域。 また，同じ熱帯雨林なんですが東南アジアの熱帯雨林をジャングルと言います。 ジャングルというと，子どものころからよく聞きますけれども，東南アジアで見られる熱帯雨林のことをジャングルと言うんです。 セルバって言うのはアマゾン川流域，ジャングルっていうのは，東南アジアにあるもの，これは同じものですけれども，場所によって名前が，違う名前がついてます。 ？？？こっちでいいかな。 これは，ラテライトと呼ぶ土です。このラテライトっていうのは，これ非常に，あの，養分の流出がすごく多いんですね。大きくて，で，非常に土がやせていて，肥沃の反対ね，非常にやせていて，保水力，水を保っている力が弱い土壌です。だから農業には全然適さないんですよね。で，これは，赤い色をしてまして，このラテライトって名前は，これ読み方は分からないんですけど，ラテン語の，レンガっていうラテン語が，こう書くそうなんですけれども，ちょっと読み方は分かりませんが，これから来ているそうです。ラテン語のレンガという言葉から，ラテライトという，この名前がついてます。こういう土なんですね。だから農業には適していない，非常にやせている土地だということです。	

で，以上が自然的なことで，今度は人間生活とどういう関係があるのかっていうのを見ていきたいんですが，このAf気候のところで行われているので顕著なのはプランテーションと呼ばれるものです。
プランテーションっていうと，分かりますか？
中学でやったと思うんですけども，プランテーションというのは非常に大規模で，企業的に，こう……なんて言うのかな，資本や技術を白人の人が出して，で，非常に大規模で企業的な耕作を行うところで，その労働力は白人の人ではなくて，原住民がやる，そういうかたちのがプランテーションと呼ばれるものです。
で，ここで，熱帯，熱帯雨林気候区で行われているプランテーションとしては，ゴムとか，ゴムのプランテーションとか，あと，カカオ，カカオって製品化した物がココアね，あと，油やしとか，こういったもの，あ，ココやしもそうだ，こういった作物がプランテーションによって作られています。
特にゴムっていうのは，これ原産地がアマゾンの低地の密林，つまりここのセルバ，と呼ばれるところが原産地で，で，もともとここが原産地で，ブラジルの重要な輸出品になっていたんですけれども，現在では東南アジアの方が盛んで，今はマレーシアとかインドネシアの重要な輸出品になっています。
ゴム，もともとは東南アジアにあったんじゃなくて，あそこのセルバ，あそこが原産地です。こういうプランテーションのほかに，ここの特徴としては人間にとって非常に住みにくいところで風土病が多いんですね。
これは聞いたことがあると思いますが，
マラリヤとか，マラリヤ，あと黄熱病，あと，デング熱というものですね，こういった病気がありまして，非常に人間にとっては住みにくい，不健康な土地といいますか，こういう病気があります，あるために，人間にとっては，あまり住むのに適したところではありません。だから人口密度は非常に低いところです。
こういう病気もあるし，非常に暑いし，雨はいっぱい降るし，ということで。だからAf気候の所は人口密度が低いんですね。

Ⅳ	で，自然の面と，あと，人間の生活との面で今いくつか挙げましたけれども，同じように今度はAm，弱い乾期のある熱帯雨林性，熱帯雨林気候区，そこについて，ちょっとやっていきたいと思います。 同じ順序でやりますから。

っと，まず気温。気温は，今度は Am。（板書を消す）Am 気候区で，
まず，気温を見ると，やはり日較差の方が大きいですけれども，あ，じゃない，年較差，ごめんなさい，年較差はやっぱり小さいんですが，Af よりは大きい，少しは季節感があるといいますか，ま，名前から見ても弱い乾期のある熱帯雨林気候ですから，多少こう，あ，違うね，間違えた，関係なかった，気温は，ごめんなさい，気温は年，え，年較差を見ると，Af よりもやや大きい程度です。で，降水，今言ったのは降水のことでした。

雨の方，これは弱い乾期がありますから，夏は，夏はモンスーンによって，雨が多く降ります。多雨です。夏は雨が多いのね。でもそれに対して冬。冬は弱いですけれども，でも乾燥，すこしは乾燥します。
モンスーンっていうのは，やっぱりこれも前にやりましたから分かると思いますが，季節風のことですね。
季節風っていうのは，夏と冬とで風向きが反対になる，正反対になる風で，ま，大陸東岸に多く見られます。
これについては，ま，こないだやったので，ま，分かると思いますが，このモンスーンによって夏は雨が多く降る，でも，冬は弱い乾燥があります。で，これをさっきのグラフで表すとどういうことになるかっていうと，だいたいの形ですけれども，（グラフの図を書く）こんな感じですかね。ま，300，400 ぐらいですか，ここらへんが。もっとこれ，あると思いますけれども，こんな格好になるんですね，グラフに書いてみると。気温と降水量とってグラフを書いてみるとこんな格好になる。これが Am です。
だから，あの，クライモグラフがでてこういう格好になってたら，これは Am，Am 気候だなっていうのがわかるわけです。

で，じゃあどこに分布しているかっていうのは，ま，またこれを見てもらえば分かるんですが，これ Af と Am がほとんど同じとこにかいてあるんですね。だから，ほぼ Af の地域と同じような所にあります。詳しく見ればインドシナ半島の海岸部だとか，フィリピンの方とか北西部とかあと，インドの西部，こちら側の海岸とか，ここらへんですね。アフリカのここらへんとか，あと，こっちで見ますと，ベネズエラの海岸の方にかけて，ここらへんが Am 気候です。こういう所に分布しています。

で，ここの植生はどうかって言うと，ほぼ熱帯雨林，さっきやった熱帯雨林と同じような所でして，ここはもっと，木が立って

	いると、その下層のほうにフジとかツタとかね、シダ、そういうものが茂っていて、とても歩けないような、そんな状況。まさに密林っていう、そういう所が多いわけです。 植生としてはそういうところ。で、土壌はやっぱりラテライトです。 さっきやりました、痩せているラテライト。
	で、じゃあ人間生活の関係っていうのはどうなってるかって言うと、ここで顕著なのは、モンスーン地域ですから、稲作が顕著です。 稲作って言うのは、高温多湿の所っていうので非常に条件がいいので、古くからこの地域って言うのは稲作が発達してます。 で、今ここでの稲作がどれほど重要かって言うのは全世界の約90％の米、それはアジア、主にこのモンスーンの地域ですけれども、ここで生産されています。ほとんどが、だから、この地域で生産されているっていうことです。 あとプランテーションでは、さっきのゴムなどに対して、ここではさとうきびとか、たばこあと、お茶、こういったものが主に栽培されています。これが、Am気候。
V	で、最後が、Awという記号で書かれる所で、サバナ気候。 で、ここは、年較差っていうのは、やはりAfより大きい。これはさっきのAmと同じですが、これ比較のためには、教科書の25ページの上の方のグラフがあります。
	Aw気候。これはバンコクですけれども、この雨温グラフがでています。 これ見るとやっぱり黒い線が、月平均気温ですね。 だからAfの左のページと比べてみると、かなり年較差があるっていうのが分かると思います。季節によって気温が違ってますね。 だから、年較差はAfよりも、だいぶあります。 これさっきとおんなじ書き方になってしまいますけれども、年較差はAfよりも大きい。気温はそうですね。
	で、雨はどうかって言うと、このAwっていうのは雨季と乾季が明瞭です。はっきりしてます。雨の降る季節とそうでない季節がはっきりしてます。 すぐ分かると？　これはこの雨温グラフを見てもらっても分かると思います。これは灰色で書いてある棒グラフですね。それが月平均降水量です。

これ見てもらうと，9月のへんが300ミリぐらいありますが，12月，1月はほとんどないに等しいぐらい。雨季と乾季が非常に明瞭です。はっきりしてます。 これはなぜですかっていうと，まずモンスーン地域ではモンスーンの交代，季節風の交代によって雨季乾季っていうのが分かれますが，それ以外の所では赤道低圧帯の元にある時。 赤道低圧帯，これは気圧帯でやりましたが，赤道低圧帯の元にある時は雨季，で，これが中緯度高圧帯の元に入ると今度は乾季になります。 太陽の回帰によって，太陽の回帰ってのも何度もやったから分かると思いますが，これによって気圧帯が動きます。移動します。 で，赤道低圧帯の元にある時期って言うのは，赤道低圧帯の所では非常に雨が多いって言いました。お天気が悪くて。で，それが雨季です。それに対して中緯度高圧帯の元にある時には，乾季になります。これは季節によって雨季と乾季がこう明瞭に分かれるわけです。 この原因は太陽の回帰。で，これもさっきのようにクライモグラフをちょこっと書きますと，今度300ミリぐらいですかね，ここが。こんな感じになります。あれがサバナ気候。	
で，これがどこにあるかって言いますと，この地図を見てもらえば分かりますが，Afの周辺部，例えばここならAfの周りがAwになってます。 このようにAf気候の周辺部の所に分布しています。 緯度で言うと10度から20度ぐらいの範囲の中に収まるんですが，Af気候の周辺部に分布しています。	
今度は植生を見ると，どうなっているかと言うと，今度は今までの熱帯雨林とは全然違いまして，これは25ページの雨温グラフの横，サバナの景観っていうのがあります。教科書25ページ。	
さっき見た雨温グラフの横，右側に，サバナの景観っていうのが書いてあります。木がまばらにあって，あと割と丈の高い草原。どれぐらいかって言うと，これはだいたいですけど1.6mから4mくらいの丈の高い，だからそうかなり高いんですね，かなり丈の高い草原，これの混じっているところ。 この写真を見ても分かると思いますが，こういう所なわけです。 サバナって言うのね。これがサバナと呼ばれる所です。 特別な名前が付いてるのは，カンポという名前が付いているの	

が，ブラジル高原。
あとリャノ。こういう名前が付いているのがオリノコ川の流域。
あともう一つ，アルゼンチンの北部の方は，グランチャコと呼ばれるものがある。アルゼンチンの北部。
これらは熱帯草原と呼ばれるんですが，ブラジル高原の熱帯草原の名前は，カンポという名前です。オリノコ川の流域がリャノ。アルゼンチンの北部がグランチャコ。
こういう名前で呼ばれてますけど，これみんな同じ熱帯草原です。こういう名前がそれぞれついているわけです。

あと土壌は，今度，土ですが，これはこのサバナの部分には，ちょっと特別なのがあって，土壌は，えっとね，デカン高原，インドですね。
インドのデカン高原にレグールと呼ばれる土があります。これはデカン高原。
インドのデカン高原。ここにあるのがレグールと呼ばれる土で，これはさっきまで出てきたラテライトっていうのは，非常にこう，農業に適さないやせた土だと言いましたけれども，このレグールっていうのは肥沃な土で特にこれは綿花栽培に適しています。
黒色綿花土っていう名前もあるんですが，黒いのね。
で，綿花に，綿花を栽培するのに適しています。
これがデカン高原に分布しています。
あともう一つ，テラロッシャと呼ばれる土があるんですが，これは，これはブラジル，ブラジルに分布していまして，このテラロッシャっていうのは，これは今度は，やっぱりこれは肥沃な土なんですが，これはコーヒー栽培に適しています。
コーヒー栽培に非常に適している土，テラロッシャと呼ばれる土があります。
他の部分では，ラテライトって言うやせた土なんですけれども，デカン高原と，あとブラジル。ここではそれぞれ，レグールとかテラロッシャと呼ばれる肥沃な土があります。
で今あの，コーヒーて出てきましたけれども，やっぱりここで行われてい，え，プランテーションが行われていますが，一番大きいのはコーヒーですね。
コーヒー，今はそうですね，やはりブラジルが一番多いですが，このコーヒーの原産地っていうのは別にブラジルじゃなくてエチオピアだそうです。まあそれがブラジルに入りまして，ここで非常に成功して，今一番ブラジルでコーヒー栽培が盛んです。

	あと他にさとうきびとか，さとうきび……あと綿花ですね。これ。デカン高原……にレグール土っていうのがありますから，この綿花，こういうものがプランテーションによって，栽培されています。 で，ここは灌漑によってこう開発することがやりやすいところなんですね。 で，これからどんどん灌漑がすすんでいけば，もっと農業生産とかそういうのはあがるんじゃないかって言われます。 Afとか，そういうところは開発が非常に難しいんですけれども，このサバナ気候のところでは，灌漑，水がうまくいけば，まああとは開発しやすいところ，と言われています。 でも，ここでも風土病がありまして，あの，ツェツェバエっていうの聞いたことあると思うんです，あの眠り病の原因になるんですが，まあここのサバナ気候のところでは，風土病としてツェツェバエの被害がわりとあります。だから決して住みやすいところではないんですが，まあでもAfとかそういうところに比べると，かなりいいわけです。	
Ⅵ	で，大急ぎでこの3つをやりましたが，熱帯気候の中には，Af, Am, Awっていう3つの気候区があって，それぞれ今あげた気温，降水量，風，あるいは植生とか土壌とか，そういうのにこういう特徴があります。それであと分布は，これあとでみなさん自分で，あの一地図帳でよく確認しておいてください。これだと，あんまりよく分かんなかったと思うので，自分で場所，分布をよくとらえておいてください。	
	で，熱帯のことについては，これで終わりで，この後の授業からは今度は乾燥帯についてやります。 で，乾燥帯っていうのは，こないだの気候区分でもやりましたから，大体分かっていると思いますが，無樹木気候ね，樹木の育たない気候，のひとつとして，乾燥帯があります。 で，これについてもやはりそれぞれの気候要素とか，あと分布とか，そういうものを順に見ていくことになります。	
	で，あのひとつこないだの授業の訂正をちょっとさせてください。 こないだのノートを開けてくれますか。 昨日……昨日だっけ？　昨日の授業のところで，ひとつ訂正したいんですが，えっと，その乾燥気候をやった時に，判定の仕方のところで，ステップ気候ですか。BS，昨日やりました，この，これの式がね，こうやって書きましたが，1／2×r<R<r	

ここに，これ「＝」入れといてください。 1／2×r≦R<r　2分の1r以上と教科書に書いてありますので，式は私，これ書かなかったんですね。 これをちょっと付け足しておいてください。 BS気候，ステップ気候の判定の仕方でやったところです。 これ「＝」を入れておいてください。 （チャイムの音） じゃ，今日はこれで終わります。（椅子を引く音）	
	起立，気をつけ，礼

＊生徒の反応は個別の発言を区別せずに表記した。
＊かっこ内には，音声として確定できない活動・動きを記入した。

第5章　見方・考え方の習得につながる評価のためのツール
―― モデルに基づく社会認識形成の保障 ――

　社会に対する見方・考え方を習得させることは，社会系教科に求められる役割の一つとされている。ここでいう「見方・考え方」とは，様々な社会的事象をよりよく説明する上で有効なものである。例えば，社会的事象の観察・分析，そして，科学者集団による議論を通して，科学者が形成した汎用性の高い社会的事象についての説明するためのモデルが挙げられる。このような「見方・考え方」を習得することにより，子ども／生徒は，授業や学校で示されたもの以外の社会的事象についても，説明できるようになることが期待されている。このような立場において，授業者は，子ども／生徒に対し「モデルに基づく社会認識形成の保障」を行っているといえよう。

　では，「モデルに基づく社会認識形成」は，授業のどのような場面の中で形成されるのか。そして，子ども／生徒に形成されたモデルに基づく社会認識は，どのように確定することが可能なのだろうか。そして，モデルに基づく社会認識形成を保障するためには，どのような評価が求められるのだろうか。

　第5章では，社会に対する「見方・考え方」を目指す具体的な授業事例を取り上げ，「モデルに基づく社会認識形成の保障」のための評価法とそれに対応する具体的なツールを開発し，先の問いに答える。

第1節　見方・考え方の習得につながる評価のためのツールの条件

第1項　モデルに基づく社会認識形成の特質

「モデルに基づく社会認識形成」を目的としたとき，授業者はどのような点を意識しながら，授業を行うことになるのだろうか。このような授業の特質について棚橋［2007a, pp. 96-98］は以下のように述べる。

> この型の授業の「よさ」の根拠は，子ども自身が社会の構造を分析できるようになるためにその手段となる一般的知識を獲得することにあり，それらが社会の見方・考え方になるということにある。

授業者が，意識しなければならないのは，子ども／生徒が，社会の構造を分析できるようにすること，そして，その手段となる一般的知識を獲得させることである。以上を踏まえ，このような授業を通して形成される社会認識について考えてみよう。

第2項　形成される社会認識

では，社会に対する見方・考え方の習得を通して形成された「モデルに基づく社会認識形成」をどのように確定することが出来るのだろうか。まず，授業を通して形成される社会認識を確定しよう。

以下，図5-1-1は，子ども／生徒に形成される，整理したものである。図の縦軸には子ども／生徒に形成される社会認識の質を示している。また，横軸は，社会認識の形成に主として関わるのが，「子ども／生徒」であるか，「授業者」であるかに着目し，分類したものである。つまり，「授業者」の示した知識をそのまま受容することが求められているのか，授業で示された知識を踏まえ，「子ども／生徒」自らが示すことが求められているのかにより，

第5章　見方・考え方の習得につながる評価のためのツール　109

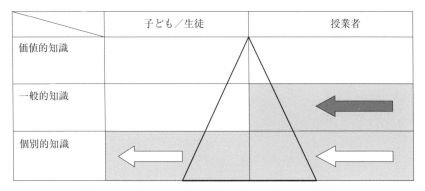

図5-1-1．形成される社会認識―見方・考え方の習得―

矢印と網かけで図示した。

　社会の見方・考え方の習得を子ども／生徒が行うということは，授業者が示す見方・考え方を受け入れ，それを用いて様々な社会的事象を説明できることと言える。言い換えれば，授業者の示す「一般的知識」をそのまま受け入れることが求められる。つまり，授業者の示した「一般的知識」を授業で扱った事例を通してとらえ，また，授業で扱わなかった様々な事例に対しても，獲得した一般的知識を用いてとらえることができることが，子ども／生徒に求められるのである。言いかえれば，より多くの「一般的知識」を獲得し，より多くの「個別的知識」と関連付けることによって，社会認識を深めることになる。

　では，授業者の取り上げたモデルは，実際の授業の中でどのように，子ども／生徒に教授されていくのであろうか。

第3項　授業場面の特質

　以下の図5-1-2は，モデルに基づく社会認識形成の過程を図示したものである。

　授業者は「問い」を通して，モデルと事例の関連に気づかせる。まず，子

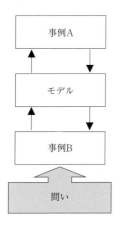

図5-1-2. モデルに基づく社会認識形成の過程

ども／生徒は「問い」をきっかけとして，授業者の示した「事例」のどのような点が，モデルのどのような点と対応するのかを検証する。この検証の過程を通して，授業者の取り上げていない事例においても当てはめることのできる社会の「見方・考え方」として，子ども／生徒にモデルが習得されるのである。

以上のことから，子ども／生徒の「モデルに基づく社会認識形成」は，以下の点を見とることによって，確認することができるといえる。

> 1. 授業者の取り上げたモデル（一般的知識）の獲得の有無
> 2. 示された「一般的知識」で関連付けることのできる個別的知識の量

このような評価を行うため，第5章では，「問い」と「正答」からなる客観テストを設計する。客観テストは，正答と対応する場面の両方を提示でき，知識と知識の関連性を問う場合に有効であるからである。さらに，一般的知識の獲得について，棚橋 [2007a, pp. 96-98] は，以下の3点の留意点を挙げている。

　　第1に，より多くの事象の分析・説明に使え，しかもそれを用いた説明が社会の構造・特色・課題に迫るような一般的知識を選択し，授業の目標とすることである。（略）
　　第2の点は，習得を目指す理論を子どもの経験知と結合させるように構成することである。（略）
　　第3の点は，社会の見方・考え方となる一般的知識を，真理として権威者が与えるのではなく，子どもたち自身が発見あるいは験証して，子どもたち自身の探求の結果として獲得させるようにすることである。

以上の棚橋の指摘は，子ども／生徒に獲得させる一般的知識は，その知識の質とその獲得の過程を留意しなければならないことを意味している。さらに，ここでいう知識の質について，棚橋［2007a, pp. 97-98］は「そのような知識は，一般的に分析的な社会科学理論と呼ばれるものから得られる」としており，それは，「政治学，法学，人類学などの諸学問が，その分析対象とする社会に対して投げかける疑問を考えることが有効である」としている。また，その獲得の過程については，「授業自体が一般的知識の形成過程そのものとなるようにすることが必要である」とも述べている[1]。

これらの棚橋の指摘から，「モデル」は，思考過程に依拠したものと学問成果に依拠したものとに分けることができる。

まず，思考過程に依拠したモデルの場合，一般的知識と個別的知識の関係を「探求」という形でモデル化したものが挙げられる。これを「探求モデル」としよう。

次に，学問成果に依拠したモデルがある。学問成果に依拠した場合，依拠する科学の性質によってその特質が区分される[2]。科学の性質とは，つまり，社会科学に依拠したモデルか，人文科学に依拠したモデルであるかという点である。前者は，社会学や経済学の工場立地論や消費社会論のように目の前の事象をモデル化して説明しようとするものが挙げられる。これを「分析モデル」としよう。一方，後者は，歴史学のように，社会構造の変化や相違を解釈として説明しようとするものが挙げられる。これを「解釈モデル」としよう。

以下では，思考過程に依拠したモデルである「探求モデル」と学問成果に依拠したモデルである「分析モデル」と「解釈モデル」の特色の違いを踏まえ，それぞれに対応した評価のためのツールを作成し，最後に見方・考え方の習得につながる評価のためのツールの作成とその活用の論理を示す。

第2節　思考過程に依拠したモデルの場合

　社会に対する見方・考え方の1つに，目の前の様々な社会的事象を説明しうる「問い」とその検証[3]の過程で構成された「探求モデル」が挙げられる。自らをとりまく社会的事象を説明しうる見方・考え方の習得は，現実社会のよりよい見方・考え方の獲得につながる。特に学問分野での議論を踏まえた見方・考え方は，生徒の社会認識をよりよいものとする。

　では，「探求モデル」に基づく社会認識形成は，授業のどのような場面の中で形成されるのか。そして，探求モデルに基づく社会認識は，どのように確定することが可能なのだろうか。そして，その形成を保障するためには，どのような評価法が求められるのだろうか。

　第2節では，社会に対する「見方・考え方」のモデルの中から，「探求モデル」を取り上げ，「モデルに基づく社会認識形成の保障」のための評価法とそれに対応する具体的なツールを開発し，先の問いに答える。

第1項　授業場面の特質

　「探求モデル」の習得が目指されることが「よさ」とされる場合，授業はどのようなものとなるか。このような授業において，子ども／生徒は社会諸科学の分析視点に立ち，授業者の設定した対象の事実をもとに研究内容を構成していくことが求められているとされる［草原，2004年，p. 397］。これについて森分［1984, p. 191］は，社会科学科の授業における子ども／生徒の活動について次のように述べている。

　　授業は説明過程として構成され，子どもはその説明を聞き，あるいは，ときにはその説明に参加しながら自己の内面でその説明を追い理解していっている。授業を貫く「問い」が自分自身の問題となっており，その問いに答えられていく過程を内面でたどり，それが自身の問題を解決させていく過程となっていなければ

ならない。納得できないときには，説明過程に参加し，納得できるように説明過程を変えていくことになるわけである。

　以上のことから，授業の中で生徒に求められている活動は，(a) 授業者が提示した「理論」に沿って理解すること，(b)「理論」を使って，類似の事例を提示し分析させること，(c)「理論」で解決できない事例が提示されたとき，説明過程に参加し，それを変えていくことであるといえる。そのために，授業者は，(a') 一般的知識の総体として把握される理論を習得させる。そして，それを通して，(b') 別の個別的知識の説明を行わせる。さらに，(c')授業で取り上げられた一般的知識では説明できない個別的知識の説明を行うために，新たに一般的知識を変革させるのである。このうち，(a)(b) が知識の累積的成長，(c) が変革的成長を想定している[4]。

　以上を踏まえると，この立場に立つ授業では，子ども／生徒が，授業者によって構成された説明過程を自己の内面で追い，とらえることが求められる。つまり，設定された「探求モデル」の追体験を通して，社会的事象の説明の過程を授業の中で組織することが求められるのである。これにより，生徒が「間違いのない社会についての知識」を習得し，また「科学的な説明」を行うことが可能となり，形成される社会認識の科学性が保障される。

　では，授業者によって構成された説明の過程である「探求モデル」の習得は，授業のどのような場面の中で形成されるのか，そして，子ども／生徒に形成された「探求モデル」はどのように確定することが可能なのだろうか。そして，探求モデルに基づく社会認識形成を確定するためには，どのようなツールが考えられるのだろうか。

　ここでは，習得すべき見方・考え方が探求モデルとなっている具体的な授業事例として，単元「公害」を取り上げ[5]，「探求モデルに基づく社会認識形成」を確定する評価法とそれに対応する具体的なツールを開発し，提示する。

表5-2-1. 単元「公害」の構成

導入	公害はなぜおこったのだろうか。
展開	①なぜプラスティック公害がおこったのか。
	②なぜ四日市では公害がひどくなったのか。
	③なぜ企業は外部経済を内部化するが外部不経済を内部化しないのか。それはなぜ可能か。
終結	公害をなくすにはどうすればよいか。

(森分［1978, pp.170-184］に基づき筆者作成)

第2項　授業場面の実際

1. 単元「公害」の単元構成

　ここで取り上げる単元「公害」は表5-2-1のような構成となっている。

　本単元の目標は、「資本主義社会における市場経済のメカニズムから公害の本質を解明する［森分, 1978年, p.170］」ことが目的とされている。ここでいうメカニズムとは、「企業が（利潤追求のために）経営を合理化すると私的費用は減少し、社会的費用は増大する」から「公害が発生する」という経済学の研究成果から抽出された理論のことであり、これが、累積的成長を生徒に促すための前提となる。授業では、まず子ども／生徒の知識の累積的成長を促し、終結部では、それらの累積的成長を踏まえた変革的成長を促すような問いにより、子ども／生徒の「公害」に対する社会認識を保障しようとする構成となっている。つまり、導入部において「公害はなぜ起こったか？」と発問し、討議を通して、その原因を企業に帰結させる。そして、「企業はなぜ公害を発生させたか？」という発問から子ども／生徒の知識の累積的成長を促す探求が開始される。そして、終結部では、「公害はどのように解決することが出来るのか？[6]」という投げかけによって、子ども／生徒の知識の変革的成長が促されているのである。以下、まずは、本単元の活動の大部分を占める知識の累積的成長の過程がどのように想定されているのかを明ら

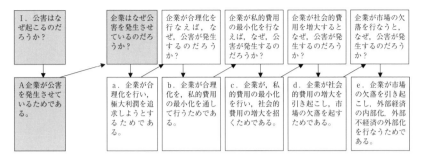

図 5-2-1. 一般的知識の累積的成長（単元「公害」の場合）

表 5-2-2. 公害に関する探求の過程と対応する個別的知識

		a	b	c	d	e
パートⅠ	原因	イ．ヤクルトは昭和43年に機械化による合理化を行った。	ロ．ビン容器より費用の安い，プラスティック容器に移行した。	ハ．企業は，プラスティック容器を完全に処理せず放置された。	-	-
	結果	ニ．埋め立てられた土地はその後利用が難しくなった。			-	-
パートⅡ	原因	-	-	-	ホ．企業は道路・港湾・鉄道用地・用水など公共財を積極的に利用した。	ヘ．企業は排気ガスの処理を行わなかった。
	結果	-	-	-	ト．大気汚染がおこり，四日市ぜんそくの患者が発生した。	

かにする。

2.「探求モデル」を通した社会認識形成

(1) 知識の累積的成長の場合

本単元における一般的知識の累積的成長は，一般的知識が累積されていく過程として見ることができる。それは，図5-2-1に示した探求のルートとし

て示すことができよう。しかし，一般的知識だけでは，具体的ではない。そこで，一般的知識に対応する形で，個別的知識が示される。表5-2-2は，一般的知識に対応する事例として示される個別的知識を示したものである。

パートⅠ「プラスチック公害」に関する探求のルートを見てみよう。まず，導入部において，「公害はなぜ起こるのだろうか？」という発問がなされる。この問いに対する授業全体における答えは「企業が，a. 経営を合理化すると，b. 私的費用は減少し，c. 社会的費用は増大し，d. 市場の欠落がおき，そしてe. 外部経済の内部化,外部不経済の外部化を行う」から「公害がおこる」のである。この命題まで累積的成長を導くための探求のルート（基本形）は図5-2-1のようになる。

この探求のルートは理論上，120通りのパターンを考えることができ[7]，これら5つの一般的知識を子ども／生徒の実態に合わせ，教授していく。そのため，授業の中でこれらの一般的知識が，それを裏付けうる個別的知識とともに，どれくらい示されているのかということが「探求」の深さを表している。例えば「a. 企業は合理化を行い，極大利潤を追求しようとするためである」という一般的知識は「イ. ヤクルトは昭和43年に機械化による合理化を行った」という事実が示されることにより裏付けられ，また，そこから次の問いである「企業が合理化を行なえば，なぜ，公害が発生するのだろうか？」が導かれ，対応する個別的知識とともに示される。この繰り返しが授業の過程であるといえる。この授業を行なうために授業者は，あらかじめ探求のルートを想定し，それを具体化しうる事例を手元に持つ必要がある。これにより，授業者は授業の中で臨機応変に子ども／生徒の探求を深める手助けをするのである。

(2) 知識の変革的成長の場合

本単元における変革的成長は，累積的成長の前提となる問い「企業はなぜ，公害を発生させているのだろうか？」自体に疑問を投げかけることによって

促される。なぜなら，累積的成長は公害の責任を「企業」に帰結させ，企業側の要因を探るという枠組みの中で，一般的知識をより精緻化する過程だからである。そこで，授業者は授業の中で例えば，「公害はどのように解決することが出来るのか？」という投げかけを行い，子ども／生徒に学習した「公害」の何が問題であるかという判断を委ねるような場を設定することが必要となる。そのためには，公害の責任が「企業である」とはいえない個別的知識を提示することが有効であろう。

第3項　評価のためのツール設計の実際

1.「探求モデル」の習得過程

　以上の考察から，「探求モデル」の習得過程は，図5-2-2のように示すことができる。

　授業者の発する「問い」を通して形成される学習内容は，「問い」と取り上げた「事例」，「探求モデル」のそれぞれを対応させることにより，形成される。それは，以下のようなことである。

> 1. 授業で提示された一般的知識と個別的知識の対応を把握することができる。
> 2. 授業で提示された一般的知識を探求の過程として把握することができる。
> 3. 授業の前提となる問いに疑問を投げかけることができる。

　1，2は知識の累積的成長に関する探求モデルに基づく社会認識形成を確定するための判断の規準であり，3は知識の変革的成長に関する探求モデルに基づく社会認識形成を確定するための判断の規準である。以上を踏まえると，次のようなテストが必要となる。1つは，「探求モデル」に沿って一般的知識，もしくはそれに対応する個別的知識を表出できるか否かを見るテストである。2つは，「探求モデル」によって導かれる説明を記述させるテストである。授業者の手助けのない状態で一般的知識やそれに対応する個別的知識をいくつ再構築できるのか，もしくは，主たる発問に対する疑問を解決

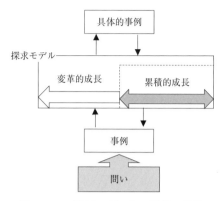

図 5-2-2. 「探求モデル」の習得の過程

するような一般的知識を創出できるか否かを見るテストである。以下，テスト問題の具体を見ていこう。

2. 客観テストの設計

(1) 一般的知識と個別的知識の関係の把握

このテスト問題では，授業で提示された一般的知識と個別的知識の関係を把握しているか否かを測定することを目的とする。例えば，図 5-2-1 と表 5-2-2 を見てみよう。「a. 企業は合理化を行い，極大利潤を追求しようとする（ためである）」という一般的知識は，「イ. ヤクルトは昭和 43 年に機械化による合理化を行った」という個別的知識によって根拠づけられている。そして，「b. 企業が合理化を，私的費用の最小化を通して行う（ためである）」という一般的知識は，「ロ. ビン容器より費用の安い，プラスティック容器に移行した」という個別的知識によって根拠づけられている。そして，「c. 企業が，私的費用の最小化を行い，社会的費用の増大を招く（ためである）」という一般的知識は，「ハ. 企業は，プラスティック容器を完全に処理せずに放置した」によって根拠づけられている。

これらの過程をあらかじめ明示し，子ども／生徒が当てはめていくことによって，授業で学習した個別的知識と一般的知識との適切な対応関係を把握しているか否かを判断できるようなテスト問題が想定される。以上の仮説を踏まえて開発したのが以下のテスト問題である。また，テスト問題と学習した個別的知識と一般的知識との対応関係を示したものが表 5-2-3 である。

【個別的知識と一般的知識の関係の把握関する客観テスト】[8]

【1】次の文を読み，下記の設問に答えよ。

　人々の活動によってさまざまな経済効果が生まれるが，市場を通さないで他の経済主体にプラスの効果が現れる場合を（　1　）といい，公害のようにマイナスの経済効果が出る場合を（　2　）という。日本では，高度成長期までは，企業が（　3　）を優先して環境保全へ十分な投資をおこなわなかったため，工場からの排煙や排水，騒音や振動などの公害が多発した。公害に対する企業の責任がきびしく追及されることによって，（　2　）に対する社会的費用を公害発生企業が負担すべきであるという（　4　）の原則などが確立していった。

問1．上の文の（　）にあてはまる言葉として適切なものを解答欄に漢字で記入しなさい。

問2．プラスティック公害について，以下の問いに答えなさい。
① 以下の表は，ビン容器からプラスティック容器に変えたことによって，一本あたりの全体の費用がどのように変化したかを説明したものである。ア〜キに当てはまる適切な言葉を以下の選択肢から選び，記号で答えなさい。

容器	生産・流通過程	
ア	工場→集配所→家庭 　　　　←　　　← 　　　（　ウ　）	－
イ	工場→集配所→家庭→	ゴミ，（エ），（オ）
	←――（カ）――→	←――（キ）――→

選択肢

ビン容器　　焼却　　社会的費用　　リサイクル　　私的費用
プラスティック容器　　埋め立て　　利潤

② 以下の文は，ビン容器からプラスティック容器に変えたことによって，企業は，何をしようとしたのか説明したものである。ク，ケに当てはまる言葉を上の選択肢から選び，記号で答えなさい。
　　＊企業は，（　ク　）を追求するために，（　ケ　）を最小化しようとした。

問3．四日市ぜんそくについて，以下の問いに答えなさい。
① 以下の表は，四日市ぜんそくの原因についてまとめたものである。ア〜カに当てはまる適切な言葉を以下の選択肢から選び，記号で答えなさい。

（　ア　）	（　イ　）	（　ウ　）
原料費・施設設置費・労働者の賃金	道路・港湾・鉄道などの（　エ　）	大気汚染・水質汚濁・騒音などの（　オ　）

（　カ　）が負担	国が負担	－

　　←────私的費用────→←────社会的費用────→

選択肢

内部経済　　企業　　外部不経済　　公害　　公共財　　プラスチック容器 外部経済

② 以下の文は，四日市ぜんそくの原因を説明したものである。キ〜ケに当てはまる言葉を上記①の選択肢から選び，記号で答えなさい。

＊企業は，（　キ　）の最小化のために，（　ク　）は取り込むが，（　ケ　）は取り込まない。

問4. 公害を発生させないための対策について答えなさい。
　① 企業は，公害を発生させないために，どのような原則に立って行動することがもとめられるようになっただろうか？　アルファベット3文字で答えなさい。
　② 政府は公害に対応するために，（ア）1967年に法律を作成し，また，（イ）1993年にそれを改正した。それぞれの法律の名称を書きなさい。

【2】右の日本地図を見て，次の問いに答えなさい。

問1. 地図上のA〜Fのうち，4大公害病と呼ばれるものはどれでしょうか？　記号で選び，また，それぞれの名称を答えなさい。

問2. 1967年と1993年に制定された法律では，典型7公害が定義してある。以下の選択肢から典型7公害を7つ選び，書きなさい。

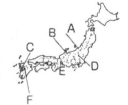

悪臭　　水質汚濁　　オゾン層の破壊　　騒音　　地盤沈下　　土壌汚染 大気汚染　　振動　　ダイオキシン汚染　　廃棄物汚染

表 5-2-3. テスト問題と学習した一般的知識，個別的知識との関連

一般的知識	個別的知識	対応する設問	答え（表出を求められている用語）
A	—	【1】問1	1 外部経済，2 外部不経済，3 利益，4 汚染者負担の原則
a, b, c	イ, ロ, ハ	【1】問2①	ア．ビン容器，イ．プラスティック容器，ウ．リサイクル，エ．焼却，オ．埋め立て，カ．私的費用，キ．社会的費用
b	—	【1】問2②	ク．利潤，ケ．私的費用
d	ホ	【1】問3①	ア．内部経済，イ．外部経済，ウ．外部不経済，エ．公共財，オ．公害，カ．企業
e	—	【1】問3②	キ．私的費用，ク．外部経済，ケ．外部不経済
A	—	【1】問4①	PPP
A	—	【1】問4②	（ア）公害対策基本法，（イ）環境基本法
A	—	【2】	A．新潟水俣病 F．水俣病 D．イタイイタイ病 E．四日市ぜんそく
A	—	【2】	悪臭，水質汚濁，騒音，地盤沈下，土壌汚染，大気汚染，振動

（答えに示した記号は，設問に対応している）

(2) 探求の過程

　ここでは，一般的知識を自らの手によっていくつまで，再構成，創出できるかを測定する。そのため，累積的成長を見るテストでは，「なぜ，プラスティック公害（四日市公害）が起こるのか？」という問いを投げかけ，授業で行った探求で用いられた一般的知識をいくつ意識し，いくつ再構築できるかを評価の対象とする。そして，変革的成長を見るテストでは，「公害はどのように解決することが出来るのか？」と問いかけ，累積的知識を基礎としたうえで，前提となる「A.企業が公害を発生させているためである」こと自体に疑問を投げかけ，新たな一般的知識を創出できるかを評価の対象とする。そのため，評価規準は重なっており，段階性のあるものとしてみること

表 5-2-4. 評価の観点とその具体的項目及び段階

段階 \ 観点	①いくつ一般的知識を用いているか？		②一般的知識を根拠付ける適切な個別的知識をあげているか？
	①－1. 授業での説明内の一般的知識が見られる（図5-2-1及び表5-2-2参照）	①－2. 授業での前提をくつがえす一般的知識が見られる（図5-2-1及び表5-2-2参照）	一般的知識と個別的知識の関連がある（図5-2-1及び表5-2-2参照）
1	なし	−	−
2	1	−	なし
3	1	−	ある
4	2	−	ある
5	3以上	−	ある
6	4以上	−	ある
7	4以上	○	ある

ができよう。次に評価の基準となる項目について述べよう。

(3) 評価規準の作成手順

　表5-2-4は知識の累積的成長，変革的成長の段階を記述から判断する評価の観点とその評価規準である[9]。

　客観的な判断規準として，一般的知識の数を数えること，生徒の回答に示される一般的知識が適切な個別的知識によって根拠付けられていることを確認することを設定した。表5-2-4の6段階までが，累積的成長についての到達度を判断するものであり，7段階は，変革的成長ができているかを判断するためのものである。授業の中では5つの一般的知識が示されているが，累積的成長の段階制を判断するために，少なくとも4つの一般的知識が説明の中に見られることとし，その上で，授業での前提をくつがえす一般的知識が見られること，すなわち「公害」の原因を企業としない知識が見られるか否かを変革的成長の評価規準とした。

表 5-2-5. 具体的な回答例
パート 1：「プラスチック公害はなぜおきたのだろうか？ 授業の内容を踏まえて説明してみよう」

生徒	生徒の回答	段階	根拠
A	公害の原因： 利潤を求めすぎて、ゴミが増加する (a)。 ゴミを埋め立て、焼却する。 公害の結果 ゴミを埋め立てると土壌汚染になる。 ゴミを焼却するとダイオキシンによって大気汚染になる。	3	(a) に見られるように、一般的知識と対応する個別的知識を用いた説明が 1 つ見られるので評定は「3」である。
B	公害はヤクルトを例に例えると、今までヤクルトはビンだったのに、プラスチックに変えたから起こりました (b)。プラスチックをもやすと有害なガスが出るし、埋めると土が駄目になります。	3	(b) に見られるように、一般的知識と対応する個別的知識を用いた説明が 1 つ見られるので評定は「3」である。
C	ビンの場合、会社側にかかる私的費用は多く、社会的費用はまったくない (b)。プラスチックの場合、私的費用はビンの場合より減り、逆に国や行政への社会的費用が増える (c)。 プラスチックに変えたことによって、私的費用にかからなくなったけど、国や行政にかかる社会的費用が多くなり、国や行政の手に負えない (e) くらいに達して公害が起きた。	5	(b)、(c)、(e) に見られるように、一般的知識と対応する個別的知識を用いた説明が 3 つ見られるので評定は「5」である。
D	ビン容器からプラスチック容器に変えたことによってなぜ公害が発生したのかというと、ビンの場合はリサイクルをしていたので、そのリサイクルの費用もヤクルトが負担していたけど、プラスチックに変えたことでリサイクルがなくなり、ゴミとして捨てるようになった。その分費用が安くなった (b)。	6	(a)(b)(c)(d)(e) の一般的知識と対応する個別的知識を用いた説明が 5 つ見られるが、授業での説明の範囲にとどまっているので評定は「6」である。

| | ヤクルトがビン容器からプラスチック容器に変えたのは，大量生産も出来，肉体労働も軽減でき，そして利潤も増える（a）。そして，ヤクルトがプラスチック容器に変えたことでゴミ処理の費用はすべて国や行政が支払わなければいけなかった（e）。ヤクルトの私的費用は安くなる。けど，国や行政が負担する社会的費用が多くなり（d），国や行政が負担しきれなくなった部分が公害となった（c）。 | |

（(a)〜(d)は井上が加えたものである）

(4) 評価の実際

 それでは，実際の記述は，どのように評価することができるのであろうか。生徒の記述[10]からその学力の到達度を示したものが表5-2-5である。取り上げた実践においては，段階3より低い生徒は見られなかった。

 では，最も高い段階6を示した生徒Dの記述を見てみよう。生徒Dの記述に見られる一般的知識について，授業で取り上げられたものについて記号を付けた。この説明ではまず，企業がリサイクルの費用を下げ「費用が安く」なるという一般的知識（b）を，ビン容器からプラスチック容器への変化という個別的知識から裏付けており，また，そのことによって，「利潤が増える」という一般的知識（a　極大利益の追求）をヤクルトの大量生産の実現，肉体労働の軽減という個別的知識から裏付けている。次に，それらのことによってゴミ処理の費用が国や行政の負担になったという一般的知識（e　外部不経済の外部化）が引き起こされたことに関連付け，結果，この事例によって，企業の私的費用の軽減により「国や行政の負担する社会的費用が多くなった」こと（c　私的費用の最小化による差社会的費用の増大），「国や行政が負担しきれなくなった」こと（d　社会的費用の増大による市場の欠落）が公害を引き起こしたという説明をしている。そのため，「企業が公害を起こした」という授

業の説明の範囲内で一般的知識を5つ，授業で扱った個別的知識を絡めながら説明しているので段階6となる。

第4項 「探求モデル」に基づく社会認識形成の保障

これまでの考察を踏まえ，探求モデルに基づく社会認識形成を保障するための情報を得られる，評価のためのツールの作成と活用の論理を示そう。

探求モデルの習得には，どのような個別的知識，一般的知識，評価的知識を扱うことができるようになることを目的としているのかの段階を意識し，その到達度を測定することが求められる。また，探求の過程に用いられる一般的知識，個別的知識の関係を明示し，探求が深まることによって増える「一般的知識」や「個別的知識」とそれらの関係を提示する必要がある。そのため，「探求モデルの習得」を確定するためには，知識の累積的成長，変革的成長を見取る過程を解答行為や評価規準とした，客観テストやパフォーマンス課題を設計する必要がある。

では，このような評価のためのツールはどのように活用されるだろうか。ここで示した評価のためのツールは，教授された「探求モデル」を用いた社会の見方・考え方の習得の有無を明らかにする上では有効である。つまり，授業者の示した探求モデルに対し，累積的知識として獲得しているのか，変革的知識の段階まで達成しているのかを判断することができる。そのため，例えば，累積的知識の段階で，一般的知識と個別的知識の関連がうまく把握されていない場合は，事例を通した分析を再考させ，その関連を意識させる必要があるし，また，変革的知識の段階に達成させたければ，これまでの問いを問い直す過程を授業に組みこむ必要がある。しかし，一方で，授業者が想定していない知識の「変革的成長」を行う子ども／生徒も考えられる。そのため，授業者自身が教授したい探求モデルを明確に持っているとともに，子ども／生徒がそれをたどる過程を注視する必要があると言えよう。

第3節　学問成果に依拠したモデルの場合

　社会に対する見方・考え方の1つに，目の前の様々な社会的事象を説明しうる既存の「モデル」を取り上げることが考えられる。その代表的なものが科学者集団によって形成された学問成果を教育内容として取り上げることであろう。この学問成果は大きく，社会科学のように社会を分析するための枠組みを設定する場合と，人文科学のように，社会をよりよく説明できる解釈を設定する場合に分けることができる。以下，前者を「分析モデル」，後者を「解釈モデル」と設定し，それぞれに依拠した場合の評価のためのツールの違いを見ていこう。

第1項　分析モデルの場合

　では，「分析モデル」に基づく社会認識形成は，授業のどのような場面の中で形成されるのか。そして，分析モデルに基づく社会認識は，どのように確定することが可能なのだろうか。そして，その形成を保障するためには，どのような評価が求められるのだろうか。ここでは，社会に対する「見方・考え方」のモデルの中から，「分析モデル」を取り上げ，「モデルに基づく社会認識形成の保障」のための評価法とそれに対応する具体的なツールを開発し，先の問いに答える。

1．授業場面の特質

　「分析モデル」の習得が目指されていることが授業の「よさ」とされる場合，授業はどのようなものとなるのか。このような授業は，1960年代から70年代にかけてのアメリカの「新社会科」の諸プログラムや森分らの「探求学習論」にみられる［梅津，2000］。これらは教授すべき内容や方法の根拠を既存の社会諸科学の成果に求め，子どもの「科学的知識の形成」を保障しようと

する。このような授業について森分［1978, p. 118］は以下のように述べる。

> 社会科は，科学的理論の系統発生を個々の子どもの内における科学的理論の成長，すなわち個体発生に組みかえていくことを行っていかなければならない。それは，子どものもつ非科学的常識的な「理論」を言葉によって客観化させ，批判的に吟味・験証していくとともに，科学的理論を習得させていくことによってなされる。科学的理論は，長い年月をかけて，優秀な頭脳によって創造され，発展させられてきたものであり，われわれが日々の生活経験を積み重ねていくことによって創造し成長させていくことのできるものではない。それゆえにこそ，意図的計画的に教授され学習されてゆかねばならないものである。社会科の授業は，よりまちがいの少ない，より説得力の大きな知識を，より多く習得させ，子どもの「理論」にくみこみ，み方考え方のわく組みとしていかなければならない。

この立場に立つ授業では，「優秀な頭脳によって創造され，発展させられてきた」科学的理論の習得が可能となるよう，「意図的計画的に」教授活動や学習活動の過程として組織する必要がある。また，ここで習得が期待される理論とは「社会的み方考え方の要素をことばによって客観化し，命題化して明示したもの」［森分, 1978, p. 117］であり，これが「分析モデル」である。

では，客観化し，命題化された社会の見方・考え方である「分析モデル」の習得は，授業のどのような場面の中で形成されるのか，そして，子ども／生徒に形成された「分析モデル」はどのように確定することが可能なのだろうか。そして，分析モデルに基づく社会認識形成を保障するためには，どのような手立てが求められるのだろうか。

以下では，習得すべき見方・考え方が，分析モデルとなっている具体的な授業事例として，単元「消費社会論」を取り上げ，「分析モデルに基づく社会認識形成」を確定する評価のためのツールを開発し，提示する。

2. 授業場面の実際

(1) 単元「消費社会論」の構成

ここで取り上げる単元「消費社会論」は[11] 1960 年代から 90 年代の日本

社会の変化を，消費者，生産者（企業）が対象となる「モノ」に与える付加価値，意味づけの変化から理解させることがねらいとなっている。同様の枠組みを取り上げた実践・計画として，大杉［1990］，加藤［2008］，渡部ら［2007］が挙げられる。

ここで取り上げる「分析モデル」もこれらの実践・計画で用いられているものと枠組みは同じであるが，これらの実践・計画の中では，主に，「社会認識教育としての消費者教育が主眼としてあるため，分析モデルとしての消費社会論の習得過程が明らかではない[12]。その意味で，以下の単元「消費社会論」によって明らかにされる，「分析モデル」の習得過程は，意義があるものといえる。

(2)「分析モデル」を通した社会認識形成
①「分析モデル」の実際

単元「消費社会論」で示される分析モデルでは，消費を，新しい欲望を創造し，生産の対象を内的な像として，欲望として，衝動として，目的として観念的に措定することを通じて，生産物に対する人々のさまざまな欲望を形成するものとしてとらえる［見田，1988，p. 46］

この「分析モデル」を視覚化したものが図5-3-1，命題化したものが表5-3-1である。まず，図5-3-1では，「企業」「消費者」，対象となる「商品」を枠組みとして示し，矢印でそれぞれが何にどのような付加価値を与えているのかを示したものであり，表5-3-1は，これらの関係を命題化した問いとして示したものである。それぞれ，企業は商品に対するどのような付加価値を消費者に伝えたのか？（①）。企業は商品にどのような付加価値を与えたのか？（②）。対象となる「商品」そのものにはどのような実用的価値があるか？（③）。消費者は商品にどのような付加価値があると認識したのか？（④）。消費者は商品にどのような付加価値を与えたのか？（⑤）である。

以上，①〜⑤の問いが学習活動の中で組み込まれることにより，「分析モ

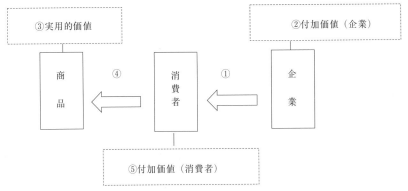

図 5-3-1. 単元「消費社会論」における分析モデル

表 5-3-1. 単元「消費社会論」における主要な問い

	問い
①	企業は商品に対するどのような付加価値を消費者に伝えたか？
②	企業は商品にどのような付加価値を与えたか？
③	商品そのものにどのような実用的な価値があるか？
④	消費者は，商品にどのような付加価値があると認識したか？
⑤	消費者は，商品にどのような付加価値を与えたか？

デル」の習得が期待される。

②「分析モデル」から見た学習内容の構成

図 5-3-1 で示した「分析モデル」と具体的事例との対応関係を示したものが，表 5-3-2 である。表 5-3-2 では，縦に「分析モデル」に対応する 5 つの問いを示し，横に 1960 年代～90 年代の 4 つの時代で想定される説明を示したものである。

単元「消費社会論」では，各時代についての学習内容が，①～⑤の「分析モデル」に基づく「問い」を組み合わせるによって表 5-3-2 の左から右へ形成されることになる。

1960 年代では「1960 年代の人々は家事の苦役から逃れるために電化製品

を購入した」という学習内容の獲得が行われる。まず，当時の広告，実践では白黒テレビ，電気洗濯機，電気冷蔵庫の新聞広告が示され，これらの商品（⑤）に対し，企業が与えた付加価値（②），消費者が求める付加価値（③）の読み取りが求められる。企業の与えた付加価値とは，これらの商品の購入が家事の負担を軽減するというものである。企業は，これらの商品に三種の神器という名称を与え，これらの商品によって，これまで日常的に行われて

表5-3-2. 単元「消費社会論」における分析モデルと事例の関係

分析枠組みモデル \ 各時代で想定される説明	1960年代 1960年代の人々は家事の苦役から逃れるために電化製品を購入した。	1970年代 1970年代の人々は生活の安定を求めて新三種の神器を購入した。	1980年代 1980年代の人々は豊かな生活を求めて土地やブランド品などを購入した。	1990年代 1990年代の人々はお金をかけない豊かな生活を求めて，実用的で安価な商品を購入した。
①企業は「③」を利用して消費者の購買意欲を高める	企業は「③」を利用して消費者の購買意欲を高める	企業は「③」を利用して消費者の購買意欲を高める	企業は「③」を利用して消費者の購買意欲を高める	企業は「③」を利用して消費者の購買意欲を高める
②企業が商品に広告などを通して与える付加価値	「家事労働の負担が軽減する」という付加価値	「生活が安定する」という付加価値	「生活が豊かになる」という付加価値	「お金をかけない豊かな生活ができる」という付加価値
③消費者が商品に求める付加価値				
④消費者は「②」を考慮して商品を購入する	消費者は「②」を考慮して商品を購入する	消費者は「②」を考慮して商品を購入する	消費者は「②」を考慮して商品を購入する	消費者は「②」を考慮して商品を購入する
⑤対象となる商品	三種の神器	新三種の神器	土地・ブランド品など	100円ショップの商品など
その他（時代背景）	1960年代の社会情勢は科学的な生活を肯定するものだった。	1970年代の社会情勢は安全・安定を肯定するものだった。	1980年代の社会情勢は消費を奨励するものだった。	1990年代の社会情勢は節約を奨励するものだった。

いた家事の負担を軽減する点を強調し，消費者の購買意欲を高めた（①）。この点は当時，人々の欲求と合致し（④），高額にもかかわらず多く消費された。

同様に「1970年代の人々は生活の安定を求めて新三種の神器（自動車，カラーテレビ，クーラー）を購入した」，「1980年代の人々は豊かな生活を求めて土地やブランド品などを購入した」，「1990年代の人々はお金をかけない豊かな生活を求めて，実用的で安価な商品（100円ショップやマクドナルドのハッピーセット）を購入した」というように，分析モデルに基づく「問い」に，各時代の具体的事例を踏まえ，答えることにより，各時代についての学習内容が形成されるのである。

3. 評価のためのツール設計の実際

(1)「分析モデル」の習得過程

以上の考察から，「分析モデル」の習得の過程は，図5-3-2のように示すことができる。

「問い」を通して形成される学習内容は，習得が期待される「分析モデル」

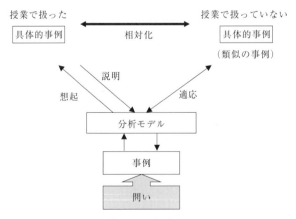

図5-3-2.「分析モデル」の習得の過程

を介して，具体的事例と対応させることにより形成される。また，「分析モデル」は，授業で扱ったものだけでなく，それ以外の具体的事例についても用いられることが求められる。

以上の点から，「分析モデル」の習得過程は，4つの思考過程の組み合わせとして示すことができる。

まず，「想起」である。「想起」は，「分析モデル」に対応する授業で扱った具体的事例を表出する思考である。例えば，「1960年代に消費の対象となった商品は何か？」という問いに対応する思考である。

次に，「説明」である。「説明」は，授業で扱った個々の具体的事例をつなぎ合わせ，一つの説明を形成する思考である。例えば，「1960年代の人々は，なぜ，三種の神器を消費する人が多かったのだろう？」という問いに対応する思考である。

そして，「適応」である。「適応」は，授業で扱っていないが，同じ分析モデルで分析可能な「類似の事例」を分析させる思考である。例えば，「なぜ，クリスマスには大量のケーキやチキンが消費されるのだろうか？」というように事象の説明を問うものや，「クリスマスに大量に消費されるものは何ですか？」というように対応する具体的事例を想起させる問いに対応する思考である。

最後に，「相対化」である。「相対化」は，授業で扱った具体的事例と，扱っていない類似の事例との対応関係を問う思考である。例えば，「1960年代と現在の消費行動の違いは何ですか？」というような問いに対応する思考である。

以上，4つの思考[13]の組み合わせにより，「分析モデル」が習得される。そのため，評価のためのツールでは，この4つの思考が行えるか否かを問うものとなる必要がある。

表5-3-3. 子ども／生徒に求められる解答行為

	問い・リード文	授業での扱い		
		ある		なし
正答		分析モデル（消費社会論）	具体的事例（1960年代～90年代の経済状況）	類似の事例
授業での扱い	ある　分析モデル（消費社会論）		説明	適応
	具体的事例（1960年代～90年代の経済状況）	想起		相対化
	なし　類似の事例	適応	相対化	

(2) 客観テストの設計

①解答行為の実際

「分析モデル」の習得につながる評価のためのツールの設計過程を見ていこう。

「分析モデル」の習得過程に見られる4つの思考の有無を問うためには，想定される解答行為が4つの思考と対応するものとなる必要がある。そのための問い，そして，補助的な情報を与えるリード文，正答の組み合わせると，解答行為は表5-3-3のようにまとめられる。

表5-3-3では，縦に「正答」，横に「問い」と「リード文」となるものを示した。これらは，「消費社会論」に基づく「分析モデル」と，単元で扱われた1960年代から1990年代の日本経済の状況として示された「具体的事例」である。また，目標である「分析モデル」の習得という点から考え，授業で扱ってはいないが，同様の枠組みで捉えることのできる「類似の事例」も含まれよう。また，評価対象となるのは，分析モデルと具体的事例，類似の事例のそれぞれの対応関係なので，同じ項目が問い，リード文，正答となることはない。以上をふまえ，先ほどの4つの思考をあてはめている。このよう

に,「想起」から「説明」,「説明」から「適応」,「適応」から「相対化」と,最終的には「分析モデル」を社会のみ方考え方のモデルとして使える段階までを問えるような思考場面を想定している。では,それらの解答行為は,どのような形式によって子ども／生徒に行わせることができるだろうか。以下その実際に基づき示そう。

②評価のためのツールの実際

全体構成

解答行為「想起」「説明」「適応」については,問いと答えの対応関係の明確な客観テストの形式をもつツールを設計した。一方,解答行為「相対化」については授業で扱っていない内容を扱うため,個々の生徒の持つ経験により左右される面が大きい。そこで授業者の期間巡視等による声かけと,必要な資料の提示,検索のできる環境を提示できるパフォーマンス課題を設定した。これにより,個々の生徒の経験や知識の差を小さいものとすることができるからである。

【「想起」「説明」を解答行為とする客観テスト】

問題と解答	分析モデル
【1】次の文を読み,下記の設問に答えよ。 　1955年ごろから（　1　）が起こる1973年までの17年間,日本経済は年平均で10％をこえる経済成長を続け,いわゆる（　2　）を実現させた。この間,日本の国民総生産は6倍に拡大し,1968年には日本はアメリカにつぐ世界第二位の「経済大国」になった。この中で消費需要も供給能力の拡大と歩調をあわせて拡大した。（　3　）とよばれる現象が起こり,さまざまな電化製品が国民の間に普及していった。	
問1.上の文の（　）にあてはまる言葉として適切なものを以下の選択肢から選び,記号で答えなさい。 （ア）高度経済成長　（イ）消費革命　（ウ）意識革命 （エ）第一次石油危機　（オ）第二次石油危機 答え：1.（エ），2.（ア），3.（イ）	①〜⑤

問2. 1960年代の消費行動について以下の問に答えなさい。	
(1) 1960年代に最も売れたもので「三種の神器」とよばれるものは何ですか？ 解答欄に3つ書きなさい。 答え：冷蔵庫・洗濯機・白黒テレビ	③
(2) 1960年代当時，これら「三種の神器」を買うことは，現代の何を買うことに匹敵しますか？ 当時と現在の大学初任給（当時4万円，現在20万円）との比較から導き，解答欄に書きなさい。 答え：自動車（その他，該当するものなら○）	⑤
(3) 当時の人々は「三種の神器」を買うときどのような手段をとることが多かったですか？ 解答欄に書きなさい 答え：ローン（月賦）を組む	⑤
(4) 当時の人々が「三種の神器」を購入した理由を述べなさい。その際，商品の購入によって，人々の生活のどのような面が大きく変化したのかを踏まえること。 答え：これまで重労働であった家事の負担を軽減するために購入した。商品の購入によって，人々の生活で家事の示す割合が低くなり，特に女性の社会進出のきっかけともなった。	①〜⑤
問3. 1970年代の消費行動について以下の問に答えなさい。	
(1) 1970年代に最も売れたもので「3C」と呼ばれるものは何ですか？ 解答欄に3つ書きなさい。 答え：自動車・クーラー・カラーテレビ	③
(2) 1970年代当時，「3C」以外に，どのようなものやことにお金をかけていましたか？ 以下の選択肢から2つ選び，記号で書きなさい。 　選択肢 　（ア）家　　（イ）貯蓄　　（ウ）株　　（エ）ブランド品 答え：（ア），（イ）	③
(3) 1970年代の人々は，これまでの生活からさらに，どのような生活をしたいという思いがあったといえますか？ 社会背景を踏まえ，解答欄に記入しなさい。 答え：1970年代は公害問題が表に出てきた時期であり，これまでの企業中心で経済発展を最優先とした考えから，生活者の視点に立ったものへと移行した。企業もその点に配慮し，環境に配慮した商品や家族の団欒を演出した商品を開発し提供しており，人々もそのような生活への志向が強くなった。	①〜⑤

解答行為「想起」,「説明」の場合

解答行為「想起」,「説明」が対応する客観テスト【1】を以下に示した。右には,分析モデルを構成する5つの問いと問題との対応関係を示している。

【1】は,1955年から始まる高度経済成長の事例を取り上げ,1960年代,1970年代の日本の経済状況についての説明がリード文として示されている。問1〜3の3つの設問から構成されている。

問1は,1960,1970年代の経済状況を説明として完成させる問いである。その際,1960年代の経済状況に至る原因となった「高度経済成長」,「消費革命」,そして1960年代から1970年代への転換のきっかけとなった出来事である「第1次石油危機」を選択させ,説明を完成させる。消費社会論からみた日本経済の発展のきっかけとなった事象を適切に想起できるかの確定を意図している。この問いは分析モデル全体にかかるものとなる。

問2は,1960年代の経済状況に関する,4つの問いで構成される。(1)では「1960年代に最も売れたもので「三種の神器」とよばれるものは何ですか？ 解答欄に3つ書きなさい」という問いを通して,1960年代の該当する商品の具体を想起することを意図している。これは分析モデル③に対応する。(2)は「1960年代当時,これら「三種の神器」を買うことは現代で言えば何を買うことに匹敵しますか？ 当時と現在の大学初任給（当時4万円,現在20万円）との比較から導き,解答欄に書きなさい」という問いを通して,「三種の神器」に対して当時の人々の考え方・価値観を現在と比較させ,当時の消費者の商品に与えた付加価値を読み取らせている。また,(3)は,「三種の神器」を買う際の手段を問い,商品に付加された価値に対する当時の消費者の思いの強さを表す具体の想起を意図している。この(2)(3)の問いは分析モデル⑤に対応する。次に,(4)は「当時の人々が「三種の神器」を購入した理由を述べなさい。その際,商品の購入によって,人々の生活のどのような面が大きく変化したのかを踏まえること」という問いを通して,1960年代の消費者にとって,商品（三種の神器）の購入の持つことが,どのような生

活の変化とつながっているかを読みとらせている。これは分析モデル①〜⑤を踏まえた当時の消費者の状況の説明となる。

問3は，1970年代の経済状況について，3つの問いで構成されている。(1)では，「1970年代に最も売れたもので，「3C」と呼ばれるものは何ですか？ 解答欄に3つ書きなさい」と問い，1970年代の該当する「商品」の具体を想起するが意図されている。(2)は，「1970年代当時，「3C」以外に，どのようなものやことにお金をかけていましたか？」という問いを通し，当時，同じような付加価値を与えられた商品の具体を想起し，適切な選択肢を選ぶことが意図されている。この(1)(2)は，分析モデル③に対応する。対して，(3)は「1970年代の人々は，これまでの生活からさらに，どのような生活をしたいという思いがあったといえますか？ 社会背景を踏まえ，解答欄に記入しなさい」と問い，(1)(2)で取り上げた商品を購入することが，1970年代の消費者にとって，どのような生活への思いとつながっていたのかを説明させることを意図している。これは分析モデル①〜⑤を踏まえた当時の消費者の状況の説明となる。

このように，問2の(1)〜(3)，問3の(1)(2)は「分析モデル」に対応する具体的事例の想起，問2(4)，問3(3)は，それまでの設問の中で確認した知識を踏まえた1960年代，1970年代の人々の消費の「説明」が行われている。分析モデルの5つの問いのうち，1つが問われているのか，複数の問いを踏まえた問いなのかによって，解答行為として「想起」，「説明」を想定した客観テストが構成される。

解答行為「適応」の場合

解答行為「適応」が対応する客観テスト【2】【3】を以下に示した。客観テストの右には，問われている問いのうち，分析モデルを構成する5つの問いのうち，いずれに対応しているかを示している。

【「適応」を解答行為とする客観テスト】

問題と解答	分析モデル
【2】以下の資料は，毎週日曜日の7時半から8時半までのあるテレビ局のCMの内容をまとめたものである。資料を読み，次の問いに答えなさい。	

CM	番組
ランドセル	ガオレンジャー
タカラ（ガオレンジャーのグッズ）	
三井グリーンランドの夏休みのイベント	仮面ライダー響
タカラ（仮面ライダー響のグッズ）	
タカラ（仮面ライダーベルト）	

問1．この時間帯に流されているCMで示されている商品は，どのような人たちが必要としているものだろうか？　解答欄に書きなさい。 答え：子ども・大人の女性，子どものいる家族	①
問2．この時間帯にこのような商品のCMを流すことによって人々のどのような行動を期待しているのだろうか？解答欄に書きなさい。 答え：自分の子どものためにおもちゃを買うこと／レジャー施設に行くこと・おもちゃを親におねだりすること／レジャー施設に行こうと親にお願いすること	②
問3．問2のような行動をとることは消費者にとってどんな意味があるのだろう。解答欄に書きなさい。 答え：子どもの喜ぶことを家族そろってやる理想的な家族であること	⑤
【3】以下は，自分の食べたものをすべて記録するという「レコーディングダイエット」によって1年間で50kgのダイエットに成功した岡田氏の発言である。 　　食欲には2通りある。 「頭だけが食べたがるもの」と「体が食べたがるもの」だ。 　美味しかった記憶，美味しいだろうという期待による食欲と体が必要としているものに対する食欲とも言える。この2つの食欲の違いを「欲望」と「欲求」と名づけた。味わってみたいという「欲望」。○○が必要だという「欲求」。（中略）現代社会では，食べたいという「欲求」をかきたてるありとあらゆる罠がいたるころにしかけられている。ショーウィンドウには，色とりどりのケーキが並び，コンビニでは新製品だの，季節限定だの，好奇心をくすぐるスナックが目白押しだ。単に味だけではなく，イメージや記憶まで動員してくる食欲，それが「欲望」の食欲だ。（岡田斗司夫『いつまでデブと思うなよ』新潮新書，2007年 pp. 176-181。）	

第5章　見方・考え方の習得につながる評価のためのツール　139

問1．自分の食べたものをすべて記録することによって何が分かりますか？ 　　答え：自らの購入した商品がどのようなもので，どれくらいあるか分かる	③
問2．企業は消費者にどのようなメッセージを送っているのでしょうか？ 　　答え：「食べたい」気持ちを抑えなくてもよいというメッセージ	②

表5-3-4．客観テストで取り上げた事例と分析モデルとの類似性

分析モデル	客観テストで取り上げた事例	
	【2】	【3】
①企業は商品に対するどのような付加価値を消費者に伝えたか？	問1．子ども・大人の女性・子どものいる家族 （に対して，「おもちゃを買うことによって，子どもを喜ばすことができる。レジャー施設に行って家族団らんで遊ぶことができる」ことを伝える）	（食品を購入する人々に）「欲望」のままに味わうべき商品であることを伝える。
②企業は商品にどのような付加価値を与えたか？	問2．「おもちゃを買うことによって，子どもを喜ばすことができる。レジャー施設に行って家族団らんで遊ぶことができる」という付加価値を与える。	問2．「「欲望」のままに味わうべき商品である」という付加価値を与える。
③商品そのものにはどのような実用的価値があるか？	学用品を運ぶ道具としてのランドセル 玩具としてのガオレンジャー，仮面ライダーのグッズ 三井グリーンランドで行われる夏休みのイベント	問1．自らの購入した食品の実用的価値
④消費者は，商品にどのような付加価値があると認識したか？	「おもちゃを買うことによって，子どもを喜ばすことができる。レジャー施設に行って家族団らんで遊ぶことができる」ことができる商品であることを認識する。	「「欲望」のままに味わうべき商品である」ことを認識する。
⑤消費者は商品にどのような付加価値を与えたか？	問3．「子供の喜ぶことを家族そろってやる理想的な家族でありたい」という付加価値を与える。	「「欲望」のままに味わうべき商品である」という付加価値を与える。

（網かけは問いに対応）

まず，解答行為「適応」に対応した【2】【3】で取り上げた事例と，授業で取り上げた事例との類似性を説明しよう。【2】はテレビ・コマーシャルの事例，【3】はレコーディングダイエット［岡田，2007］の事例が取り上げられている。それぞれの事例を，分析モデルに対応させると，以下の表5-3-4のようになる。

　表5-3-4は，縦軸に消費社会論の「分析モデル」から導かれた5つの問い，横軸に客観テストで取り上げた類似の事例を示した。「類似の事例」とは，同じ「分析モデル」で分析できる事例のことである。表5-3-4では，類似の事例を「分析モデル」で分析した際，想定される答えが命題として示している。また，網掛け部は客観テストで，正答として表出する命題である。

　以上を踏まえ，【2】【3】の客観テストを見ていこう。

　【2】は，問1～3の3つの問いから構成されている。リード文，解答のための資料として，毎週日曜日の7時半から8時半までのあるテレビ局のCM一覧である。この事例は，消費者の商品購入への欲求を喚起したい企業の立場に立ったものとなっている。

　まず，問1では，「この時間帯に流されているCMで示される商品は，どのような人たちが必要としているのだろうか」と問い，企業がCMを通して，商品の付加価値を誰に伝えようとしているのかを問う問題となっており，分析モデル①に対応する。問2では，「この時間帯にこのような商品のCMを流すことによって人々のどのような行動を期待しているのだろうか」と問い，企業がCMを通して，消費者のどのような行為を喚起しようとしているのかを問う問題となっており，分析モデル②に対応する。問3では，「問2のような行動をとることは消費者にとってどんな意味があるのだろうか」と問い，問2の行動に消費者がどのような付加価値を見出すのかを問う問題となっており，分析モデル⑤に対応する。

　【3】は，問1，2の2つの問いから構成されている。リード文，解答のための資料として，自分の食べたものをすべて記録するという「レコーディン

グダイエット」によって1年間で50kgのダイエットに成功した岡田氏の著書からの抜粋を示している。抜粋された箇所では，販売されている商品に，実質以上の付加価値を読み取り，購入し，食べてしまうという「欲望」の食欲について説明されている。商品に付加価値を与え，購入してしまう消費者の立場に立ったものである。

まず，問1では「自分の食べたものをすべて記録することによって何がわかりますか」と問い，いったん，記録という形をとることにより，商品の実質が明らかになることの理解を問う問題となっており，分析モデル③に対応する。問2では，「企業は消費者にどのようなメッセージを送っているのでしょうか」と問い，企業により付加される実質以上の価値があることを問う問題となっており，分析モデル②に対応する。

このように「類似の事例」の分析を踏まえ，解答行為「適応」を問う客観テストが構成される。

解答行為「相対化」の場合

解答行為「相対化」は，パフォーマンス課題を通して確定する。このパフォーマンス課題は，先の授業実践の後に行う。パフォーマンス課題は以下のようなものである。

> 課題A．現在の折り込み広告の分析
> 課題B．「マジレンジャー」のお面のキャッチの作成
> 課題C．消費者の立場から商品を購入時に気をつけることの記述

以上の課題で取り上げられる事例と「分析モデル」との対応関係を示したものが表5-3-5である。

このパフォーマンス課題のA，Bは，類似の事例に分析モデルを「適応」させる課題である。一方，Cの課題は，授業の内容を踏まえ，自らの消費者としての立場を表明させるものである。ここでは，消費社会論に準拠するか／否かも生徒にゆだねられる。その意味で，授業で扱った「分析モデル」を

表 5-3-5. パフォーマンス課題で取り上げた事例と分析モデルとの類似性

事例　　分析モデルから導かれた問い	折り込み広告の分析			キャッチの作成
①企業は「③」を利用して消費者の購買意欲を高める	ミシンの製作会社	電化製品の販売店	ディスカウント・スーパー	お面の製作会社
②（企業が）商品に広告などを通して与える付加価値	例「家族のものを手作りできる」「仲の良いぬくもりのある家庭が実現するアイテムである」という付加価値	例「冬季オリンピックをよりよく観賞することができるアイテムである」という付加価値	例「より安く安全な食品である」という付加価値	例「マジレンジャーのように強くなれるアイテムである」という付加価値
③（消費者が）商品に消費者が求める付加的な価値				
④消費者は「②」を考慮して商品を購入する	例：主婦の家事労働従事者	例：冬季オリンピックを楽しみにしている人々	例：より安く、安全な商品を購入したい人・主婦などの家事労働従事者	例：（マジレンジャーを好きな）子ども・その親・祖父母
⑤商品の実用的価値	ミシン	電化製品	スーパーの食品	マジレンジャーのお面

「相対化」する課題にあたる。

　以下は，授業を通して作成した子ども／生徒の作品である。

　パフォーマンス課題の実施にあたり，子ども／生徒には，モデル化した「分析モデル」を図示したものを示し，消費者や企業の商品への付加価値を読み取り，書き込ませる作業を組み込んだ。これが，課題 A である。ここでは，ミシンを用いて親子で仲良く裁縫をしている写真が前面に示された新聞広告の分析した生徒の作品を示した。子ども／生徒はこの広告から，「親子で楽しく作る，楽しく習う」というメッセージを企業が発していると読み取っていること，また，それを受けた消費者が，「親子で裁縫をし，子どもと触れ合いたい親（の）裁縫は下手だが，物を作ってみたい」という付加価値を商品に与えることが予想されることを分析している。このように，広告から読

第5章　見方・考え方の習得につながる評価のためのツール

【パフォーマンス課題を通した子ども／生徒の作品】

次	立場	分析対象	生徒の活動	生徒の作品
課題A	企業	ミシンの新聞広告	広告から読み取れることを分析枠組みに当てはめる。	（手書きの図）
課題B	企業	マジレンジャーのお面	「マジレンジャー」のお面のキャッチの作成。以下の点を踏まえて書く。 (1) 購買者として誰を想定しているのか？ (2) 想定した購買者に対応したキャッチの作成。	（手書きの図）
課題C	消費者	社会全体	「消費者」の立場から商品の購入時に気をつけることを記述する。	企業が私たちに訴えていることを理解し，広告の中やマスメディアでの情報を取捨選択していかなくてはいけません。 同じ商品でも，時期や企業によっては値段が低くなったりする時があるから，その頃に買いに行くのが上手だと思います。 インターネットで購入する際には，特に気をつけた方が良いと思います。なぜならば，やはりニセモノだったりすることがあるからです。情報というものをきちんと理解した上でモノを購入する必要があると思います。

み取れるメッセージを自分なりの言葉で引き出そうとしている子ども／生徒の姿を見ることができる。

　次に，課題Bは，企業の立場から，購買者を想定したキャッチを示させる課題である。子ども／生徒は，提示された「マジレンジャーのお面」を購

入する消費者を想定し，その消費者に対応したキャッチを考えることが求められる。子ども／生徒は，消費者が「子ども，少年」だった場合「マジレンジャーになれる」というキャッチ，消費者が「特撮ヒーローマニア」の場合，「プレミア物，レア物」というキャッチ，消費者が「子どものいる親」の場合，「子どもが喜ぶ！」というキャッチというように3パターンの消費者を想定したキャッチを作成した。ここに，消費者の与える付加価値を踏まえたキャッチを示そうとする子ども／生徒の姿を見ることができる。

課題Cは「「消費者」の立場から商品の購入時に気をつけることを記述する」と提示し，企業のメッセージを読み取る消費者として自らの立場を踏まえ，授業を通して，習得してきた分析モデルの相対化を意図している。「企業が私たちに訴えていることを理解し，広告の中やマスメディアでの情報を取捨選択していかなくてはいけません」という子ども／生徒の記述から，「分析モデル」を自分なりの言葉で活用し，意見を形成していることがうかがえる。

4.「分析モデル」に基づく社会認識形成の保障

これまでの考察を踏まえ，分析モデルに基づく社会認識形成を保障するための情報を得られる，見方・考え方の習得につながる評価のためのツールの作成と活用の論理を示そう。

分析モデルの習得には，「分析モデル」と授業で取り上げられた「具体的事例」を明確化し，そして4つの思考（想起・説明・適応・相対化）が必要となる。そのため，「分析モデル」の習得を確定するためには，この4つの思考を解答行為とした客観テストもしくはパフォーマンス課題を設計する必要がある。具体的には，「分析モデル」や「具体的事例」に基づく問いや課題，正答，リード文を材料とし，4つの思考を解答行為とするツールとなる。

では，このような評価のためのツールの活用の論理はどのようなものとなるだろうか。ツールは，教授された「分析モデル」を用いた社会の見方・考え方の習得の有無を明らかにする上では，有効である。例えば，思考に対応

した4つの解答行為のうち,「想起」,「説明」ができるのに,「適応」,「相対化」ができなければ,「分析モデル」を社会の見方・考え方の一つとして習得していないと判断でき,一方,「想起」,「説明」はできないが,「適応」,「相対化」ができれば,その逆が指摘できる。前者の場合は,類似の事例を通した分析の実際を繰り返し,後者の場合は,授業で取り上げた知識の定着を図ることによって,学力保障が可能となる。

そのため,授業者自身が教授したい分析モデルを明確に持っており,その分析に耐えうる類似の事例が複数あるような教材においての活用が望ましいといえる。

第2項　解釈モデルの場合

「解釈モデル」に基づく社会認識形成は,授業のどのような場面の中で形成されるのか。そして,解釈モデルに基づく社会認識は,どのように確定することが可能なのだろうか。そして,その形成を保障するためには,どのような評価が求められるのだろうか。

第2項では,社会に対する「見方・考え方」のモデルの中から,「解釈モデル」を取り上げ,「モデルに基づく社会認識形成の保障」のための評価法とそれに対応する具体的なツールを開発し,先の問いに答える。

1. 授業場面の特質

「解釈モデルの習得」が目指されることが授業の「よさ」とされる場合,授業はどのようなものとなるのか。このような構想に基づく授業は,森分らの開発した教授書に見ることができる。森分は,歴史授業で一般的に行われている通史学習の問題点を克服するものとして,このような授業を構想している。以下,森分の構想［森分ら,1982］である。

> われわれは,まず歴史学研究の成果に立脚して,教師が生徒たちに教授すべき

「時代構造論」をおさえ、それを教授可能な形でモデル化し、授業の中でモデルを明示しながら、個々の歴史的事象・出来事を説明していけば、教師の持つ理論が生徒たちに「見えるもの」となり、生徒たちがそれを批判的に吟味していくことも可能ではなかろうかと考えた。

このような授業の「よさ」は、時代構造を「見えるもの」とし、個々の歴史的事象・出来事の説明を通して、生徒たちの批判的吟味過程を保障しようとする。ここでいう「時代構造論」は過去の社会的事象を1つの構造に即して説明したものである。

では、1つの構造に即して説明された「解釈モデル」の習得は、授業のどのような場面の中で形成されるのか、そして、子ども／生徒に形成された「解釈モデル」はどのように確定することが可能なのだろうか。そして、解釈モデルに基づく社会認識形成を保障するためには、どのようなツールが求められるのだろうか。

ここでは、習得すべき見方・考え方が、解釈モデルとなっている具体的な授業事例として、単元「古代国家の歩み」を取り上げ、「解釈モデルに基づく社会認識形成の保障」のための評価法とそれに対応する具体的なツールを開発し、提示する。

2. 授業場面の実際

(1) 単元「古代国家の歩み」の構成

ここで取り上げる単元「古代国家の歩み」[14]は、日本における律令制の成立から展開について、天皇を巡る政治権力の変化から理解させることがねらいとなっている。このような枠組みを取り上げた実践・計画は多くみられるが、代表的なものとして、森分らが開発した3つの日本史教授書試案［森分ら, 1976］［森分ら, 1982］［森分ら, 1985］が挙げられる。

ここで取り上げる「解釈モデル」は森分らの授業で用いられているものと枠組みは同じであるが、この3つの教授書試案では一つの時間的なまとまり

をもった社会体制，つまり，時代構造を子どもにとらえさせること［森分ら，1982, p. 35］が目的となる。しかしながら，森分らの提案する教授書は，投げ入れ教材［森分ら，1982］となっているため，授業の前提として既習事項[15]が設定されており，取り上げられた歴史的事象を解釈するための「解釈モデル」の習得過程が明らかではない。その意味で，単元「古代国家の歩み」によって明らかにされる「解釈モデル」の習得過程の分析は，意義があるものといえる。

(2)「解釈モデル」を通した社会認識形成
①「解釈モデル」の実際

単元「古代国家の歩み」で示される解釈モデルは，森分らは3つの日本史教授書試案［森分ら，1976］［森分ら，1982］［森分ら，1985］を参考に作成したものである。作成の過程としては，具体的事例，概念を教科書[16]に準拠したものに変更し，「解釈モデル」として，教授書「平安期の時代構造」の構造モデル「A. 律令体制」，「B. 王朝国家体制」の2つを中心に取り上げるという段階をとった。

この「解釈モデル」を中学校社会科歴史的分野及び使用した教科書に合わせ，再構成したものが表5-3-6である[17]。習得すべき「解釈モデル」は，「律令体制」に対応する「解釈モデルⅠ」と，「王朝国家体制」に対応する「解釈モデルⅡ」がある。

まず，「解釈モデルⅠ」は，教授書の構造モデル「A. 律令国家」を再構成したものである。この「解釈モデルⅠ」から，次のことを読み取ることが期待される。1つは天皇が直接，人々を支配する「公地公民制」がとられていたことである。2つは公地公民制の下で行われていた「租庸調制」の位置づけである。そして，これら2つの制度が大宝律令の制定によって明文化され，一つの社会システムとして定着したことである。最後に，このようなシステムで成り立つ国家のことを「律令国家」という点である。このように，

表5-3-6. 単元「古代国家の歩み」における「解釈モデル」

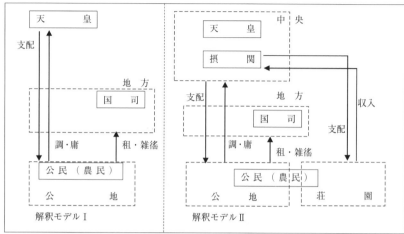

(構造図は教科書に記載されている言葉のみを用いて再構成した)

2つの制度とその制度の成り立つ国家の定義に対応している。

次に、解釈モデルⅡは、教授書の構造モデル「B. 王朝国家体制」を再構成したものであり、解釈モデルⅠに、「摂関」と「荘園」が加わったものとなっている。これらが加わることにより、摂関が天皇の補佐役として中央政府の中で大きな力を持つようになったこと、天皇の直接支配体制から天皇の支配の及ばない「荘園」が出現したこと、荘園は摂関家である藤原氏など貴族の収入源となっていたことに対応している。

②「解釈モデル」から見た学習内容の構成

表5-3-6に示した2つの「解釈モデル」と具体的事例との対応関係を示したものが次頁の表5-3-7である。

縦に2つの「解釈モデル」と各展開部で問われる問いと形成が期待される学習内容、対応する具体的事例を示し、横に第1～4次までの展開部を示した。表5-3-7には、第1次から4次で形成が期待される学習内容と具体的事例にあたる歴史的事実、それぞれの授業の中で形成されると解釈モデルの対応関

第5章　見方・考え方の習得につながる評価のためのツール　149

表5-3-7. 単元「古代国家の歩み」における解釈モデルと事例の関係

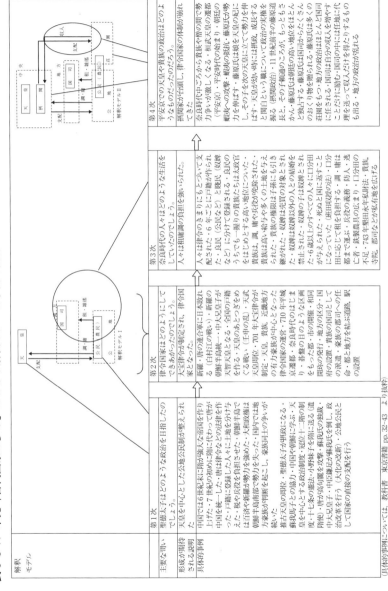

解釈モデル				
	第1次	第2次	第3次	第4次
主要な問い	聖徳太子はどのような政治を目指したのだろう。	天皇を中心としたどのような公地公民制が整えられたのだろう。	奈良時代の人々はどのような生活をしていたのでしょう。	平安時代中ごろから貴族や僧の政治はどのようなものだったのだろう。
形成が期待される説明	天皇を中心とした公地公民制が整えられた	律令国家の制定され、律令国家となった。	人々は租庸調の負担を強いられた。	摂関家が台頭し、律令国家の体制が崩れてきた
具体的事例	中国では6世紀末に隋が強大な帝国を作り上げた。7世紀の初めに隋に代わって唐が中国を統一した。唐は律令などの法律を作った。戸籍に登録した人々に土地を分け与えた。税の負担をさせた。朝鮮半島では百済や新羅の勢力を強めた。大和政権は朝鮮半島南部で勢力を失い、国内では土地の有力な豪族が争いを起こし、家族同士の争いが続いた。推古天皇の即位・聖徳太子の摂政になる・蘇我馬子との協力・中国の制度にならう・天皇を中心とする政治制度・冠位十二階の制度・十七条の憲法・小野妹子を隋に送る（遣隋使）、隋の高句麗攻撃・蘇我氏の抑圧で中大兄皇子・中臣鎌足らの蘇我氏を倒し、政治改革を行う（大化の改新）・公地公民として国家の直接の支配を行う	新羅と唐の連合軍に日本政府は（白村江の戦い）。新羅は朝鮮半島統一・中大兄皇子は天智天皇になる・全国の戸籍を作る・天皇のあとつぎをめぐる争い（壬申の乱）・天武天皇即位、701年大宝律令が制定・天皇、貴族、近畿地方の有力な豪族が中心となった律令国家の運営。710年平城京遷都・奈良時代のはじまり・都の設置・市の開催・和同開珎の発行・地方の国分け・国府の設置・貴族の国司への任命の派遣・家族の部の名称設定、駅の設置	人々は律令のきまりにもとづいて支配された。6年ごとに戸籍が作られた。良民（公民など）と賤民（奴婢など）にわけて登録される。良民の男子に一定の割合で口分田が与えられた。貴族たちは太政官をはじめとする天皇につかえる高い地位についた。貴族は高い給与や多くの土地を与えられ、貴族の権限は子孫にも引き継がれた。奴婢は売買の対象とされた。奴婢は賤民以外の人との結婚を禁止された。奴婢の子は奴婢とされた。6歳以上のすべての人に口分田が与えられ、死ぬと国に返すことになっていた（班田収授の法）、口分田に応じて租を負担する、調、庸は都まで運送・兵役の義務・防人・選ぶ・蝦夷征討・貴族の設置、庸製農具の不足、743年墾田永年私財法、貴族、寺院、郡司などが私有地を広げる	奈良時代中ごろから貴族や僧の間で勢力争いが激しくなる。桓武天皇の遷都（平安京）。平安時代のはじまり・朝廷は蝦夷への攻撃・藤原氏の抬頭、藤原氏が勢力を伸ばす・藤原氏は娘を天皇の妃にしてその子を次の天皇に立てて勢力を伸ばす・天皇が幼い時には摂政、成長する時には関白という役について政治の実権を握る（摂関政治）・11世紀前半の藤原道長と、その子の頼通のころがもっともさかん。藤原氏は朝廷の高い地位をほとんど独占する・藤原氏は国司同士からたくさんのおくり物を贈られる・藤原氏は多くの荘園をもつ・地方の政治はほとんど国司に任される・国司は自分の収入を増やすことだけに熱心・国司の中には任国に代理を送って収入を得たりするものも出る・地方の政治が乱れる

（具体的事例については、教科書　東京書籍 pp. 32-43 より抜粋）

係が示されている。

表5-3-7を踏まえると生徒に獲得が求められる学習内容は以下のようになる。

第1次は，解釈モデルⅠに基づき，「天皇」と「公民（農民）」との関係性を捉え，「天皇を中心とした公地公民制が整えられた」という学習内容の形成が期待される。次に，第2次では，解釈モデルⅠを全体的に俯瞰し「大宝律令が制定され，律令国家となった」という学習内容の形成が期待される。第3次は，解釈モデルⅠに基づき，天皇のいう中央政府と国司の地方政府それぞれと「公民（農民）」がどのようなつながりがあるかを捉え，「人々は租庸調の負担を強いられた」という学習内容の形成が期待される。最後に，第4次は，第1～3次で用いた解釈モデルⅠと新たに出てきた解釈モデルⅡの比較を通し，「摂関家が台頭し，律令国家の体制が崩れてきた」という学習内容の形成が期待される。

3. 評価のためのツール設計の実際

(1)「解釈モデル」の習得過程

以上の考察から，「解釈モデル」の習得の過程は，図5-3-3のように示す

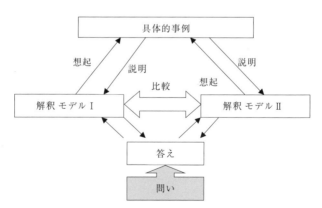

図5-3-3.「解釈モデル」の習得の過程

ことができる。

「問い」を通して形成される学習内容は、習得が期待される「解釈モデル」を介して、具体的事例と対応させることにより形成される。さらに、複数の「解釈モデル」の比較により、社会変化の延長線上にある現在の社会の様子をとらえることが期待される。

以上の点から、「解釈モデル」の習得過程は、3つの思考過程の組み合わせとして示すことができる。

まず、「想起」である。「想起」は、1つの「解釈モデル」に具体的事例を表出する思考である。例えば、「推古天皇の摂政になった人物は誰ですか？」という問いに対応する思考である。

次に、「説明」である。「説明」は、個々の具体的事例をつなぎ合わせ、一つの解釈を形成する思考である。例えば、「聖徳太子はなぜ、天皇中心の政治を行おうとしたのですか？」という問いに対応する思考である。

最後に、「比較」である。「比較」は、2つの「解釈モデル」を比較し、社会の何がどのように変化したのかを比較する思考である。例えば、「平安時代になると、なぜ、藤原氏が力を持つようになったのだろう？」というような問いに対応する思考である。

以上、3つの思考の組み合わせにより、「解釈モデル」の習得と学習内容の形成がなされる。そのため、評価のためのツールでは、この3つの思考が行えるか否かを問うものとなる必要がある。

(2) 客観テストの設計
① 解答行為の設定

「解釈モデル」の習得につながる評価のためのツールの設計過程を見ていこう。

「解釈モデル」の習得過程に見られる3つの思考を問うためには、客観テストで想定される解答行為と対応させる必要がある。客観テストを構成する

表5-3-8. 子ども／生徒に求められる解答行為

正答＼問い・リード文		具体的事例	解釈モデル	
			I	II
具体的事例		—	想起	想起
解釈モデル	I	説明	—	比較
	II	説明	比較	—

問い，そして，補助的な情報を与えるリード文，正答を組み合わせると，解答行為は表5-3-8のようにまとめられる。

表5-3-8では，縦に「正答」，横に「問い・リード文」となるものを示した。「正答」や「問い・リード文」になるものとは，授業で示された「解釈モデル」と「具体的事例」である。「解釈モデル」の習得という点から考えると，評価対象となるのは，分析モデルと具体的事例，類似の事例のそれぞれの対応関係から，同じ項目が問い，リード文，正答となることはない。このことから，想起，説明，比較の3つのパターンの解答行為を想定できる[18]。「想起」から「説明」，「説明」から「比較」と，最終的には複数の「解釈モデル」を社会の見方・考え方のモデルとして使える段階までを問えるような思考場面を想定している。では，それらの解答行為を客観テストの実際に基づき示そう。

② **全体構成**

客観テストは，大問が2題（【1】【2】）で構成されている。まず，【1】は解釈モデルⅠに対応し，【2】は解釈モデルⅡに対応している。さらに，【1】は3つの小問からなり，(1)は「想起」，(2)は「説明」，(3)は「比較」の解答行為の確定を意図している。まず，「想起」の思考を通し，取り上げた時代の「解釈モデルⅠ」と具体的事例との対応関係を問い，次に，個々の具体的事例を組み合わせ，解釈モデルⅠに基づいた解釈を行わせる。解釈モデルⅠの習得，活用を確認した上で，【2】につながる異なるモデルとの比較を行わ

せている。

③ **客観テストの実際**
「解釈モデルⅠ」に対応する客観テスト

「解釈モデルⅠ」を基準とした【1】を見てみよう。

【1】では，リード文と解答のための資料として，6世紀の日本の政治の仕組みを示した図が示される。示される図は解釈モデルⅠに対応する。

まず，「想起」を意図する(1)を見てみよう。(1)は①②の2つの設問で構成されている。まず，(1)①は「(ア)には日本の政治の中心になる立場が入ります。適切な言葉を答えなさい」と指示し，モデル図の完成を求める。(1)②は「このような仕組みを確立させようとしていた聖徳太子は，(ア)を補佐し，政治を行うある役職につきます。その役職名を答えなさい」と指示し，図を文章化したものの完成を求める。(　)の前後にヒントとなる具体的事例や図を示し，対応する具体的事例を想起させる。

次に，「説明」を意図する(2)を見てみよう。(2)は①②の2つの設問で構成されており，リード文，問いとして「この時代に行われた改革について，次の問いに答えなさい」という指示がなされている。

まず，(2)①は「十七条の憲法を設定した目的は何か。「豪族」「役人」「天皇」の3つを使って説明しなさい」と指示し，摂政という天皇に近い立場に立った聖徳太子が，十七条の憲法を示した意図を読みとらせる問題である。(2)②では「この時期に確立されようとしていた「公地公民」制とはどのようなものか。説明しなさい」と指示し，構成する「天皇」「公民」の関係に着目して「解釈モデル」を読みとらせる問題である。

最後に，「比較」を意図する(3)を見てみよう。(3)は①～③の3つの設問で構成されており，リード文，問いとして「聖徳太子がなくなると，図に示したような形ではなくなります」という提示がなされ，聖徳太子がいなくなったことによって生じる「解釈モデルⅠ」から「解釈モデルⅡ」への短期的な変化をとらえさせる問題である。

まず，(3)①では「どのような政治になっていきますか？」と問い，聖徳太子がいなくなったことにより，天皇ではないものが力を持ってきたという構造の変化を把握しているか否かを問う。(3)②では「これに対して，図のような政治のしくみに戻そうとする動きがおこります。このことを何と言いますか？中心人物は誰ですか？」と問い，この出来事をきっかけに，解釈モデルⅡの体制に移行していたものが，解釈モデルⅠへ戻ったこと，そして，そのきっかけとなった人物を把握しているか否かを問う問題である。(3)③では「②の結果，日本はどのような政治が進められるようになりましたか？」と問い，一旦，崩れようとした社会の仕組みが，大化の改新を通して，元の天皇中心の社会へ戻ったという変化を把握しているか否かを問う問題である。

「解釈モデルⅡ」に対応する客観テスト

「解釈モデルⅡ」を基準とした【2】を見てみよう。

【2】では，リード文，解答のための資料として，8世紀に行われた平城京遷都の事例が示されている。

まず，「想起」を意図する(1)である。(1)は，リード文の内容を踏まえ，平城京遷都を行った当時の政治の中心人物を答えさせる問題である。これは当時の社会構造の中の頂点に位置づく人物を想起させる問題である。

次に「説明」を意図する(2)である。(2)では，リード文中の下線部「奈良に新しい都がつくられた」への着目を指示し，①～④の4つの設問から構成されている。

(2)①では「なぜ，新しい都を建てたのか。「貴族」「僧」という言葉を使って，その理由を説明しなさい」と指示し，天皇が行った政策の意図を問う問題である。「貴族」，「僧」について「解釈モデルⅡ」に照らし，それらの関係の説明が問われている。(2)②では「桓武天皇ののち，藤原氏が力を持つようになってきます。藤原氏はなぜ力を持てたのだろうか？」と指示し，藤原氏に権力を与えるきっかけとなった「天皇」と「貴族」の関係の変化を問う問題である。(2)③は，藤原氏の政治的な位置づけを役職という形で問う

表 5-3-9. 単元「古代国家の歩み」の客観テスト

【1】6世紀の日本の政治の仕組みは，左の図のように示すことができます。

```
      ┌─────┐
      │ (ア) │
      └─────┘
       ↓  ↑
      ┌─────┐
      │ 公 民 │
      └─────┘
```

(1) ①（ア）には日本の政治の中心になる立場が入ります。適切な言葉を答えなさい。
　　答：天皇
②このような仕組みを確立させようとしていた聖徳太子は，（ア）を補佐し，政治を行うある役職につきます。その役職名を答えなさい。
　　答：摂政
(2) この時代に行われた改革について次の問いに答えなさい。
①十七条の憲法を設定した目的は何か。「豪族」「役人」「天皇」の3つを使って説明しなさい。
　　答：豪族たちに天皇の役人としての心構えを示すため。
②この時期に確立されようとしていた「公地公民」制とはどのようなものか。説明しなさい。
　　答：すべての民とすべての土地は天皇のものであるということ。
(3) 聖徳太子がなくなると，図に示したような形ではなくなります。
①どのような政治になっていきますか？
　　答：蘇我氏を中心とした独裁政治
②これに対して，図のような政治のしくみに戻そうとする動きがおこります。このことを何と言いますか？　中心人物は誰ですか？
　　答：大化の改新／中大兄皇子・中臣鎌足
③②の結果，日本はどのような政治が進められるようになりましたか？
　　答：蘇我氏のように，天皇ではないものが力を持てないような政治をめざす・天皇を中心とした国づくりが進められるようになった。

【2】以下の文章を読んで次の問いに答えなさい。
　710年，唐の都にならって，奈良に新しい都がつくられた。都は広い道路によって碁盤の目のように区画され，東西の市では各地の産物が取引された。このように都が華やかになる一方で，地方に住む農民は税や労役・兵役などで重い負担を強いられていた。
(1) 下線部について。奈良に新しい都を建てたときの政治の中心人物は誰か。
　　答：桓武天皇
(2) 下線部について。
①なぜ，新しい都を建てたのか。「貴族」「僧」という言葉を使って，その理由を説明しなさい。
　　答：都での貴族や僧の勢力争いが激しくなったから。
②桓武天皇ののち，藤原氏が力を持つようになってきます。藤原氏はなぜ力を持てたのだろうか？
　　答：娘を天皇の妃にし，孫を天皇にし，影響力をもった。
③藤原氏は，どのような役職を独占していただろう。

> 答：摂政・関白
> ④藤原氏以外の人々はどのような手段で地位や生活を向上しようとしていただろうか。以下に挙げるそれぞれの立場から説明しなさい。(都の貴族・国司・農民)
> 答：都の貴族：藤原氏に贈り物を贈る・取り入る，国司：都の貴族に贈り物を贈る・取り入る，農民：都に住む貴族たちの土地（荘園）を耕し，税を免除してもらう。
> (3) 平安時代の社会の中で力をつけてきた人々について答えよう。
> ①力をつけたのはどのような立場の人々だろう。
> 答：貴族
> ②結果，飛鳥時代・奈良時代に築かれたどのような体制が崩れたのだろう。
> 答：天皇を中心とした律令国家体制
> ③そのきっかけになった人物は誰だろう。
> 答：藤原道長・頼通

問題である。(2)④は「藤原氏以外の人々はどのような手段で地位や生活を向上しようとしていただろうか。それぞれの立場を選択し，説明しなさい」と指示し，「都の貴族」，「国司」，「農民」と藤原氏との関係が問われている。

最後に，「比較」を意図する(3)である。(3)では「平安時代の社会の中で力をつけてきた人々について考えよう」と問い，彼らが「力をつけ」た背景にある社会の変化をとらえさせる。(3)①では「力をつけたのはどのような立場の人々だろう」と問い，解釈モデルⅠのどのような変化が解釈モデルⅡにつながったのかを答えさせる問題である。(3)②では，①の前提となる社会のモデルを答えさせる問題である。(3)③では，そのきっかけになった人物を答えさせる問題である。

このように【1】【2】では，「想起」，「説明」，「比較」と段階を経ることにより，解釈モデルそのものと，ⅠからⅡへの解釈の変化を具体的事例との対応関係を踏まえ，習得しているかを確定する。

4.「解釈モデル」に基づく社会認識形成の保障

これまでの考察を踏まえ，解釈モデルに基づく社会認識形成を保障するための情報を得られる，見方・考え方の習得につながる評価のためのツールの

作成と活用の論理を示そう。

　解釈モデルの習得には,「解釈モデル」と授業で取り上げられた「具体的事例」を明確にし,「解釈モデル」を具体的事例の検証を通してとらえることと,複数の「解釈モデル」の比較を通して,その違いを意識させることが必要となる。そのため,「解釈モデル」の習得を確定するためには,複数の「解釈モデル」,学習活動で扱われる「具体的事例」をリード文や正答として設定し,3つの思考(想起・説明・比較)を解答行為とした客観テストを設計する必要がある。

　では,このような評価のためのツールの活用の論理はどのようなものとなるのだろうか。評価のためのツールは,教授された「解釈モデル」を用いた社会の見方・考え方の習得の有無を明らかにする上で,有効である。例えば,思考に対応した3つの解答行為の「想起」,「説明」ができるのに,「比較」ができなければ「解釈モデル」相互の違いを理解の不足が判断でき,「想起」,「説明」はできないが,「比較」ができれば,その逆を指摘できる。前者の場合は,「解釈モデルⅠ」から「解釈モデルⅡ」へ変化の時期,例えば,大化の改新や藤原氏の摂関政治の事例を取り上げ,比較し,その違いを理解すること,後者の場合,具体的事例が個々の「解釈モデル」の対応関係を確認することによって,学力保障が可能となる。

　以上を踏まえると,授業者自身が教授したい複数の「解釈モデル」を明確に持っていること,また,その変化の典型的な事象が複数あるような教材においての活用が望ましい。

第4節　見方・考え方の習得につながる評価のためのツール作成と活用の論理

　第5章では,見方・考え方の習得につながる評価のためのツールの作成と活用の論理を示した。この評価のためのツールから得られる情報と学力保障

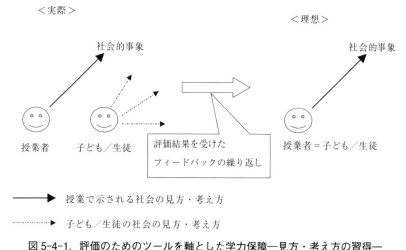

図 5-4-1. 評価のためのツールを軸とした学力保障—見方・考え方の習得—

の関係を示したものが図 5-4-1 である。

　社会に対する見方・考え方の習得につながる評価は，モデルに基づく社会認識形成の保障のために行われるものである。

　もちろん，子ども／生徒であっても，社会的事象に対して，自らの経験に基づくなんらかの見方・考え方が持っている。しかし，そのような見方・考え方は，社会的事象を説明する枠組みとしては不十分であるため，子ども／生徒の持つ見方・考え方をより有効なものに高める必要がある。このように考えると，授業で取り上げた社会の見方・考え方についてのモデルと子ども／生徒の見方・考え方が一致したとき，子ども／生徒の学力は保障されたということになる。しかしながら，すべての子ども／生徒が，1回の授業のみで，そのような状態に達することは難しい。そのような見方・考え方を習得した子ども／生徒とそうでない子ども／生徒を峻別し，個々の子ども／生徒の状態にあった手立てを行う必要がある。ここで作成された評価のためのツールにより，子ども／生徒の状態を判断する情報を得ることができる。この情報

は，授業など学校生活の中でフィードバックされ，個々の生徒の学力が保障される。そのため作成された評価のためのツールは，学力保障の中核に位置づく。

このような評価のためのツールは，授業者が，社会的事象の見方・考え方についてのモデルを明確に持っていること，また，そのモデルが社会諸科学など，学問の分野に基づいたものであること，さらに，そのモデルに対応した社会的事象の具体が用意されていることが望ましい。

注
1) 同様に，森分［1984, pp. 190-193］も次のように述べている。

　1. 社会科授業は，子どもひとりひとりが社会をまちがいなく理解し，科学的に説明できるようになることをねらいとして構成されるべきである。（目標）
　2. 社会科授業は，可能な限り，科学性のレベルのより高い説明の過程として構成されるべきである。（内容）
　3. 社会科授業は，子どもが説明過程を自己の内面で追いかけ納得していくことができるように構成されるべきである。（方法）

　また，森分は，以上の社会科授業の3つの構成原理に加えて，以下のような第4の原理を加えている。

　4. 社会科授業はとりあげられる事象を，子どもが直接経験に結びつけてとらえることができるように構成されなければならない。

　ここでいう直接経験とは，生徒自身の持つ個別的知識となるものである。このことから単に一般的知識の探求を求めているのではなく，それを具体化しうる個別的知識との対応関係も生徒に求めていくような授業論であるといえよう。
2) 金子［1995］は，社会科学科としての新社会科を大きく5つに類型化している。第5章で取り上げるのはそのうち，分析的な社会科学に基礎をおく単一社会科学型に当たる。
3) 森分［1978, 1984］は，験証という言葉を使っているが，ここでは，検証という

言葉を使った。
4) 累積的成長，変革的成長については，森分［1984 年，pp. 121-130］参照。
5) 社会科学科の授業は数多く示されているが，最近のものはそこで見られる内容の科学性が論議の中心となることが多く，授業の中で教師が生徒に求める活動の分析が乏しい。そのため，古い事例ではあるが，「公害」の授業を取り上げた。
「公害」の授業については，以下を参考にした。
森分孝治『社会科授業構成の理論と方法』明治図書，1978 年，pp. 166-184。
森分孝治，太鼓矢晋ほか「社会科学的概念学習の授業構成―『公害』の教授書試案―」広島大学教育学部学部附属共同研究体制『研究紀要』第 4 号。
6) 具体的発問として明示されてはいないが，授業案の構成上，このような発問が為されていると推測することが出来る。
7) 森分［1984 年，p. 157］を参照。
8) 授業ではワークシートを用いて行なった。テスト問題もワークシートの表示にもとづき作成している。
9) ルーブリック作成に当たり，以下の文献を参考にした。
田中耕治『よくわかる教育評価』ミネルヴァ書房，2005 年，pp. 48-49。
高浦勝義『絶対評価とルーブリックの理論と実践』黎明書房，2004 年。
また，このルーブリックは 3 クラスでの実践を経て作成したものであるが，より生徒の到達度を客観的に評価できるものに変えていく必要があろう。
10) 平成 16 年 6 月から 7 月に秀岳館高等学校の第 2 学年で行った実践のパートⅠ終了後に，同生徒に行わせた。なお，文章構成力を見るための客観的な観点は設定していないため，箇条書きも可としている。
11) 単元は，高等学校公民科「現代社会」の大項目(2)の中項目「イ　現代の経済社会と経済活動の在り方」の中から「現代の経済社会における技術革新と産業構造の変化」とそれを終えてから行った大項目(1)のテーマ「豊かな生活と福祉社会」に位置づく実践として，2004 年に実践を行っている。文部科学省「高等学校学習指導要領　公民科（平成 15 年 12 月改正）」参照，https://www.nier.go.jp/guideline/h15h/chap2-3.htm（2014 年 2 月 23 日確認）。
12) この背景には，渡部らの取り上げている松原の所論［2003］が戦後日本の消費資本主義がどのように展開されたのかについて，通説とは異なる歴史を描こうとした点が挙げられる。つまり点である。まず，1960 年代，70 年代，80 年代，90 年代の日本経済の状況をそれぞれ消費社会論（消費者，生産者，モノ）で分析し，次に，その分析の結果を見られる消費の特性をマズローの欲望段階説によって説明している。松

原自身は「マズローの想定とは違い，消費にかんする個人的欲望，安全性への欲求，社会的価値への欲望という三区分は，欲望の発展を示すものではない［松原, 2003, p. 214］」と述べてはいるが，結果として，日本経済は，マズローの欲望段階に沿う形での「発展」を遂げているように読み取れる。つまり，消費社会論とマズローの欲望段階説の2つの分析モデルが併存したものとなっている。渡部らの授業計画では，これら2つの分析モデルを区分しないため，生徒の習得すべき「分析モデル」が不明確であり，その習得の過程が明らかとはなっていない。

13) 棚橋は，社会科の科学的探求能力について，新社会科の代表的なプログラムの探求テストの分析から以下のように述べている。

社会科における科学的探求能力の評価は，社会的事象に対して投げかける分析的疑問を大前提とし，授業において直接学んだそれらの分析的疑問をそのままの形で想起できるか，形を変えて別の社会的事象に当てはめ，それによって仮説をたてることができるか，たてた仮説の証拠として，その枠組みに当てはまる事実や概念を識別・確認できるかということによってなされている。

ここでは，棚橋［棚橋, 2002, pp. 170-171］の分析より導かれた評価の対象となる4つの活動をそれぞれ「想起」「説明」「適応」「相対化」として示した。

14) 上記の単元は，中学校社会科の大項目「(2)古代国家の歩みと東アジアの働き」に位置づく実践として，広島市立井口中学校第1学年を対象に2007年12月〜2008年3月にかけて行われた実践である。実践は井上により行われた。文部科学省「中学校学習指導要領　社会（平成15年12月改正）」参照，https://www.nier.go.jp/guideline/h15j/chap2-2.htm（2014年2月23日確認）。

15) 教授書（授業書）の導入は，以下のようになっている。

領域	導入部	生徒から引き出したい知識
江戸時代	幕藩体制はなぜ約270年も続いたのか？　江戸時代はなぜ人口がふえなかったのか？　なぜ百姓一揆が起こったのか？　幕藩体制はなぜ崩れていくのか？	よくわからない幕藩体制の構造が解明されないと，説明できない。
平安時代	・一般に「平安時代」とよばれる時期は何世紀ごろから何世紀ごろまえか？　また，そのころ栄えていたのは，どのような人々か？ ・なぜ藤原氏，院，平氏は栄え得た	・8世紀後半から12世紀前半まで。藤原氏，院，平氏がそれぞれ栄えた（＊）。 ・各々，強固な政治的実権及び経済的基盤を持ち得た。

	のか？	・この構造がどのようなものであり，なぜそのように移行していったのか解明されないと，各々がなぜ栄え，そして衰えていったのかが分からない。
鎌倉時代	Q. 鎌倉幕府はなぜ成立しそのように確立していったのか。	源平の争乱（1180（治承4）年〜85（文治元）年）→源頼朝の勝利→鎌倉幕府の成立

・＊については，教授書に図示されていたものを井上が説明した。
・江戸時代の幕藩体制を扱ったものについては「まだ江戸時代の学習に入っていない場合」の学習が想定されているが，戦国時代から明治維新までの社会構造の変化に着目した歴史を概観したものであり，導入部に加えられているのみである。
　このようにいずれの教授書も，授業以前に該当する時代についての知識の獲得が前提となっている。その意味では，「投げ入れ教材」という位置づけは，子どもたちの知識の獲得過程は含まれておらず，獲得した知識を前提とした再構成と再発見を目的としたものであることを意味する。

16) ここでは，教科書を教材として捉え，掲載された資料や歴史についての記述を利用した。このような教科書の解釈については，河南［1994］を参考にした。教科書は，学級で採用されていた教科書［五味ほか，2006, pp. 32-43］に準拠した。

17) 教授書で扱われているモデルは，1982年に開発されたものであり，歴史学的検証が必要である。しかし，本章は厳密な歴史学的理論の正当性よりもむしろ，解釈モデルの習得を目指す学習の具体化に力点を置き，教科教育的立場から，取り上げたモデルを簡略化した。なお，モデルの改編の適否は筆者に責任を負うものである。

18) 「分析モデル」と類似した構造をもつ。棚橋［2002, pp. 170-171］を参照。

第6章　生き方の選択につながる評価のためのツール
―― 判断に基づく社会認識形成の保障 ――

　民主主義は民衆の意思の集積の上に成り立つ制度である［橋爪, 1992, pp. 98-116］。このような社会に生きるためには, 選挙などの様々な制度に参加すること, そして, このような制度設計の過程に参加することが不可欠である。そのため, このような場を提供することこそ, 社会系教科で果たすべき役割の1つであるとする立場がある。例えば, 子ども／生徒が現在, そして, 将来関わる様々な制度を取り上げ, 子ども／生徒自身にその是非についての判断を行わせ, 将来の生き方を考える場を提供する学習が挙げられる。このような立場に立ったとき授業者は, 子ども／生徒に対し, 「判断に基づく社会認識形成の保障」を行っていると言えよう。

　では, 社会的事象, 制度などの分析を通して, 子ども／生徒自身の「生き方の選択」につなげるためには, 授業のどのような場面の中で形成されるのか, また, 子ども／生徒に形成された「判断に基づく社会認識形成」は, どのように確定することが可能なのだろうか。そして, 判断に基づく社会認識形成を保障するためには, どのような評価が求められるのだろうか。

　第6章では, 「生き方の選択」につながる具体的な授業事例として, 単元「わたしのライフプラン」を取り上げ, その分析を通して, 「判断に基づく社会認識形成の保障」のための評価法とそれに対応する具体的なツールを開発し, 先の問いに答える。

第1節　生き方の選択につながる評価のためのツールの条件

第1項　判断に基づく社会認識形成の特質

　社会系教科に求められる役割を「判断に基づく社会認識形成」とした場合，授業はどのようなものとなるだろうか。このような社会系教科の授業の構想について棚橋［棚橋2007, p.118］は以下のように述べる。

> 　自らの生き方を選択するためには，その生き方を実現する場となる社会自体をよく知らなければならない。自分が生きている社会はどのような制度を構築してきたのか，そこにはどのような論争があるのか，その論争に対して社会はどのような判断を下してきたのか。この型の授業では，事象に固有の知識として子ども自身が暮らす社会の制度の具体的事実および，自分が選択した生き方に従ってその社会制度の中で暮らした場合に受ける待遇の具体的事実を確認・記述し，それを知識として獲得することが求められている。そして，そのような制度やそれをめぐる係争の具体的事実から，選択する生き方によって待遇が異なることを見出し，その原因を分析・説明することにより，そのような問題点を生み出す社会制度の構造を一般化された知識として獲得することが求められている。

　このような授業の「よさ」は，過去に社会が下してきた判断を検討し，選択した生き方に従うことで受ける社会制度上の待遇の相違を見出すことを通して，様々な問題点を生み出す社会制度の構造を一般化された知識として獲得することにある。そのため，授業者は，社会が下してきた判断の基準を対象化し，個々の子ども／生徒の判断に基づく社会認識形成を保障するシステムを組み立てることが求められる。では，このような授業を通して形成される社会認識はどのようなものとなるだろうか。

第2項　形成される社会認識

　では，生き方の選択を通して形成された「判断に基づく社会認識」はどの

第6章　生き方の選択につながる評価のためのツール　　165

ように確定することが出来るのだろうか。まず，授業を通して形成される社会認識を確定しよう。

以下，図6-1-1は，子ども／生徒に形成される社会認識を整理したものである。図の縦軸に示した①〜③は子ども／生徒に形成される社会認識の質を示したものである。また，横軸は，社会認識の形成に主として関わるのが，「子ども／生徒」であるか，「授業者」であるかに着目し，分類したものである。つまり，「授業者」の示した知識をそのまま受容することが求められているのか，授業で示された知識を踏まえ，「子ども／生徒」自らが示すことが求められているのかを，矢印と網かけで図示した。

生き方の選択を子ども／生徒が行うということは，授業者が示す社会制度の構造やその実態について理解し，与えられた知識に基づいて，身近な社会制度の是非について判断し，どう関わるのか，関わっていきたいのかを判断できることと言える。そのために，子ども／生徒が，授業者の示す社会制度の構造的な知識や，事例として挙げられている社会制度の実態についての知識を受け入れ，それらの知識をもとに判断を下すことが期待されている。言い換えれば，授業者の示した社会的事象についての「一般的知識」を授業で扱った事例として示される「個別的知識」を通して理解し，また，授業で扱

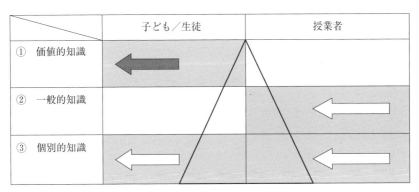

図6-1-1．形成される社会認識―生き方の選択―

わなかった様々な事例に対しても，獲得した一般的知識を用いて理解することが期待されている。そして，これらの知識を子ども／生徒自身が価値づけ，「価値的知識」として表明することが求められるのである。そのため，判断を通して「価値的知識」を表明することが前提となり，その判断の根拠として，より多くの「一般的知識」や「個別的知識」が体系づけられ，示されていることで，社会認識が深められることになる。

以上のことから，子ども／生徒の「生き方の選択」は，以下の点を評価することによって，確認することができる。

1. 子ども／生徒自身による判断（価値的知識）の有無
2. 判断として示された「価値的知識」を裏付ける知識（一般的知識・個別的知識）の量

では，以上のような「形成される社会認識」を確定するためには，どのような評価法とそれに対応するツールが必要となるだろうか。まず，具体的な授業に見られる授業者の手立ての分析を通し，授業場面の特質を明らかにしていこう。

第2節　授業場面の特質

第1項　単元全体から見た授業の位置づけ

単元「わたしのライフプラン」は高等学校公民科「現代社会」の「現代の民主政治と民主社会の倫理」に相当する4次の構成となっている[1]。第1〜4次がねらいとしている目標，学習活動と「判断」の種類との対応関係を示したものが表6-2-1である。

第1次では，4つの視点に基づき，個々の子ども／生徒の価値観にあったライフスタイルの直感的な「判断」の場面が設定されている。第2次では，

税制・年金／社会保障制度に見られるライフスタイル間の格差を理解し、制度に内在する価値観の分析と妥当性の検討を行う。その上で、個々の子ども／生徒にとっての社会制度上の問題点を「判断」する場面が設定されている。第3次では、「非嫡出子問題」を事例に、その是非をクラス全体で「判断」する場面が設定されている。第4次では、第1～3次の学習を踏まえ、社会制度に対する子ども／生徒自身の「判断」を表明する場面が設定されている。この単元にみられる「判断」の場面に着目すると、第1次では「個人の判断」、第2次では「問題点の判断」、第3次では「クラス集団における集団的判断」、第4次では、「社会のあり方についての判断」の場面が設定されているといえる。

では、教授書に示されている授業者の指示・発問、子ども／生徒に獲得させたい知識から、このような学習活動を可能にするために、どのような学習

表6-2-1. 単元「わたしのライフプラン」の単元構成

次	目標	学習活動	「判断」の種類
1	社会生活における自己のあり方の決定	12のライフスタイルの中から、直感的に自らの価値観にあった特定のライフスタイルを選択する。	個人の判断
2	社会生活における自己のあり方に関わる社会制度の分析	税制・年金／社会保障制度に見られるライフスタイル間の格差を理解し、制度に内在する価値観を導き、その妥当性を検討する。	問題点の判断
3	社会制度の妥当性に関する社会的判断基準の把握	「非嫡出子問題」を事例に、現行の司法制度に見られる基本的な価値観の妥当性を他のライフスタイルとの比較を通して検討する。	クラス集団における集団的判断
4	制度のあり方に関する自己の判断基準の確立	第1～3次を踏まえ、自分自身の社会制度に対する判断を提示する。	社会のあり方についての判断

(教授書［溝口, 2001］にもとづき筆者作成)

場面を設定しているのだろうか。子ども／生徒の判断場面の実際を見ていこう。

第2項　授業場面の実際

1. 子ども／生徒による判断場面

(1)「個人の判断」の場面―第1次―

第1次では，次のような発問・指示が提示されている。

---
1. 自分が将来，希望するライフスタイルについて，以下の各視点を参考に答えなさい。
   ＜自分のライフスタイルを考える際の視点＞
   ① 高校（大学）卒業後，どのような進路をとるか，あるいはどのような仕事に就きたいか。
   ② 結婚するか，しないか。
   ③ 子どもは何人欲しいか，それとも持たないか。
   ④ 子どもが生まれた後，仕事に就くか就かないか，就く場合，どのような仕事に就くか。

（教授書［溝口，2001］より抜粋）

　この①〜④の視点に基づくと12のライフスタイルが導かれる。第1次では，①〜④の視点に基づきながら，12のライフスタイルの違いを理解し，子ども／生徒の価値観にあったライフスタイルを選択する。これが，本単元のベースとなる子ども／生徒による個人の「判断」の場面である。

(2)「問題点の判断」の場面―第2次―

　開発者である溝口は，与えられた論争問題に対し望ましい解決策を決定するという従来の方法は再検討を要するのではないかと指摘する（溝口，2001）。この「ライフプラン」では，子ども／生徒に論争問題を「価値葛藤としての社会問題」[2]として捉えさせようとしている。そのため，子ども／生徒は，以下のような立場に立つことが想定されている。

第6章　生き方の選択につながる評価のためのツール　169

> 社会問題を個人・集団の選択・判断の相違や衝突によって形成されるものと捉える立場では，社会問題それ自体を所与のものとして提示することはできない。「問題」それ自体は，社会に内在するものではなく，その社会に生きる個人の判断の次元において成立する，と考える。(溝口，2003, p.58)

ここでは，「問題」それ自体を，社会に内在するものではなく，その社会に生きる個人の判断の次元において成立している過程に子ども／生徒を位置づけることが想定されている。第2次では，第1次で行ったライフスタイルについての個人の「判断」の結果の比較を通して，社会保障制度の実際を理解し，個々の子ども／生徒が社会制度に対する「問題点の判断」を行う。

このような過程を，第2次ではどのように具体化しているのか。第2次は次のような発問・指示から始まる。

---

6. 各自選択したライフスタイルには，様々な社会保障制度が関わっている。現在の日本の社会福祉・社会保障制度には，どのような制度があり，どのような考えのもとに，施行されているのだろうか。具体的な制度について，考察してみよう。
   a. その制度はどのようなものか。またなぜそのような制度が設けられているのか。
   b. 制度による保障・保護の対象となっているのはどういう人なのだろうか。逆に，対象にならないのはどのような人か。
   c. 対象になる人とならない人は権利の面において実際にどのような違いがあるのか。
   d. あなたの希望するライフスタイルは，保障・保護の対象となるか。
   e. 希望するライフスタイルにおいて，その制度はどのような役割を果たすと考えられるか。
   f. その制度には，どんな価値観が内在していると言えるだろうか。

(教授書［溝口，2001］より抜粋。a～fは井上が振り分けた)

まず，第1次で決定したライフスタイルについて検討し，次に，検討した結果をクラスでの発表を通して共有する。この共有の結果，得られるライフスタイルに関する知識の全体を示したものが表6-2-2である。表6-2-2の横

軸には，ベースとなる「判断」の結果から区分された12のライフスタイルを設定した。縦軸には，ライフスタイルの違いにつながる要素を示した。第1次の要素は「仕事の形態」「結婚の有無」「子どもの有無」であり，第2次の要素は，4つの制度に関わる「公的年金」「税制」「扶養手当」「児童（扶養）手当」といった「社会保障制度の実際」と，それらの経済的差異をまとめた「経済格差」となる。

　個々のライフスタイルからは見えてこないことも，各自の知識をクラス全体で共有することで，表6-2-2のように体系づけられる。a～fの問いは，このように体系づけられた知識を前提とした問いであり，それらは政府による経済的な支援の差として捉えられる。表6-2-2の下部にある「経済格差」の欄に示した1～18の数字は，それぞれの制度を選択した際に生じる経済的な格差を示したものである。この数字の少ないライフスタイルが最も経済的に有利であり，大きいものが不利なものとなる。経済的な面から見れば，あ，けのライフスタイルが最も制度に合致した生き方となる。つまり，現行の制度は「正社員で結婚をし，子どものいる」ライフスタイルと「フリーター／家事手伝いで結婚をし，子どものいる」ライフスタイルに最も適していることがうかがえる。実際の社会を見た場合，婚姻関係を結んだ正社員と専業主婦そして子どものいる世帯に有利な制度となる。

　このような過程を通し，子ども／生徒はベースとなる「個人の判断」の結果，生じる差異についての知識を獲得する。さらに，それらの差異は，個々の子ども／生徒の「個人の判断」の背景にある価値観の相違により生じることを理解する。その理解が何を問題として捉えるかという，「問題点の判断」につながるのである。

(3)「クラス集団における集団的判断」の場面―第3次―

　第3次では，「非嫡出子」の事例を取り上げ，嫡出子と非嫡出子の間の格差が妥当であるか否かの検討を以下のような発問を通して行う。

表6-2-2. 単元「わたしのライフプラン」で形成される社会認識

制度・選択肢			想定されるライフスタイル	あ	い	う	え	お	か	き	く	け	こ	さ	し
1次	仕事の形態			正社員				自営業				フリーター／家事手伝い ＊年収130万円未満 ＊第2号被保険者の扶養に入っていること。 ＊年収が扶養者の年間収入の1/2であること。			
	結婚の有無			する		しない		する		しない		する		しない	
	子どもの有無			有	無	有	無	有	無	有	無	有	無	有	無
2次	制度	公的年金	被	2号				1号				3号			
			老	国民・厚生（企業）年金				国民（自己負担）				国民・厚生（企業）年金			
			障	国民・厚生（企業）年金				国民（自己負担）				国民・厚生（企業）年金			
		税制	所得税	収入に応じて所得税を支払う											
			控除の有無	基礎											
				配偶者		—		配偶者		—		配偶者		—	
				扶	—	扶	—	扶	—	扶	—	扶	扶	扶	扶
		扶養手当	配	○		○		○		○		○	—	—	—
			子	○		○		○		○		○	—	△	—
			扶									△	○		
		児童（扶養）手当		○		○		○		○		○	—	△	—
	経済格差	公的年金		1	2	5	5	5	5	5	5	1	2	3	4
		税制		1	2	3	4	3	5	3	5	1	2	4	3
		扶養手当		1	2	3	5	5	5	5	5	1	2	4	3
		児童（扶養）手当て		1	3	1	3	1	3	1	3	1	3	2	3
		経済格差の実際		4	9	12	17	14	18	14	18	4	9	13	13

表中の表記について，被：被保険者，老：老齢年金，障：障害年金，配：配偶者，扶：扶養者，子：子ども，とした。各ライフスタイルに対する制度上の経済的な援助の有無は「○」「×」で示し，制度が考慮していないライフスタイルは「—」で示した。また，典型的な12のライフスタイルを示すために，以下のような条件をかけている。

・想定しているのは，原則子どもは1人，扶養1人を想定している。
・日本の社会保障制度は「世帯」を単位とした制度となっている。そのため，「当該ライフスタイルを選択した者が所属する世帯」として示した。
・「フリーター／家事手伝い」のライフスタイルは，「被3号保険者のいる世帯」である。
・なお，△は制度の想定していないものであり，法的な手続きをすれば利用できる。

以上，この表の作成に当たっては，次の資料を主に参照した。日本年金機構（http://www.ncnkin.go.jp/ 平成22年6月17日確認），国税庁（http://www.nta.go.jp/ 平成22年6月17日確認）

> 8. ライフスタイルの間で保障の格差が生じているが，このことは「平等」と考えるべきだろうか。「平等」でないと考えるべきだろうか。
>   (1) この格差は，どの法律によって規定されているか。
>   (2) 非嫡出子と嫡出子で相続額に格差があるのはなぜだろう。
>   (3) Cさんの3人の子どもの主張とFさんの3人の子どもの主張の中で正当であると言えるのはどちらだろうか。
>   (4) 裁判所はどのように判断したのだろうか。
>   (5) なぜ，裁判所の判断はこのように食い違っているのだろうか。あなたは異なる判決についてどう考えるか。最高裁の判決要旨を読み，考えなさい。

(教授書［溝口，2001］より抜粋)

(1)(2)は取り上げた事例の事実確認のための問い，(3)はクラスを構成する個々の子ども／生徒の意見を整理するための問いである。この(1)～(3)を通して，取り上げられた事例についてのクラス集団における一定の意見をまとめることが意図されている。それに対し，(4)(5)は，実際の判例を取り上げ，(1)～(3)でまとめられた意見との比較が意図されている。判例は司法制度に基づく社会的判断である。クラス集団における集団的判断と実際の社会で行われた社会的判断である「司法判断」を比較することにより，その質的差異の区別を理解することが意図されている。

(4) 「社会のあり方についての判断」の場面―第4次―

第4次では次のような問いが示されている。

> 現在の社会福祉，社会保障制度に問題があると認めるか，認めないか。どうしてそのような判断を行ったのか。また問題があると見なす場合でも，制度を変えるべきだと考えるのか，それとも，制度に合わせて自分の生き方を変えるのか。

(教授書［溝口，2001］より抜粋)

この問いに対して，制度に問題があることを認めた子ども／生徒は，その理由とともに代替案を示すことが求められ，認めなかった子ども／生徒は現状維持でよいとする理由の提示が求められる。相互の意見が交換されたのち，

そもそも，取り上げている制度について話し合いを持つことについての妥当性の検討が行われる。

このように，第4次では，制度の妥当性，「制度の妥当性」を話し合う妥当性を検討し，2つの「社会のあり方についての判断」の場面が設定されている。

2.「子ども／生徒による判断場面」の流れ

「個人の判断」，「問題点の判断」，「クラス集団における集団的判断」，「社会のあり方についての判断」から構成される判断の過程をまとめたものが以下の図6-2-1である。このように，第1次から第4次へと決定のレベルが子ども／生徒個人からクラス集団，そして，社会そのものの決定へと連なる過

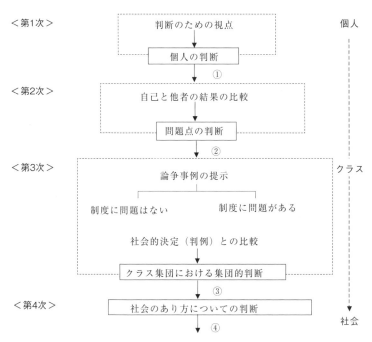

図6-2-1. 子ども／生徒の判断の過程

程となっている。

第3項 評価対象

図6-2-1のような判断の過程における子ども／生徒の状況を，授業者はどのように見取り，社会認識形成を保障すればよいのだろうか。図6-2-1で示したように，「判断」を行う場面では，事前にそのための知識が示されており，それらの知識の有無が「判断」の質につながる。また，「わたしのライフプラン」で行われる4つの「判断」はそれぞれ関連づけられており，それぞれの段階で行う「判断」をより確実なものとすることが，授業者の行う学習の手立てといえる。以下の表6-2-3は，4つの「判断の種類」と「判断を支える知識」の関係を示したものである。

まず，第1次において，子ども／生徒は，「個人の判断」が行う。この段階では，提示された選択肢についての知識の質・量がその判断の質を左右する。そのため，授業者は第1次の終了後（①），「判断」の実施と子ども／生徒の知識の獲得を確認し，不十分であれば，再度，教授する必要がある。次に，第2次では，「問題点の判断」が行われる。この段階では，他者との相違に関する知識の質・量が子ども／生徒の判断の質を支える。そして，授業者は，第2次の終了後（②），「判断」の実施と子ども／生徒の知識の獲得を確認し，不十分であれば，再度，教授する必要がある。さらに，第3次では，

表6-2-3. 単元「わたしのライフプラン」において「判断」を支える知識

	判断の種類	判断を支える知識	実施のタイミング
第1次	個人の判断	選択肢についての知識	①
第2次	問題点の判断	他者との相違に関する知識	②
第3次	クラス集団における集団的判断	社会的判断に関する知識	③
第4次	社会のあり方についての判断	第1～3次で獲得した知識	④

「クラス集団における集団的判断」が行われる。この段階では，社会的決定に関する知識の質・量が子どもの判断の質を支えることになる。授業者は第3次の終了後（③），「判断」の実施と学習者の知識の獲得を確認し，不十分であれば，再度，教授する必要がある。最後に，第4次では「社会のあり方についての決定・判断」が行われる。この段階では，第1～3次で獲得した知識の量・質が「判断」の質を支えることになる。但し，この段階に至るまでの過程で「判断」の質がある程度保障されるため，第4次の終了後（④），「判断」の実施のみが行われる。

　第1～3次は，単元の途中で行う形成的な機能を持つ学習評価であり，授業者はその結果得られた情報を，学習者へのフィードバックに生かすことになる。一方，第4次は，単元の終結部で行う総括的な機能を持つ学習評価であり，授業者は結果得られた情報を，自身の授業改善に生かすもしくは，学習者の査定のために用いることになる。

　では，これらの知識の獲得の有無と，獲得した知識と決定とのつながりをどのような問い・指示を通して見取ればよいのだろうか。

第3節　評価のためのツール設計の実際

　第1～3次の終了後に行われる評価法として，各次で扱われる知識の活用状況を確認するための客観テストと判断を表明させるための論文体テストを設定した。客観テストは1つの形式の中に「問い」と「期待する答え」は事前に設定されており，知識と知識との関係についての定着を確認するのに適しているからである。そして，論文体テストは，判断を明確にする手立てを加えれば，子ども／生徒自身の判断を引き出すことができるからである。では，第1次から見ていこう。

第1項　第1次の客観テスト・論文体テスト

まず，第1次に対応する問題が以下に示す【1】である。【1】は客観テストの問1と論文体テストの問2で構成されている。以下では左からテストの形式，リード文・設問等を含めた問題，解答・回答，そして，形成される社会認識が示されている。

形式	問題と解答・回答	形成される社会認識
客観テスト	【1】授業の内容を踏まえ，以下の問いに答えなさい。 問1．次のような生き方を希望する場合，以下の選択肢①〜④のどれに関係してきますか。また関係のない場合は，関係ないと記入しなさい。 <選択肢>①結婚する／しない　②子どもをもつ／もたない　③正社員になる／ならない　④自営業者になる／ならない	
	(1) 好きな人と暮らして，たくさんの子どもに囲まれた生活をしたい。 　　答え：①関係ない，②，③関係ない　④関係ない	あうおきけさ
	(2) 家業を継いで，親の代よりも大きな会社にしたい。 　　答え：①関係ない②関係ない，③，④	あいおかきく
	(3) アルバイトを続けながら，作家になる夢を追い続けたい。 　　答え：①関係ない②関係ない，③，④	けこさし
論文体テスト	問2．あなたは将来どのようなライフスタイルで生活したいですか？　具体的に記述しなさい。また，そのための条件を選択肢の中から選び，記述しなさい。	あ〜し

まず，客観テストである問1から見ていこう。問1は(1)〜(3)の3つの設問で構成されている。問1は，授業で示された12（"あ"〜"し"）のライフスタイルに対応する具体的事例が示され，第1次で扱われる4つの視点（①結婚する／しない，②子どもをもつ／もたない，③正社員になる／ならない，④自営業者になる／ならない）のいずれに関わるものかを見分けることができるかの判定が意図されている。

それぞれに対し，子ども／生徒がどのように答えることが求められるかを示そう。まず，(1)では「好きな人と暮らして，たくさんの子どもに囲まれた生活をしたい」という状況が示される。このようなライフスタイルを選択

するためには，制度上「①結婚する／しない」，「③正社員になる／ならない」，「④自営業者になる／ならない」の選択が関係することはないが，「②子どもを産む／産まない」には関わることを答える。(2)では「家業を継いで，親の代よりも大きな会社にしたい」という状況が示される。このようなライフスタイルを選択するためには，制度上「①結婚する／しない」，「②子どもを産む／産まない」の選択が関係することはないが，「③正社員になる／ならない」「④自営業者になる／ならない」には関わることを答える。そして，(3)では「アルバイトを続けながら，作家になる夢を追い続けたい」という状況が示される。このようなライフスタイルを選択するためには，制度上「①結婚する／しない」，「②子どもを産む／産まない」の選択が関係することはないが，「③正社員になる／ならない」，「④自営業者になる／ならない」の選択に関わりのあるものであることを答える。以上のような【1】の設問を通して，第1次における子ども／生徒の判断の質を判断することができる。

　次に，論文体テストである問2を見てみよう。ここでは「どのようなライフスタイルで生活したいですか？」という問いが示される。ここでは12のライフスタイルの中から，自らの価値観に合致するものを1つ選び，その選択を実現するためには，4つの視点のうち，いずれをどのように選択すれば可能であるかを答えることが求められる。例えば，以下のような回答が想定されよう。

> 例1）私は，結婚し，子どもも3人は欲しいです。また，子育てにはできるだけ関わりたいので，家事手伝いを行い，働くとしたら，時間的制約の少ないフリーターとしての仕事の形態をとりたいと思います。

> 例2）私は，特定の会社に正社員として勤めるのではなく，自営業をやっていきたいと思います。なぜなら，父は井上工務店の2代目であり，私の代で絶やしたくないからです。結婚はもちろんします。結婚して，私の子どもたちが，後を継いでくれるような立派な会社にしていきたいと思います。

　問1で想定される知識の共有が確認された子ども／生徒は，社会制度とラ

イフスタイルの選択基準の関係が理解できていると判定でき，問2のライフスタイルの選択に関しても，現状の理解を踏まえたものであることが想定される。問1で解答が引き出せなかった子ども／生徒は，第1次で学習した4つの視点の時点でつまずいていると判断できる。この点をフィードバックし，第1次での学習内容を確かなものとすることは，第2次の学習を確かなものとすることにもつながる。

第2項　第2次の客観テスト・論文体テスト

次に，第2次に対応する問題が以下に示す【2】である。【2】は客観テストの問1と論文体テストの問2で構成されている。これらの問題と授業との対応関係を示すために，次頁には，左からテストの形式，リード文・設問等を含めた問題，解答・回答，そして，形成される社会認識が示されている。

まず，客観テストである問1から見ていこう。問1は(1)(2)の2つの設問から構成されている。まず，問1(1)を見てみよう。(1)では「以下の表は，ある人物の中学校卒業から65歳までのライフスタイルの変化を示したものである。①〜⑩の段階において，関わる社会保障制度は何か。選択肢からそれぞれ選び，記号で答えなさい」というリード文と解答のための資料が示されている。表には，取り上げられた人物のライフスタイルの変化が10段階で示されている。子ども／生徒はそれぞれの段階に移行することにより，どのような点でライフスタイルが変化するのかに答えることが求められる。この問いを通して，生徒が，12のライフスタイルを「社会保障制度の実際」と照らすことで，具体化することが意図されている。

次に，問1(2)を見てみよう。(2)では，ある夫婦の会話がリード文と解答のための資料として示されている。リード文に示された夫婦の会話を踏まえ，①②の2つの問いに答えることが求められる。まず，(2)①では「妻が仕事をしたいと言っています。選択肢は以下に示すa〜cがあります。妻の選択によって，社会保障制度の適応はどのように変化しますか。選択により生じ

第6章 生き方の選択につながる評価のためのツール

形式	問題と解答・回答	形成される社会認識
客観テスト	【2】授業の内容を踏まえ，以下の問いに答えなさい。 問1．ライフスタイルと社会保障制度の関係について答えなさい。 (1) 以下の表は，ある人物の中学校卒業から65歳までのライフスタイルの変化を示したものである。①～⑩の段階において，関わる社会保障制度は何か。選択肢からそれぞれ選び，記号で答えなさい。 ①中学卒業　②進学　④就職　⑥退職　⑨アルバイト 　　　　　③アルバイト　⑤結婚　⑦出産　⑧子育て　⑩老後 　　15歳　20歳　22歳　31歳　37歳　45歳　65歳 ＜選択肢＞ 年金制度　所得税　給与法に基づく手当て　児童扶養手当 答え：①×　②×　③所得税　④所得税・年金制度・給与法に基づく手当て 　　　⑤年金制度・所得税・給与法に基づく手当て　⑥年金制度・所得税 　　　⑦×　⑧所得税・給与法に基づく手当て　児童扶養手当 　　　⑨所得税　⑩年金制度	あ～し
	(2) 以下は，ある夫婦の会話です。これを読んで以下の問いに答えなさい。 Aさん：「そろそろ働きに出ようと思うんだけど」 Bさん：「うん，でも，どんな仕事をしようと思っているの？どんな働き方をするかで今といろいろな面での制度が変わっちゃうんだよ。今，僕が，内海商事に勤めていて，君が専業主婦という形だからね」 Aさん：「あ，そうか……。」 ①妻が仕事をしたいと言っています。選択肢は以下に示すa～cがあります。妻の選択によって，社会保障制度の適応はどのように変化しますか。選択により生じる変化をそれぞれ答えなさい。また，変化しない場合はその旨を書くこと。 　a．内海商事に正社員として入れてもらう。 　　　　　　答え：年金制度・所得税 　b．近くのスーパーにパートとして年収130万円以上のペースで働く。 　　　　　　答え：年金制度・所得税 　c．スーパーにパートとして年収120万円くらいのペースで働く 　　　　　　答え：○	あい<u>う</u>え あい<u>う</u>え <u>あ</u>いうえ
	②a～cのどの仕事の形態を選ぶことが，社会保障制度にかかる経済的な負担が小さくなりますか。一つ選びなさい。（b）	あ～し
論文体テスト	問2．あなたは将来どのようなライフスタイルで生活したいですか？　社会保障制度の実際を踏まえ具体的に記述しなさい。	あ～し

る変化をそれぞれ答えなさい。また，変化しない場合はその旨を書くこと」という問いが示されている。この問いは，パートナーのライフスタイルの変化が与える影響の具体化することを求めている。次に(2)②では「a～cのどの仕事の形態を選ぶことが，社会保障制度にかかる経済的な負担は小さくなりますか。一つ選びなさい」という問いである。この問いは，各ライフスタイルを社会保障制度にかかる経済的な負担という面での「比較」を求めている。以上のような【2】の設問を通して，第2次における子ども／生徒の判断の質を判断することができる。

　次に，論文体テストである問2を見てみよう。「あなたは将来どのようなライフスタイルで生活したいですか？　社会保障制度の実際を踏まえ，具体的に記述しなさい」という問いが示される。この問いでは，12のライフスタイルの中から，自らの価値観に合致するものを1つ選び，このライフスタイルの選択に当たり，「社会保障制度の実際」，それに伴う「経済格差」をどのように考慮したものかを具体例を含め，示すことが求められる。これは，選択したライフスタイルの社会保障制度，経済面からみた利点が理由として示されることとなろう。例えば，以下のような回答が期待される。

> 例2）私は，結婚し，子どもも3人は欲しいです。また，子育てにはできるだけ関わりたいので，家事手伝いを行い，働くとしたら，時間的制約の少ないパートタイマーとしての仕事の形態をとりたいと思います。
> 　なぜ，このようなライフスタイルをとりたいのか。それは，私の理想とするライフアンドワークバランスがとりやすいからです。例えば，結婚した相手が，正社員として働いていれば，私や子どもが扶養に入ることによって，控除が付きます。また，私自身が正社員になると，育児に関わる時間をとることが難しいし，相手の扶養に入れませんが，パートタイマーだと時間的制約が少なく，収入の調整ができるので，結果として，子育てに専念できます。また，子どもが独立した後も，自分の趣味の時間をもち，ライフアンドワークバランスのとれた生活ができると思うからです。

> 例3）私は，特定の会社に正社員として勤めるのではなく，自営業をやっていきたいと思います。結婚はもちろんします。結婚して，私の子どもたちが，後を継いでくれるような立派な会社にしていきたいと思います。
>
> 　なぜ，このようなライフスタイルをとりたいのか。それは，父の仕事を私の代で終わらせたくないというのが一番の理由ですが，それ以外の理由もあります。例えば，自営業を営むことによって，自分の裁量の幅が広がり，井上工務店をより発展させることができます。雇用された状態ではその自由度が下がってしまうでしょう。また，結婚した相手には私の経営する会社の社員として勤務していただくことによって，夫婦仲良く仕事を続けていくことができます。また，子どもはできるだけたくさん欲しいです。それは，児童手当があることもそうですが，子どもたちの中から最も次世代の経営者としてふさわしいものを選ぶうえでも人数が多い方がよいからです。兄弟・姉妹，そして夫婦で仲良く井上工務店を発展させていく上でももっとも適切だと考えています。

　問1で想定される知識の共有が確認された子ども／生徒は，社会保障制度とライフスタイルの実態の関係が理解できていると判定でき，問2のライフスタイルの選択に関しても，現状の理解を踏まえたものであることが想定される。問1で解答が引き出せなかった子ども／生徒は，第2次で学習した「社会保障制度の実際」を具体化する点でつまずいていること，他のライフスタイルと比較したときの「経済格差」を把握していないことが判断できる。このような評価結果のフィードバックは，生徒の選択の質を高めることにつながる。

第3項　第3次の客観テスト・論文体テスト

　次に，第3次に対応する問題が以下の【3】である。【3】は客観テストの問1と論文体テストの問2で構成されている。これらの問題と授業との対応関係を示すために，次頁では，左からテストの形式，リード文・設問等を含めた問題，解答・回答，そして，形成される社会認識が示されている。

形式	問題と解答・回答	形成される社会認識
客観テスト	【3】授業の内容を踏まえ,以下の問いに答えなさい。 問1. あるカップルの会話です。これを読んで以下の問いに答えなさい。 　A:「私も32歳になってしまった。そろそろ落ち着きたいなぁ」 　B:「落ち着くって結婚するって事?」 　A:「そういうわけでもない。でも,子どもだけでも産みたいなぁ〜と思うんだよね」 　B:「う〜ん……でも,その子どもは,僕の子どもだよね。でも,今のまま婚姻関係を結んでいないと,法的に「僕の子ども」として認められないから,<u>僕と子どもとの関係でいろいろと不都合が出てくるんだよ</u>」 　A:「え? そうなの」 　B:「うん。だから,ちゃんと結婚してから子どもを産んだほうがいいよ」 　A:「でも……子ども産みたいなぁ〜」	
	(1) 下線部について。Bさんと子どもとの間にどのような不都合が出てくるのだろうか? 解答欄に記入しなさい。 　答え:男性が認知してもその戸籍に入るわけではないので,親子関係が厳密には成立せず,財産分与などの点で非嫡出子と同様の扱いを受けることになる。	うきさ
	(2) 婚姻届を出さないで,夫婦のような生活をしているカップルのことを何というか。解答欄に記入しなさい。 　答え:事実婚	うきさ
論文体テスト	問2. あなたは将来どのようなライフスタイルで生活したいですか? 司法のライフスタイルに対しての社会的判断を踏まえ,具体的に記述しなさい。	あ〜し

　まず,客観テストである問1を見てみよう。問1は,リード文,解答のための資料として,あるカップルの子どもについての会話が示されている。さらに,それを踏まえた答えることが求められる(1)(2)の2つの設問から構成されている。まず,問1(1)を見てみよう。(1)では「下線部について。Bさんと子どもとの間にどのような不都合が出てくるのだろうか? 解答欄に記入しなさい」というものである。下線部は「僕と子どもとの関係でいろいろと不都合がでてくるんだよ」の箇所である。子どもを産みたい,しかし,結婚はしたくないというAさんの希望するライフスタイルは,「結婚しない」,「子どもは産む」という点で社会保障制度とのかかわりが出てくるものであ

る。対して、Bさんの場合、Aさんと結婚しない限りにおいて、制度上、「父親」としての役割を果たすことができず、結果、「Bさんと子ども」との間の関係に不都合が生じることとなる点を答えることが求められる。この問いは、12のライフスタイルを非嫡出子に関する社会的判断である「司法判断」と照らし、「具体化」させることを意図している。次に、(2)は、Aさん、Bさんのような関係の名称を答えさせる問題である。制度で設定されていないカップルの形態を答えさせる問題となっている。以上のような設問を通して、第3次における生徒の判断の質を判断することができる。

次に、論文体テストである問2を見てみよう。ここでは「あなたは将来どのようなライフスタイルで生活したいですか？　社会的判断を踏まえ、具体的に記述しなさい」という問いが示される。この問題では、12のライフスタイルの中から、自らの価値観に合致するものを1つ選ぶこと。その選択は非嫡出子に関わる「司法判断」をどのように反映したものなのかを考慮しているのかを具体例を含め、示すことが求められる。これは、第1次の選択内容、第2次での社会保障制度、経済面からみた利点を、非嫡出子に関わる司法判断という点から捉えなおすものとなる。回答としては、以下のようなものが考えられる。

> 例5）私は、結婚し、子どもも3人は欲しいです。また、子育てにはできるだけ関わりたいので、家事手伝いを行い、働くとしたら、時間的制約の少ないパートタイマーとしての仕事の形態をとりたいと思います。
> 　婚姻関係は、社会保障制度の一つの単位です。結婚することにより、私も、私の子どもたちも社会保障制度の中で利益の多い生活を送ることができます。また、あえて、婚姻をしない理由がないというのもあります。私は、家事手伝いもしくはパートタイマーとして生活していきたいと思っているので、むしろ、婚姻関係を結ぶことによって、パートナーとの関係を制度的に標準的なものとなるほうが、私にとってメリットがあると思うからです

> 例6）私は、男性に頼るのではなく、自分の力で生きていきたいです。しかし、

> 子どもは欲しい。そこで，アメリカなどで行われている精子バンクを利用して，子どもを作りたいと考えています。確かに，現行の社会保障制度ではデメリットは多いともいます。しかし，それは私が働けばいいだけの話です。常に，「父親は誰か」という点に惑わされることなく，私と子どもの関係を大切にした生活を送りたいです

問1で想定される知識の共有が確認された生徒は，子どもをめぐる社会の判断とライフスタイルの実態の関係が理解できていると判定でき，問2のライフスタイルの選択に関しても，現状の理解を踏まえたものであることが想定される。問1で解答が引き出せなかった生徒は，第3次で学習した「司法判断」の具体化の点でのつまずいていると判断できる。このような評価結果をフィードバックし，次の学習につなげることは，生徒の選択の質を高めることにつながる。

このようにそれぞれの段階の終結部において，各展開部で扱った知識の定着を確認し，その上で論文体テストを実施することにより，よりよい自己決定につながる。またそれぞれの展開部でこれらが確認されることにより，単元全体の学力保障にもつながる。

第4節　生き方につながる評価のためのツール作成と活用の論理

これまでの考察を踏まえ，生き方につながる評価のためのツール作成の論理と判断に基づく社会認識形成を保障する上での活用の論理を示そう。

図6-4-1は，評価のためのツールから得られた情報と学力保障の関係を図示したものである。判断に基づく社会認識形成は，まず，その判断が明確なものでなければならない。しかし，このような授業前，授業後の変容は，理想であり，そうはならない子ども／生徒も存在する。ここで設計されたツールは，自らの立場が曖昧で，その判断内容が他者に理解可能なものとなっていない子ども／生徒を把握するためのものである。このツールから得られた

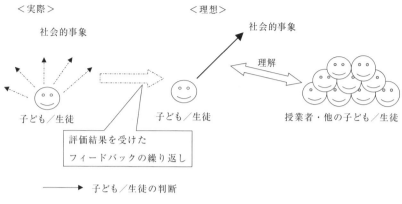

図6-4-1. 評価のためのツールを軸とした学力保障―生き方の選択―

結果を次の授業や授業外の活動へフィードバックすることにより，理想とした状態へ子ども／生徒を近づけることが可能となる。明確な判断をするためには，社会的事象に対する立場が明確であることが求められる。また，その選択内容が他者に理解可能でなければ，生き方につながる判断にはつながらない。そのため，授業前には，自らに関わることとして捉えていなかった社会的事象に対しても，他者に理解可能な形で判断できるようになることが求められる。

　第6章で取り上げた「判断に基づく社会認識形成」を保障しようとすれば，学習活動の中で設定された場面における判断の結果として形成される個々の子ども／生徒の価値観に応じた社会認識の確定が必要となる。そのため，学習活動に見られる子ども／生徒の判断場面とその場面の中の共有すべき知識を明らかにする必要がある。このようなツールとして，客観テストと論文体テストを設定した。前者は授業を通して形成される社会認識の質を保障し，他者との共有可能なものとするために必要な知識の定着を確定するものである。一方，後者は，子ども／生徒の自発的な判断の場を保障するためのものである。この2つの合わせて用いることにより，生徒の「判断に基づく社会

認識形成」の状況を確定することができる。

　では，このような評価のためのツールの論理はどのようなものとなるだろうか。このツールは，子ども／生徒の判断を明らかにし，その質をある程度保障するという点で有効である。単に「私はこう思う」だけでなく，その根拠の質をも保障しうる。共有すべき知識を獲得していない子ども／生徒には，その知識を補充し，より深い社会認識を踏まえた判断とするための手立てをとることができる。しかしながら，根拠となる知識は授業で取り上げたもののみにとどまらない。より深い社会認識形成を踏まえた判断を求めれば，既に知識を獲得している子ども／生徒とそうでない子ども／生徒の判断の質に差が出てしまう可能性が高い。

　そのため，授業者は子ども／生徒に判断させたい場面を明確に確定でき，取り上げた社会的事象についての深い見識を持っていることが望ましい。

　このように開かれた学習をどう収拾し，個々の子ども／生徒の学力を保障していくのか検討することが求められる。

注
1)　教授書「ライフプラン」は2000年2月に開催された社会系教科教育学会シンポジウムで発表されたものである。そのため，平成10年度学習指導要領を前提とした内容となっている。
2)　「社会問題科」の内容編成の諸類型を行った溝口の論考によれば，「社会問題」は「構造規定としての社会問題」「価値葛藤としての社会問題」「定義闘争としての社会問題」の3つで捉える必要があるとしている。本単元は価値観の対立が中心となるため，「価値葛藤としての社会問題」を想定した授業構成であると推察される［溝口, 2003］。

第7章　社会系教科における授業者のための評価法作成方略
――単元「制度について考えよう」を事例に――

　社会系教科では「社会認識を通して市民的資質を育成する［内海ら，1971，p. 7］」という教科についての共通理解のもと，あるべき社会科の授業を明らかにしようとする規範研究が中心であった[1]。「あるべき社会科」が提案されることで，より多くの子ども／生徒がよい授業を受けられるようになることが期待されている。しかしながら，実際には，提案された授業が，開発者以外による実践として行われることは少ない。学会や研究会等で，一定の価値を評価されているにも関わらず，なぜ，提案され，高く評価された「よい授業」が多くの人々によって試され，実践の更なる改善につながらないのだろうか。

　原因として，「よい」とされる授業のほとんどが様々な要素からなる学力の育成をねらいとしている点が挙げられる。様々な要素からなる学力の育成をめざす授業は必然的にその構成が複雑となり，結果，子ども／生徒の個人差が表面化しやすい。そのため，きめの細かく子ども／生徒の学習を見とることで，子ども／生徒一人ひとりのつまずきを発見し，その上での子ども／生徒の学力を保障するための対策を練ることが必要となる。では，つまずきを発見するには，どうすればよいのか。

　これまで，「共感的理解」，「事実の習得」，「見方・考え方の習得」，「生き方の選択」につながる評価のためのツールを開発し，それぞれのよさの特質が最もあらわれる授業場面の分析から，対応する評価法を示してきた。これらの「よさ」は，経験的ではあるが，社会系教科に見られる授業観の典型的なものであると考えられているものである[2]。第7章では，これら4つの評価法及び評価のためのツールを生徒の「つまずきの発見」を目的として活用

する。それによって，子ども／生徒の学力を保障するための前提となる「つまずきの発見」が，どの段階で，どのような評価法，ツールを通して可能なのかを論理的に明らかにする。以下ではまず，「つまずきの発見」のための学習評価の段階を見てみよう。

第1節　社会系教科における学習評価の段階

社会系教科における学習評価の段階をまとめたものが，以下の表7-1-1である。表7-1-1では，学習評価の段階と評価のための対象，評価活動を整理した。

表7-1-1. 社会系教科における学習評価の段階

段階	学習評価の過程	評価のための対象	評価活動
1	社会認識の確定	授業理論・指導案	形成される社会認識の確定
2	社会認識の形成過程の確定		
3	測定のための事実及びその評価規準・基準の確定	授業，ノート，ワークシート，定期テストなど	測定，アセスメント
4	測定結果の価値づけの確定	測定結果	評定，フィードバックのための資料

1, 2段階は，授業理論や指導案を踏まえ，「形成される社会認識」を確定する段階である。まず，1段階では，授業の結果，「形成される社会認識」を確定する。具体的には，「価値的知識」，「一般的知識」，「個別的知識」の3つの知識のうち，どのレベルの知識の形成がねらいとされているのかを分析し，それぞれの知識の関係性を分類し，構造化を行う。2段階では，社会認識の形成過程を確定する。つまり，授業者が「答え」として設定したものなのか，子ども／生徒の反応を想定したものなのかの区別を行う。

3段階では「形成される社会認識」と実際の子ども／生徒の社会認識のず

れを確定する方略の決定と,「ずれ」を抽出する段階である。つまり,評価資料と評価規準・基準[3]を確定し,それを踏まえ,個々の子ども／生徒の社会認識を測定もしくは,アセスメント[4]のための資料を収集する段階である。評価資料には,質的データと量的データがあり,それぞれのデータの質が測定結果の信頼性を担保する。そのため,質の良いデータの収集が不可欠である。しかし,評価資料は,授業での子ども／生徒の発言,ノートやワークシートの記述,定期テストの結果だけでなく多種多様に存在する。そして,分析対象の種類,その評価規準・基準によって,全く異なる測定結果を導くこともある。そのため,段階1, 2で分類し,整理された「形成される社会認識」に対応させ,評価資料を絞り,その妥当性を担保する必要がある[5]。

最後に,4段階では,測定結果の価値づけを行う。例えば,高校入試のような他者との比較を前提とした評定として活用する場合や,授業の改善の方向性や学力保障のための方略を決定する上での判断材料として活用する場合が考えられる。

第3～6章で示した評価のためのツールは,「形成される社会認識」に対応する形で開発された。以下では,それらの関係を整理してみよう。

第2節　評価のためのツールによって保障される社会認識形成

第3～6章で示された評価のためのツールは「人物に基づく社会認識形成」,「事実に基づく社会認識形成」,「モデルに基づく社会認識形成」,「判断に基づく社会認識形成」を行う授業で形成される社会認識を保障するためのものである。

では,それぞれの評価のためのツールが保障する社会認識をまとめよう。

第一に,「人物に基づく社会認識形成」の場合である。対象となる人物への共感的理解の有無とその深さにより,「人物に基づく社会認識形成」を授業者は確定する。つまり,子ども／生徒が授業者の設定した「価値的知識」

を獲得しているか否かによって確定するのである。また，それを裏付ける様々な「個別的知識」(もしくは「一般的知識」)をどれだけ持っているかによってその程度が確定できる。単に，「周慶さん大好き」というような「価値的知識」の記述だけでなく，その根拠となる「個別的知識」や「一般的知識」をより多く挙げることが求められる。根拠が少ない子ども／生徒に対しては，取り上げた人物の功績についての学習や他の子ども／生徒の記述との比較を通して，より深い共感的理解に至るよう支援される。

　第二に，「事実に基づく社会認識形成」を保障する場合である。授業で示される知識の総体と子ども／生徒の持っている知識の齟齬により「事実に基づく社会認識形成」を確定する。つまり，授業者によって体系化された「一般的知識」や「個別的知識」を獲得しているか否かによって確定するのである。また，授業者の提示した体系に対し，より多くの個別的知識を付け加え，詳細なものにできているか否かで，その理解の深さを確定することができる。例えば，「何」，「どうして」を中心とした調べ学習などによって，より多くの知識の習得に至ることが求められる。

　第三に，「モデルに基づく社会認識形成」を保障する場合である。授業者によって示された「モデル」を子ども／生徒が習得し，活用できているか否かにより「モデルに基づく社会認識形成」を確定する。つまり，授業者がモデルとして示した「一般的知識」，そして，モデルと関連づけられた学習内容を子ども／生徒が獲得しているか否かによって確定できる。また，示された一般的知識を発展させ，さらに多くの社会的事象を説明できるか否かによって，その理解の深さを確定することができる。例えば，授業で取り上げなかった事例に対しても，一般的知識を当てはめる活動が行われる。

　第四に，「判断に基づく社会認識形成」を保障する場合である。社会的事象，問題点等に対し，子ども／生徒自身が自らの判断を明らかにできているか否かにより，「判断に基づく社会認識形成」を確定する。つまり，子ども／生徒自身の判断が「価値的知識」として示しているか否かによって確定するの

である。そして、この「価値的知識」に対し、その根拠となる「一般的知識」、「個別的知識」をどれだけ示すことができるかによって、その判断の深さを確定できる。

以上、4つの授業場面とそこで保障される社会認識は以下の表7-2-1のようにまとめることができる。

表7-2-1. 保障される社会認識の位置づけ

	生徒の示す回答	授業者の設定した
①価値的知識	判断に基づく社会認識	人物に基づく社会認識
②一般的知識	—	モデルに基づく社会認識
③個別的知識	—	事実に基づく社会認識

表7-2-1では、4つの授業場面における社会認識形成に対し、最も保障される知識に対し、その知識の質と社会認識の形成に主として関わるのが子ども／生徒なのか、授業者の設定したものなのかによって整理したものである。

社会系教科では、様々な要素からなる学力の育成をねらいとして挙げられているが、そこで育成が期待される社会認識は、概ね、4つの授業場面の組み合わせによって形成されるといえる。

以下では、社会系教科の中で、「よい授業」として評価されている単元を取り上げ、単元を構成する授業場面の「よさ」に着目し、評価法と評価のためのツールの活用について見ていこう。

第3節　評価のためのツールを活用した評価方略

第3節では、「よい授業」の1つを事例として取り上げ、それに対応する評価法と評価のためのツールの開発と検証を行い、評価方略を示す。ここでいう「評価方略」とは、目標とされる学力を保障する手立て全体であり、「ツー

ル」は評価方略を行うための道具であり，評価法はその方法とする。以上の目的を達成するために以下の手順をとる。

(1) 単元全体のねらいから社会認識の全体像と終結部に示される子ども／生徒の社会認識の関係を明らかにする。
(2) (1)で明らかにされた社会認識に基づき，評価法と評価のためのツールの条件を提示する。
(3) 評価のためのツールの開発・検証を行い，評価方略を示す。

ここで取り上げるのは「生徒の批判の視点を保障する社会科授業の開発―「ファミリィ・アイデンティティ」の概念に基づいて―」[6]で示された単元「制度について考えよう」である。この単元でめざされる学力は「社会構造の理解」と「価値判断」という2つの側面を持っており，様々な要素からなる学力の育成をめざしている点がすぐれているとされている[7]。しかし，そうであるがゆえに子ども／生徒が学習していく上でつまずきやすい授業でもあり，実践に結びつきにくい典型的な授業でもある。その意味では，本書の目的である学力保障のための評価方略が必要とされる単元といえよう。

第1項　単元のねらいと子ども／生徒に形成される社会認識

単元「制度について考えよう」の構成は，表7-3-1のようになっている。

単元全体のねらいは「現行の制度の仕組みとわれわれを取り巻く「少子高齢化」という現状の理解に基づき，現行の制度に対する生徒自身の批判の視点を保障し，社会制度とそれを取り巻く社会的現象に対する見方・考え方を育成すること［井上，2006］」である。

このねらいを達成するために，展開1, 2では，日本の社会保障制度の仕組みについて生徒に理解させる。展開3, 4では上野千鶴子の「ファミリィ・アイデンティティ[8]（以下FIと表記）」という枠組みを理解させ，展開1, 2で理解した社会保障制度を「家族」という視点から捉えさせる。そして，展開5, 6では，展開1～4を踏まえ，社会保障制度に対する考察を行わせる。

表7-3-1. 単元「制度について考えよう」の構成

展開	到達目標
1	税金の額決定の条件について理解することができる。
2	社会保障給付の条件について理解することができる。
3	「FI」の概念を理解し，4つの「家族」の違いを把握することができる。
4	現行の制度において，4つの「家族」は税金控除の額，社会保障給付に差があることを理解し，その差が発生する要因と現行の制度が前提としている「家族」を把握することができる。
5	(1)制度が前提としない「家族」の形態が増加している現状を資料に基づき理解することができる。
	(2)上記の現状を踏まえ，資料に基づき，現状の制度を改善するべきであるか否かを判断し，自らの意見の根拠を挙げることができる。
6	(1)日本の財政状態は非常に厳しいにも関わらず高齢化が進み，社会保障費の割合が高まりつつある現状を資料に基づき理解することができる。
	(2)上記の現状を踏まえ，資料に基づき，現状の制度を改善するべきであるか否かを判断し，自らの意見の根拠を挙げることができる。

つまり，展開1から4では，社会保障制度に対する理解を図り，展開5，6では，社会保障制度とそれを取り巻く社会的現象に対し，子ども／生徒自身が自らの課題を見つけ，自らの考えを表現させる構成となっている。そのため，展開5，6での学習活動の成立がこの単元の成否に関わり，その意味で，展開5，6で必要とされる力が目指す学力の総体といえる。

このねらいを達成した子ども／生徒に期待される社会認識を示したものが図7-3-1である。

本単元で子ども／生徒に保障しなければならないのは，図7-3-1の三角形の頂点に位置づく子ども／生徒各々の持つ信念[9]であり，そこから見た社会制度とそれを取り巻く社会的事象に対する見方・考え方である。単元のねらいである「現行の制度に対する生徒自身の批判の視点を保障」するとは，三角形の頂点に位置づく信念を社会制度に内包される価値を相対化し，子ど

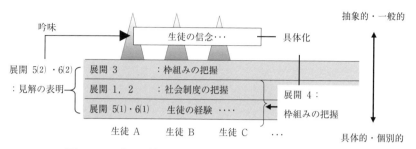

図7-3-1. 単元の構成と子ども／生徒に期待される社会認識

も／生徒自身の価値判断を保障することを意味する。そのため，本単元の終結部では，社会制度に付随する社会問題に対して，自らの見解を表明する段階が設定されているのである。では，子ども／生徒に獲得が期待されている「社会構造の理解」と「価値判断」の2つが，どの展開部で主に育成されるのかを確認しよう。

まず「社会構造の理解」は，展開1，2の社会制度についての知識と展開3の枠組みについての知識を把握し，それらを用いて，展開5(1)，6(1)で自らの経験と照らし，社会構造についての知識を獲得することである。これらの知識を「具体的・個別的」，「抽象的・一般的」を両軸に段階的に分けると「具体的・個別的」度合いの強いものから，展開5(1)，6(1)→展開1，2→展開3とならべることができる。

次に，「価値判断」は，自らの信念を具体化するための思考過程を指す。それは展開4，展開5(2)・6(2)で主に見られる。つまり，展開4では，生徒が「FI」の概念を使いながら，自らの価値観を具体化する場面であり，展開5(2)，6(2)は，展開1～4と展開5(1)，6(1)の知識を用いながら，自らの価値観を通して吟味する場面といえる。このように考えると「社会構造の理解」とは，生徒が獲得，もしくは表明しなければならない知識の獲得に関わるものであり，図7-3-1の網掛けの部分にあたる。また，「価値判断」とは，「社会構造の理解」に関する知識を用いて自らの価値観を具体化し，吟味す

表7-3-2. 終結部で形成される社会認識

展開	社会問題	授業の活動		形成される社会認識の側面
5	社会に存在する「家族」の状況	(1)社会問題の把握	示された問題状況に対して，展開1〜4の知識を踏まえ，自らの意見を述べることができるか？	社会構造の理解
		(2)見解の表明		価値判断
6	日本全体の財政状況	(1)社会問題の把握		社会構造の理解
		(2)見解の表明		価値判断

ることに関わるものであり，図7-3-1の矢印の部分にあたる。このような社会認識が終結部においてに完成することが期待されているのである。では，終結部においてどのように形成されるのかを見てみよう。

終結部の展開5・6はそれぞれ扱う対象は異なるが，「(1)社会問題の把握」と「(2)見解の表明」の2つの段階に分かれているという点で構成は同じである。まず，展開5では，考えるべき社会現象として，社会に存在する「家族」の状況を示し，問題点を把握させる「社会問題の把握」の段階がある。次に，「現状の制度は改善すべきだろうか？ それとも，改善する必要はないだろうか？」と問いかけ，表現させる「見解の表明」の段階がある。同様に，展開6では，考えるべき社会現象として，日本全体の財政状況を示し，問題点を把握させる「社会問題の把握」の段階，そして，これらの現状を支えている制度の妥当性を問い，その答えを表現させる「見解の表明」の段階がある。

これらのことから展開5，6までに生徒は以下の点まで到達していることが必要となる。

a. 社会制度について理解している

b. 社会問題の生じうる社会状況について理解している

c. 資料を読解することができる

d. 自らの見解を表現できる

a〜cは「社会構造の理解」であり，dは「価値判断」である。このうち，

cは図や表などを適切に読み取る能力であり，dは，文章表現力・発想力・構想力・論理的思考力・応用力・分析力・批判力に含む能力である。

では，展開5で必要なa～dは，単元のどこで，どのように示されたのだろうか。それを示したものが以下の表7-3-3である。

表7-3-3．展開5において生徒に形成される社会認識

	「社会構造の理解」の側面		「価値判断」の側面	
	a. 社会制度についての理解	b. 社会問題の生じうる社会状況についての理解	c. 資料読解能力	d. 自らの見解を表現できる能力
対応する展開部	展開1, 2	展開3, 4	展開5(1)	—	—
評価法	事実	モデル	事実	—	判断
展開5(1)	○	—	○	—
展開5(2)	○	○	○	○

(展開5を事例にした)

まず，展開5(1)を行うためには，展開1～4までの知識の獲得（a）と提示される資料を読解する能力(c)が不可欠である。この展開1～4までの知識が，展開5(1)で提示される資料の解釈（b）をする際の手助けとなる。つまり，展開5(1)での授業者が想定した社会状況（日本では制度を前提としていない「家族」が増加しているという状況にあること）の理解を可能とする。

次に，展開5(2)を行うためには，展開1～4の知識（a）と展開5(1)の知識（bから導かれた解釈）が必要となる。しかし，それだけでは，授業者の解釈から抜け出せず，子ども／生徒の信念を保障することが難しい。そこで資料を読み取る能力（c）が身についていることを前提とし，それまで示していないが，見解を形成するために有効な資料の提示を行う。これらの過程を経て，本単元のねらいである社会状況についての子ども／生徒の見解の形成が可能となる。では，a～dについて，どのような評価法を通して，その形成を保障すればよいのだろうか。まず，aは展開1, 2の「事実に基づく社

会認識形成」と，展開3，4のその事実をとらえるための「モデルに基づく社会認識形成」によって保障される。bは，展開5(1)の社会問題の生じうる社会状況についての「事実に基づく社会認識形成」によって保障される。更にdは展開5(2)の自らの「判断に基づく社会認識形成」によって保障される。なお，cについては，社会認識形成の前提となるためここでは省く。

以上の考察をふまえ，以下では，a，b，dの能力の育成にかかわる展開ごとに評価のためのツールを示す。

第2項 「社会構造の理解」に対応する評価

1. 展開1～4で形成される社会認識

展開1～4では，「事実に基づく社会認識形成」，「モデルに基づく社会認識形成」を保障する評価法及びツールとなるため，形式は客観テストの形式となる。以下，表7-3-4では展開1～4で形成される社会認識とそれに対応するツールを明示したものである。

表7-3-4. 展開1～4で形成される社会認識と対応する客観テスト

展開	学習の対象	期待される社会認識		客観テスト
1	税制度	事実に基づく社会認識形成	税制度・社会保障制度の仕組みを理解しているか？	【1】
2	社会保障制度			【2】
3	FIの概念	モデルに基づく社会認識形成	FIの概念を枠組みとして理解しているか？	【3】
4	様々な家族		税制度・社会保障制度をFIの概念に基づいて理解しているか？	【4】

展開1～4で育成が図られる学力の「社会構造の理解」の側面とは，「社会制度の理解」とそれをとらえる「枠組みの把握」のための知識の獲得を意味している。そして，「枠組みの把握」のためには，それを知識としてとらえるだけではなく，「社会制度の理解」に即して具体化していく側面も必要となる。以下，見ていこう。

2. 展開1,2に対応する評価のためのツール—事実に基づく社会認識形成—
(1) 学習内容の構造

まず,展開1,2では,個人の負担しなければならない税額,社会保障給付の条件が教授される。この展開1,2で教授される知識は,以下の表

表7-3-5. 単元「制度について考えよう」の展開1,2に見られる知識の構造

税として納入している税金のほとんどは,社会保障費でしめられている。	日本の税制の仕組みは,徴収する主体,集め方の違いで国税と地方税,直接税と間接税の区別がある。	徴収主体の違いで国税と地方税に分かれる。		
		集め方の違いで直接税と間接税に分かれる。	直接税には,所得税,法人税,などがある。	課税所得金額に対して累進課税になっている。
				控除の制度がある。
				源泉徴収制度がある。
				確定申告制度がある。
			間接税には,消費税,ガソリン税などがある。	
	日本の歳出のほとんどは社会保障費でしめられている。			
	日本の社会保障制度は,憲法25条の生存権に基づく制度であり,医療保険制度,年金制度,雇用保険,労働者災害補償保険,介護保険に区分される。	日本の社会保障制度は,憲法25条の生存権に基づくものである。		
		医療保険制度は,正社員として働いている人と健康保険に加入している人とその家族が病気にかかったとき,医療費の一部が負担される。その負担が勤務している会社と本人が負っている。		
		年金制度は,20歳以上60歳未満のすべての国民が65歳以上になったり,障害を負ったり世帯主である配偶者を亡くした時,保険料の給付を受ける制度であり,自己と国庫がその費用を負担している。		
		雇用保険は,正社員が失業したとき,保険料の給付を受ける制度であり,会社と本人が折半してその費用を負担している。		
		労働者災害補償保険は正社員が業務による傷病を負った時,保険料の給付を受ける制度であり,全額勤務している会社の負担となる。		
		介護保険は65歳以上の国民が介護の必要な状況となった時,介護の必要な状態に応じて保険料(サービス)を受け取る制度であり,40歳以上の国民の支払う税金による負担となる。		

(下線部は客観テストの正答に当たるものである)

7-3-5のように構造化することができる。知識の構造は授業実践記録及び指導案により構成し、より左に包括的な知識、より右に個別的な知識を並べたものである。

ここでは、税制と社会保障制度の制度について「税として納入している税金のほとんどは、社会保障費でしめられている」という知識から構成され、知識の構造が教授される。

(2) 評価のためのツールの実際

以下は、展開1, 2の客観テストの実際である[10]。

【展開1, 2の客観テスト】

【1】次の問いに答えなさい。 　税金には、国に納める（ ① ）と地方公共団体に納める（ ② ）とがある。また、税を誰が負担するかという点から(ア)間接税と直接税に分かれる。税金にはいくつかの種類があるが、（ ③ ）は個人が一年間に得た所得に課税され、所得が多くなるほど税率が高くなる（ ④ ）になっている。また、（ ③ ）の場合、(イ)サラリーマンは給料から直接引かれ、事業所でまとめて納める制度がとられている。しかし、自営業者は、(ウ)自分で所得を申告する制度がとられている。 　(1)（　）に適切な語句を、解答欄に記入しなさい。 　(2)下線部(ア)について。間接税、直接税の代表的なものを各2つずつ挙げ、解答欄に記入しなさい。 　(3)下線部(イ)について。この制度を何というか。解答欄に記入しなさい。 　(4)下線部(ウ)について。 　　①この制度を何というか？　解答欄に記入しなさい。 　　②申告の時期は、何月となっているか。解答欄に記入しなさい。 　　③また、自営業者以外でもこの制度の対象となるのは、どのような条件で働いている場合となっていますか？　解答欄に記入しなさい。 【2】社会保障制度について以下の問いに答えなさい。 　(1) 社会保障制度は憲法の以下の条文で規定されている。 　　＊すべて国民は健康で文化的な最低限度の生活を営む権利を有する。 　　①これは憲法の第何条に規定されているのか。解答欄に記入しなさい。 　　②この権利は何といわれるだろうか。解答欄に記入しなさい。	<模範解答> 【1】(1)①国税②地方税③所得税④累進課税 (2)間接税：ガソリン税・消費税など 　直接税：所得税・法人税など (3)源泉徴収制度 (4)①確定申告制度②3月③パートタイマーなど一定以上の所得を得ていないもの。もしくは2箇所以上から収入を得ているもの。 【2】(1)①憲法第25条②生存権③国民の権利を守るべき存在である政府が法律などを通して最低

③下線部について。「最低限度の生活を営む」と規定することにより国民の権利は具体的にどのように守られるのだろうか？　解答欄に記入しなさい。	限の生活を保障することになっている。 具体的には，医療保険制度，年金制度，雇用保険，労働者災害補償保険，介護保険が挙げられる。

　上記の客観テストは【1】～【2】の2つの大問で構成されている。

【1】は，現行の税制度についてのリード文と(1)～(4)の4つの設問から構成されている。まず，(1)を見てみよう。(1)は（　）に適切な言葉を入れる問題である。それぞれ「国に納める（　①　）と地方公共団体に納める（　②　）とがある」「（　③　）は個人が一年に得た所得に課税され，所得の多くなるほど税率が高いほど（　④　）になっている」のように言葉の前後から，当てはまる言葉を想起する問題となっている。次に(2)を見てみよう。(2)は下線部(ア)の間接税と直接税を受け，その具体を想起する問題となっている。そして，(3)は下線部(イ)「サラリーマンは給料から直接引かれ，事業所でまとめて納める制度がとられている」を受け，その具体を想起する問題となっている。最後に(4)は，下線部(ウ)「自分で所得を申告する制度」を受け，その制度の具体を想起する問題となっている。

　次に，【2】は，現行の社会保障制度についてのものである。これは，(1)(2)の2つの設問から構成されている。まず，(1)は，「社会保障制度は憲法の以下の条文によって規定されている」というリード文と「すべて国民は健康で文化的な最低限度の生活を営む権利を有する」という資料が示され，①②の2つの問いで構成されている。まず，(1)①は，憲法を受け，それが第何条にあたるものかを想起させる問いとなっている。(1)②は，憲法で規定されている権利の名称を想起させる問いとなっている。次に，(2)③は，社会保障制度の具体を想起させる問いとなっている。

3. 展開3, 4に対応する評価のためのツール—モデルに基づく社会認識形成—

(1) 想定する見方・考え方

展開3, 4で示される社会事象を捉える枠組みは,「FI」という「分析モデル」に対応するものである。これは,何を家族と同定（identify）とするのかという『境界の定義』［上野, 2003, pp. 12-13］である。

例えば,以下のようにあらわされる。

事例1）Aさん（女・39歳・会社員）の場合

　高校時代からの友達である夫との間に子どもが二人。彼女は航空会社に勤務して20年のベテラン乗務員。女も仕事を持つべきだと思っていたから,子育ての苦しい時期も会社人間の夫はあてにせず,乗り切ってきた。去年の夏,夫が九州転勤。単身赴任に何のためらいもなかった。彼女と子どもたちの生活は以前とさして変わらない。変わったことと言えば,お互い出し合っている家計費のうち,夫の出す分が以前より少なくなったことくらい。ずっと共働きだったので,夫は自分のことはできる人。洗濯や掃除は適当にやっているようだ。食事の方はほとんど外食らしい。

＜AさんのFI＞

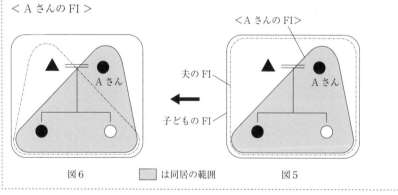

図6　　　　　は同居の範囲　　図5

（上野［1994, pp. 12-13］より抜粋）

　婚姻という観点から見れば,夫,子どもそして,Aさんで1つの家族が形成されることとなるが,Aさんの意識する「家族」はそうではない。つまり,「子育ての苦しい時期も会社人間の主人はあてにせず」や「（夫が単身

赴任しても）彼女と子どもたちとの生活は以前とさして変わらない」という記述に見られるように，Aさんの意識の中では，Aさん，子どもという同居の範囲が一つの「家族」となる。これが，AさんのFIである。従来の婚姻関係の有無ではなく，同居を基準とした「家族」の形がFIの概念を用いることにより明らかとなる。このように，FIの概念を用いることにより，「家族」と考えている範囲とその根拠を明確にし，様々な「家族」の形を想定し，理解することが可能となる。

(2) 評価のためのツールの実際

以下に示した客観テストは【3】【4】の２つの大問で構成されている。

【3】は，「FI」の概念そのものについての説明を完成させる問題である。現行の制度が何を以て「家族」としているかの境界を想起させるものとなっている。【4】は，リード文と解答のための資料として，Aさんが「家族」と思っているメンバーについて，①～③のカテゴリーに入るメンバーを選択し，メンバーを選択した理由を説明する問題である。この事例は授業では扱っていない事例であり，その意味でのFIの理論の「適応」と，その理由の「説明」を意図している問題である。

【展開3，4の客観テスト】

【3】以下の文章は，社会学者上野千鶴子氏によるファミリィ・アイデンティティの概念について説明したものである。（　）に当てはまる適語を解答欄に記入しなさい。 ＊ファミリィ・アイデンティティとは，どのような条件でその構成メンバーを「家族」するかについての個々人の境界線のことをいう。ファミリィ・アイデンティティは，社会の変化につれ，多様化してきているが，現行の制度では主に（　①　）と（　②　）の一致をもって，「家族」と定義している。 正答）①②血縁，居住（順不同）
【4】以下の文章は，Aさんが，「家族」と思っているメンバーたちについてのものである。Aさんを中心としたこれらのメンバーの関係について。 　①血縁（婚姻関係を含む）関係にあるメンバー 　②一緒に住んでいるメンバー 　③愛情の対象になっているメンバー

をそれぞれ，その理由とともに解答欄に書きなさい。
* Aさんは35歳の女性である。40歳になる夫（B）は九州へ単身赴任をしているため，家には，高校生の娘（C）と中学生の息子（D）が一緒に住んでいる。また，3ヶ月前，家に迷い込んできた子犬の"もんた"も新しい「家族」として生活している。
正答）①B，C，D　：AさんとBさんは婚姻関係にあるし，それぞれ娘・息子と血縁関係にあるから。
②C，D，もんた：同じ家に住んでいるから。
③B，C，D，もんた：家族は皆，仲がよく，もんたにも愛情を注いでいるから。

第3項　「価値判断」の評価

1. 展開5，6に対応する評価のためのツール—判断に基づく社会認識形成—

（1）評価のためのツールの役割

　展開5(1)(2)は，社会現象についての理解の表明と自らの意見の表明を行う。このような学習に対して，展開5(1)，展開5(2)それぞれの段階で学習を支援するツールを設定した。それぞれのツールの役割は次の通りである。

　まず，展開5(1)では，「ツール(1)」を実施し，授業者が想定した社会問題の対象となりうる現象（日本では制度を前提としていない「家族」が増加しているという状況にあること）を理解し，それを表現するための支援を行った。次に，展開5(2)では，「ツール(2)」を実施し，子ども／生徒が自らの意見を表明するための支援を行った。以下，2つのツールを見ていこう。

（2）評価のためのツールの条件

　ツールは，子ども／生徒が，社会現象についての理解の表明と自らの意見の表明を行うことを支援するものである。この子ども／生徒が自らの意見を表明する過程を「客観的なデータと，主張しようとしている結論を結びつける理由づけを見つける過程[11]」と捉えると図7-3-2のようにモデル化できる。

　図7-3-2は，「主張」を3つの要素（事実，結論，推論）から捉えたものである。論理的な「主張」は，客観的なデータに裏付けられた1つもしくは複数の事実からなる「事実」とそこから導かれる「結論」そして，「事実」と「結

図7-3-2.「主張」の構造

論」をつなげる「推論」で構成される[12]。

　展開5(1)(2)は，社会事象について何らかの主張をまとめるという点では，共通しているが，展開5(1)は，授業者が用意した社会事象についての学習内容の表出が求められ，展開5(2)では，子ども／生徒自身の判断の表出が求められている。このことから，子ども／生徒に対し，展開5(1)では，問いに対する答えが1つに想定されている「解答」が求められ，展開5(2)では，問いに応じて自分の考えを示す「回答」が求められている。

　では，「解答」と「回答」の違いをどのように区別させるのか。以下，ツールの実際を通して，「自ら課題を見つけ，自らの考えを表現させる」ための評価を見ていこう。

2. 展開5(1)，6(1)に対応する評価のためのツール
(1) 評価のためのツールの構成

　展開5(1)では，授業者の想定している学習内容を再構成し，解答することが求められる。想定される解答は以下のように想定される。

【模範解答】

　資料1にみられるように，一般世帯平均人員は1940年まで増加しているが，1940年を境に減少している。このことは，資料2の1955年以降の人員別世帯数の減少からも裏付けられる。また，資料3にあるように，この資料1，2にみられる傾向は，世界的なものであり，特に，日本と韓国は急激な減少が見られる。急激な減少の中身は，資料4，5から推察される。つまり，資料4から，現代の日本の総世帯数の中で，最も割合が高いのが一般世帯であること，その中でも，二人以上世帯で「住居と生計を共にしている人の集まり」のほうが，三世代以上世帯よりも多いことが分かる。このことから，日本の世帯の大半は2人以上世帯であることが推察される。同様の傾向は，資料5の家族類型においても見ることができる。つまり，「親族世帯」の割合が高いものの，その内訳をみると1980年と比べて明らかに単独世帯が増えてきており，核家族全体が減少傾向にあること，また，男親と子ども，女親と子どもといった世帯が増えていることからも分かる。つまり，三世代以上世帯が以前より減少しているのである。

　以上のことから，日本の世帯規模の縮小の背景には三世代以上世帯の減少があると推測される

資料1．一般世帯平均人員の推移，資料2．人員別世帯数割合の推移，資料3．世帯規模縮小の国際比較，資料4．一般世帯と施設等の世帯の数と人数（2000年概数），資料5．世帯の家族類家別一般世帯数－全国

　この模範解答を図7-3-2の「主張」の構造に当てはめたものが表7-3-6である。表7-3-6では，模範解答を「事実」，「結論」の要素に分け，それらの要素をつなげるための子ども／生徒の解答との対応関係を示したものである。

　表7-3-6に示すようにこの模範解答は，「日本の世帯規模は縮小してきており，その背景には三世代以上世帯の減少がある」を「結論」

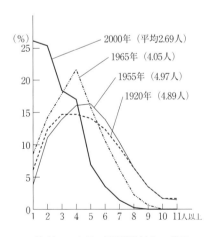

資料2．人員別世帯数割合の推移

表7-3-6. ツール (1) に含まれる主張の要素

事実
資料1より，一般世帯平均人員は1940年までわずかに増加しているが，1940年を境に減少していることが分かる。
資料2より，人員別世帯数は，1955年以降，人員数が減少していることが分かる。
資料3より，世帯規模は世界的に減少の傾向にあり，中でも日本と韓国は急激な減少が見られる。
資料4より，世帯の中で，最も割合が高いのが一般世帯であり，その中でも，2人以上世帯で住居と生計を共にしている人の集まりのほうが，三世代以上世帯よりも多いことが分かる。
資料5では，家族類型では，親族世帯の割合が高いが，1980年以来，単独世帯が増加の傾向にある。また，核家族が減少傾向になる中で，男親と子ども，女親と子どもといった世帯が増えていることが分かる。

推論 →

結論
日本の世帯規模は縮小してきており，その背景には三世帯以上世帯の減少があると推測される。

ア．資料の読み取り

イ．共通する言葉の抜き出し

ウ．結論の確定

とし，その根拠となる5つの事実によって構成されている。このような模範解答を引き出すために子ども／生徒は，「ア．資料の読み取り」，「イ．共通する概念の抜き出し」，「ウ．結論の確定」活動を行う。以下，それぞれについて見ていこう。

ア．資料の読みとり

5つの事実の中から，資料2を例に「資料の読み取り」の具体を示そう。資料2は，「人員別世帯数割合の推移」を示したものである［湯沢，2003］。

図表のタイトルから，世帯を構成する人数の変遷を示したものであり，何が，いつ，どのような変化をしたのかを読み取ることができる。また，この変化は，今回の場合，増加もしくは減少のように数の推移を示す言葉によって示されることになる。そこで，核となる事実を伏した文章を示すことで，読み取るべき事実を明確に示すことが出来るようにした。結果，次のような事実を読み取ることが期待されている。

> 資料2より，<u>人員別世帯数</u>から，<u>1955年</u>以降，<u>人員数</u>が<u>減少</u>していることが分かる。

下線部は，核となる事実である。このように定型を作ることで，子ども／生徒の文章力に左右されず，図表の読解を行わせることが可能となる。

イ．共通する言葉の抜き出し

事実を読み取ることができても，それらの関連性に子ども／生徒が気付くことができなければ，学習内容を完成させることは出来ない。そこで，5つの事実についての記述を並べたとき，キーワードとなる概念が共通する「言葉」として見つけるように設定した。このツールの場合は，「世帯」という言葉がキーワードとなる。

ウ．結論の確定

読み取った事実を共通する「言葉」を中心にまとめていくことによって，結論が確定する。この場合では，「日本の世帯規模は縮小してきており，その背景には三世帯以上世帯の減少があると推察される」という結論が確定する。

(2) 評価のためのツールの実際

これらア〜ウの段階がツールではどのように具体化されているのかを見てみよう。

まず，「グラフの一つ一つだけでなく，並び方にはそれなりの意味があります。グラフに共通する「言葉」を発見し，その言葉の様々な説明がグラフに書かれていると思って読みましょう」と【解き方】（「①グラフ中の言葉を使

おう」、「②全体像の把握」）というリード文が示されている。これは、個々のグラフから読み取るミクロな視点とグラフ全体から読み取るマクロな視点の両方を意識させるためのものである。したがってア〜ウを行う前に全体像を把握させることを意図している。そして、「プリントにあるグラフに共通する言葉は何ですか？」という共通する言葉を読み取らせる問いを通して「イ．共通する言葉の抜き出し」を行わせ、次に、かっこ埋めを通した個々の図表の読み取りによる「ア．資料の読み取り」が設定されている。ア、イをツールで確認した後、「ウ．結論の確定」を行う。これらの一連の活動を通して、「事実」と「関連性」そして、「結論」を意識させ、先ほどの模範解答が完成するのである。

展開5（1）のツール（1）

グラフの一つ一つだけでなく、並び方にはそれなりの意味があります。
グラフに共通する「言葉」をまず発見し、その言葉の様々な説明がグラフに書かれていると思って読みましょう。

【解き方】
① グラフ中の言葉を使おう。
② 全体像の把握。
　例：増加している・減少している・○○年を境に増加（減少）している・○○と△△は多い（少ない）。

　　　ポイント……微妙に異なる場合は「〜傾向」という言葉が便利！！

③ ②のあとに、細かいに違いを書く。

＊プリントにあるグラフに共通する言葉は何ですか？……（　　　　　　　　　）
資料1：
（　　　　　　　　　）は、
（　　　　）年まではわずかに（　　　　　）しているが、（　　　　　）を境に（　　　　　）してきていることが分かる。

資料2：
（　　　　　　　　　）は、
（　　　　）年以降、（　　　　　）が（　　　　　）してきていることが分かる。

第7章　社会系教科における授業者のための評価法作成方略　209

資料3：
（　　　　　　　　）は，（　　　　　）に（　　　　　　　）の傾向にあり，その中でも特に（　　　　　，　　　　　）では，急激な（　　　　　　　）が見られる。

資料4：
（　　　　　　　）の中で，もっとも割合が多いのが，（　　　　　　　）である。また，その中でも（　　　　　　）で（　　　　　　　　　　　　）のほうが（　　　　　）より多い。

資料5：
（　　　　　　　　　）では，（　　　　　　）の割合が高いが，1980年以来，（　　　　　　）が（　　　　　　）の傾向にある。また，（　　　　　　　）が減少傾向にある中で，（　　　　　，　　　　　　　）といった世帯の増加が見られる。

(3) 評価のためのツールに見られる評価方略

ツール(1)による評価方略は次のようにまとめられる。

○「事実」の選択により，「結論」を限定する。
○「事実」と「結論」の関連に気付くよう「言葉」に着目するよう指示する。
○資料から読み取るべき「事実」が明確になるよう，文章を定型化する。

以上のような評価方略を行うことにより，授業者の想定している学習内容を解答として表現させることが可能となると言える。

3. 展開5 (2)，6 (2) に対応する評価のためのツール

(1) 評価のためのツールの構成

展開5(2)では，子ども／生徒自身の判断に基づいた回答を示すことが求められる。

ツール(2)は，「現状の社会保障制度は改善すべきだろうか？　それとも，改善する必要はないだろうか？　について，提示されている資料に基づき判断しなさい。また，その判断の理由を説明しなさい」という課題と，資料6

〜16 から成り立つ。子ども／生徒はこの課題に答えるために，まず，課題に対する自分なりの結論と提示されている資料 6〜16 から読み取れる事実を確定し，自らの判断に基づいた回答としてまとめるのである。

この過程を経て形成された回答は，子ども／生徒それぞれに多様であり，展開 5(1)のように確定はできない。しかしながら，同様の課題に対し，様々な論者が存在し，社会的に批判・検討され，一定の評価を受けているものも多い。それらは模範回答とみることができよう。以下は，社会保障制度に対する識者の見解[13]をまとめたものである。

【「社会保障制度」に対する識者の見解】

制度に対する結論	識者の見解
改善する必要がある	＜Ａ＞日本の世帯規模は縮小してきており，その背景には三世帯以上世帯の減少がある。日本では，婚姻により「女性」の労働条件が厳しくなる傾向がある。そのため，女性が結婚をしないもしくは子どもを産まないという選択をすることが多く，結果，世帯規模が縮小につながっていると言える。 　例えば，資料6は，各国の女性の年齢別労働力率を比較したものであるが，日本はアメリカ，スウェーデン，ドイツと比べて30代の女性の労働力が極端に少なく，40代になると20代と同様のレベルに戻る傾向にある。しかし，資料7にあるように，日本の年齢別男女間賃金格差は年齢が上がるほど高くなる傾向がある。これは，結婚，出産のため，離職した女性たちの再就職先が，20代のころのものとは異なることを意味する。また，資料8を見てみると，女性の短時間雇用者数は増加傾向にあり，2000年には現在，1053万人中，754万人と高い割合（約70％）を占めている。このことから，女性の再就職先のほとんどは賃金の低いパート労働になっていることが推測される。現行の税制や社会保障制度では，世帯の中で，主たる収入のあるもの／ないもの（103万円以下）が区分され，このことが所得税や社会保障制度の適応上大きな意味を持つ。つまり，制度上，収入のある男性と収入のない女性の世帯が優遇されており，結果，性別役割分担が固定化され，女性の働きにくい環境を作っているのだといえる。社会に潜在的に存在する女性の労働力を有効に生かすことは，これからの高齢社会で労働力が不足することを考えると重要であるといえる。

よって，現行の制度を世帯規模の減少に対応できるよう改善し，女性の労働をより働きやすい環境をつくることが必要であるといえよう。

＜B＞日本の世帯規模は縮小してきており，その背景には三世帯以上世帯の減少がある。日本では，「世帯」を構成する主たる生計維持者への負担や依存の割合が大きい。そのため，その負担を世帯規模の縮小で軽減しようとする傾向が伺える。

例えば，主たる生計維持者が亡くなった場合，遺族年金が支給されるが，その配偶者がなくなった場合は支給されない。配偶者の死亡による経済的な損失は補償されないのである。また，主たる生計維持者がリストラなどで収入がなくなった場合，家族そのものの生活の維持が難しくなる。このような現行の制度では，主たる生計維持者になりやすい「男性」の労働に対する負担が大きくならざるを得ない。男性は，資料9にあるように，女性より男性の自殺率が高く，1991年のバブル崩壊以後，さらに，増加している。また，資料10，資料11に見られるように長時間労働になる傾向が見られる。1995年より2000年の労働時間が増えていることから，その傾向は今後も続くであろう。また，このことから，主たる生計維持者としてのその責任が女性以上にかかっており，その傾向は今後も続くことが予想される。

よって，現行の制度を世帯規模の減少に対応できるよう改善し，男性にだけ負担がかかるような制度を変更することが必要であろう。

＜C＞日本の世帯規模は縮小してきており，その背景には三世帯以上世帯の減少がある。資料15に見られるように，伝統的結婚観が多様な結婚観を許容するものへと変化し，また，資料16に見られるように，結婚に対して個人重視の傾向が見られる。このことから，意識の面で，「世帯」という単位でくくられることへの違和感が広がっており，このことが世帯規模の縮小へとつながっていると言えよう。この意識の変化は，40代，50代にも見られる。例えば，資料12にあるように1960年代は，離婚は若年層がその多くを占めていたが，現在は，伝統的な結婚観が強いとされていた40代，50代でも多く見られるようになった。

現行の制度は，「結婚後は，夫は外で働き，妻は家庭を守るべき」という価値観を前提にしている。そのため，意識が変化してきているにも関わらず，資料13にあるように女性が家事を中心に担わざるを得ない。これは，資料14にみられるように既婚／未婚，子どもの有無に関わらず，男性の「家事」の時間はあまり変化していないことにもつながる。意識の面での変化に現行の制度が対

	応しておらず,むしろ,よりよい「家族」の構築をむしろ妨げている。 　よって,現行の制度を改善し,意識の変化に見合った制度へと変更する必要があるといえよう。
改善すべきでない	＜D＞日本の世帯規模は縮小してきており,その背景には三世帯以上世帯の減少がある。しかしながら,出産によって,一旦は職を離れなければならない女性より,男性のほうが継続的に雇用でき安定した労働者であるといえる。そのような男性が外で働き,女性を扶養し,女性はその特性に合わせ,家庭内で育児や介護を行なう。このことが制度で保障されることにより,我々は安定した生活を築けるのではないだろうか。 　資料13に見られるように,家事時間の男女格差は,それだけ男性が,家族を経済的に支えるために努力している証拠であり,ゆえに,資料11に見られるように仕事の時間が必然的に増えるのである。資料12に見られる離婚率の変化も,男性が仕事,女性が家事という役割分担が,夫婦間の確執をうみ離婚が増えたというより,若者の安易な結婚が離婚率を高めていると見たほうが妥当であろう。 　現行の制度はこれからの高齢社会を支えるためにはなくてはならない家庭内の絆の基礎となっている。よって,現行の制度は維持,強化し,男女の特性を生かした社会の構築を目指す必要があろう。

資料6.　各国女性の年齢別労働力率,資料7.　日本における年齢別男女間賃金格差（1997）,資料8.　短時間雇用者（週間就業時間35時間未満の者）の数及び構成比の推移―非農林業―,資料9.　自殺率の推移（人口10万対）,資料10.　男女有職者の仕事時間の推移,資料11.　有職者の仕事時間量分布の変化（％）,資料12.　妻の年齢別離婚件数百分率,資料13.　男女の家事時間の推移,資料14.　20代～30代男女有職者の「労働」時間（週,1995年）,資料15.　結婚観の多様化傾向,資料16.　結婚をめぐる個人重視の傾向

（識者の見解は筆者がまとめたものである）

　この4つの模範回答を図7-3-1の「主張」の構造に当てはめたものが表7-3-7である。表7-3-7では,模範回答を「事実」,「結論」の要素に分け,さらに「結論」を「改善すべき」と「すべきでない」の2つに分けたものである。さらに,それらの要素と想定される子ども／生徒の回答との対応関係を示している。

　表7-3-7に示すようにこの4つの模範回答は,「改善すべき」として,「現行の制度を改善し,女性の労働をより働きやすい環境をつくることが必要で

表 7-3-7. ツール (2) に含まれる主張の要素

事実		結論 (例)	
		改善すべき	すべきでない
資料6から，日本の女性に関しては，10歳台の労働力率は他の先進国に比べて低いこと，20歳台後半から30歳台前半に一旦低下するが，30歳台後半以降の労働力は上昇する傾向にあること，高齢者の労働力率が他国に比べ高いことが分かる。	推論 →	現行の制度を改善し，女性の労働をより働きやすい環境をつくることが必要であるといえよう。(A)	
資料7から，日本では，年齢が進むほど，男女間の賃金格差が大きくなっていることが分かる。			
資料8では，短時間雇用者全体に占める女性の割合は年々高くなっており，2000年には7割を超えていることが分かる。			
資料9では，自殺率は総じて男性のほうが高い。女性も1995年まで男性と平行して推移してきたが，それ以降では，女性は横ばいになっていることが分かる。		現行の制度を改善し，男性にだけ負担がかかるような制度を変更することが必要であろう。(B)	
資料10では，男性の仕事時間数については，オイルショックを経た1970年から75年にかけて，減少していること，また，85年をピークに減少しているが，95年以降平日を中心に若干増加傾向にある。一方，女性の有職者の仕事時間は男性の有職者の仕事時間数と比べ，全体的に少ないものの，傾向としては，男性有職者と似通った動向が見られる。			
資料11では，平日の仕事時間量の分布を1995年と2000年で比較すると，男性有職者では10時間以上働く層のみ増加しているのに対し，女性有職者では，4時間以下の層と8時間以上働く層の2つが増加しており，2極化傾向にあることが分かる。			現行の制度は維持,強化し，男女の特性を生かした社会の構築を目指す必要があろう。(D)
資料12では，1950年では年齢層の若い夫婦の離婚が多く，年齢が進むにつれて，右側に鋭く落ちるカーブを描いていた。しかし，		現行の制度を改善し，意識の変化に見	

214

1975年，1997年では，ピーク時の年齢が高くなる傾向があり，あとのカーブも緩やかになっていることが分かる。	合った制度へと変更する必要があるといえよう。(C)
資料13では，家事時間の経時変化を見ると，男性が増加傾向にあり，若干ではあるが，その差が縮まりつつあることが分かる。	
資料14では，男性の家事時間は妻の就業，子どもの有無による影響が少ないことが分かる。	
資料15では，1992年と97年を比較すると，多様な結婚観を重視する傾向へと変化していることが分かる。しかしながら，伝統的な結婚観である「結婚したら子どもは持つべきだ」「男女が一緒に暮らすなら結婚すべきだ」といった価値観に対して賛成する意見の方が多い。これに対し，「結婚後は，夫は外で働き，妻は過程を守るべき」という価値観に関しては，反対の意見の方が多いことが分かる。	
資料16では，1992年と97年を比較すると，結婚は，夫婦・家庭重視であるという考え方から，個人重視を重視する傾向へと変化していることが分かる。	

エ．結論の確定 ⇒

オ．事実の確定 ⇒

カ．事実の選択 ⇒ キ．自らの結論をまとめる ⇒

あるといえよう（A）」，「現行の制度を改善し，男性にだけ負担がかかるような制度を変更することが必要であろう。(B)」，「現行の制度を改善し，意識の変化に見合った制度へと変更する必要があるといえよう。(C)」と，「改

善すべきでない」として，「現行の制度は維持，強化し，男女の特性を生かした社会の構築を目指す必要があろう。(D)」の4つの「結論」で構成されている。また，それぞれ，資料6～16から読み取れる10の「事実」が対応している。このような模範回答を引き出すために生徒は，「エ．結論の確定」，「オ．事実の確定」，「カ．事実の選択」，「キ．自らの結論をまとめる」活動を行う。それぞれ見ていこう。

エ．結論の確定

展開5(2)では，子ども／生徒の価値判断に基づいた回答を形成しなければならない。そのためには，まず，「エ．結論の確定」が必要であり，これは全体の方向性を確認する段階である。

オ．事実の確定

次に，資料から読み取れる事実を確定する段階であり，「ア．資料の読み取り」に対応する段階である。

カ．事実の選択

オで読み取った事実の中から，自らの結論の根拠として適切な事実を読み取れる資料を選ぶ段階である。自らの価値判断を裏付ける事実を選択する段階といえる。

キ．自らの結論をまとめる

エ～カの段階を経て，事実と結論をつなげ，回答として完成させる段階である。

(2) 評価のためのツールに見られる評価方略

ツール(2)による評価方略は次のようにまとめられる。

○より多様な模範回答を設定し，「結論」の幅を広げる。
○「結論」を確定させ，それを裏付ける「事実」を選択させる。

以上のような評価方略を行うことにより，生徒の価値判断に基づいた回答

の形成が可能となると言える。

次は,以上の評価の有効性を,単元「制度について考えよう」の追試によって得られた学習成果の分析を通して検証してみよう。

第4項 評価方略の検証

1. 全体的な傾向

評価方略の有効性を検証するために,2011年度に鳴門教育大学で追試した単元「制度について考えよう」を受けた学生の回答の分析・検証を行う。授業を受けた14名の学生は,社会保障制度についての理解を確認したのち,展開5(1)(2)を行った。そのうち,展開5(2)の回答を取り上げ,評価方略の有効性を検証する[14)]。

以下,表7-3-8では,A～Oで示された個々の学生の選択した「資料」と「結論」との関係を示したものである。これを見ると,「改善は必要」が11

表7-3-8. 学生の回答

学生	資料	結論
A	資料7, 6, 8, 12	改善は必要 (11名)
B	資料6, 7, 8	
C	資料7, 8, 11, 13	
E	資料10, 11, 13	
F	(資料1, 3) 資料7, 8	
G	資料6, 8, 15, 16	
H	資料7, 8	
I	(資料1) 資料6, 7, 13	
J	資料6, 8, 15, 16	
K	(資料1) 資料8, 11, 13	
L	資料6, 13, 14	
M	資料11, 13, 15	改善は必要ない (3名)
N	資料10, 11, 13	
O	資料8, 12, 15, 16	

名と偏りが見られるものの、資料1〜16の資料のうち3〜4程度選択して、回答を完成させており、学生が選択した資料には偏りが見られないことが指摘できる。このことから、「結論」は同じでも根拠として選択している事実が異なることから、学生自身の持つ見解に基づいた回答がなされていると言える。なお、今回、資料9を選択した者はいなかった。資料9は、「自殺率」の増加が読み取れるグラフである。そのため、学生に身近な事例ではなかったことがその要因と考えられる。

2. 個々の学生の回答

展開5(2)において学生が作成した回答のうち、特徴的なものを示す。まずは、「改善は必要ない」という結論を導いた回答を見ていこう。

> (学生1)
> <u>私は制度を見直すことはまだ早いのではないかと思う。</u>その理由としてまず「家族」が多様化したとしても労働の実状はたいして変化はないからである。資料10を見ると女性有識者の仕事時間は減少していることは確かであるが、平日に限定するとそれほど増減はしていない。つまり、平日の労働者は大きく増減はしていない。また、資料11でも、女性有職者の変化はそれほどなく、資料13の家事時間の推移の変化も大きくはない。以上のことから、「家族」が多様化している現状ではあるが、昔と比較して大きな影響が出ているとはいいにくいと考える。よって、制度を見直すのはまだ早いと思う。

下線部にあるように、この回答では冒頭に結論とその理由を述べ、それらを支える根拠として資料から読み取った事実が挙げられている。また、資料から読み取った事実だけでなく、なぜ、そのような変化が起きているのかについての考察（「「家族」が多様化している現状ではあるが、昔と比較して大きな影響が出ているとはいいにくいと考える」）が述べられている。以上により、学生自身の回答がより説得力のあるものとなっている。

では、次の回答を見てみよう。

(学生2)
「家族」の多様化の進行に対し、制度を見直すべきではないと考える。資料8から分かるように女性の短期間雇用者が増えていることから、働きに出ている母親も多くいると考えられる。その中で都会に近いところに住むことが多くなるので、地方出身者であれば、核家族となることは仕方のないことである。また、資料15, 16で分かるように結婚に対してもかつてのような概念は無くなってきている。また、資料12にある離婚件数の変移を見ても、離婚する時期のピークがどんどん遅くなってきていることから片親と子どもというのも増えてきている。なので、そのような多様な「家族」というのが存在するのは仕方のないことではないか。<u>制度上、有利にしたいのであれば、そのように住むことが出来るよう調整すべきである。今の税制上、不利となる核家族・共働きは収入もその分、他の「家族」より多いので、そこは負担を求めるべきである。</u>

この回答も学生1の回答と同じく、冒頭で結論が述べられている。そして、"多様な「家族」"の存在を認めた上で、核家族や共働きの世帯に対する負担が増えることについての自分なりの考察を述べている。下線部はその考察である。

このように、学生2の回答は、反対意見が想定されたことでより説得力のあるものとなっている。

では、次に「改善は必要」という結論を導いた学生の回答を見てみよう。

(学生3)
制度を見直すべきであると考える。資料6によると、日本の女性は20歳台後半から30歳台前半に一旦低下するものの、他の年齢層では高いことが分かる。このことから、女性の労働力を必要としていることが伺える。資料8においても短時間雇用者に占める女性の割合も増加傾向を示しており、女性の労働力を不可欠とする状況であると理解できる。また、資料15, 16からは多様な結婚観、個人重視を支持する傾向が強まっていることがみてとれる。家族の在り方や夫婦、離婚の在り方について、その多様性、個人主義が求められる傾向にあると考えられる。これらのことにより、制度を見直し、より様々な家庭の在り方に柔軟に対応する制度としていくことが求められていると考える。<u>さらに検討に当たって、日本が今</u>

後どのような家庭像を理想とすべきかについても考えられるべきである。

　この回答でも学生1の回答と同じく，冒頭で結論が述べられている。その後，資料から読み取れる事実をもとに根拠を述べた上で，下線部に示すように，この問題を解決する上で，考えるべきこと（「日本が今後どのような家庭を理想とすべきかについても考えられるべきである」）を提示している。これにより，学生の回答がより説得力のあるものとなっている。また，次の回答を見ていこう。

(学生4)
制度を見直すべきである。近年，片親世帯の増加が見られる。しかし，男性と女性との間には資料7，8から分かるように賃金格差や就業形態の格差（女性の短時間雇用の増加）が見られる。子どもを養うと言うことになると一定の収入がなければ，適切な教育や生活を与えることは出来ない。そのため，考えられる制度としては，女性の正社員雇用枠を定め，女性の昇進を認めるような制度や環境作りを行うことが挙げられる。そのような制度が出来れば，女親と子どもの世帯でも男親同様に子どもを育てることが出来ると考える。

　この回答でも学生1の回答と同じく，冒頭で結論が述べられている。その後，資料から読み取れる事実を根拠として述べた上で，下線部にあるように，制度の改善案（「女性の正社員雇用枠を定め，女性の昇進を認めるような制度や環境作り」）を示している。このような改善案が示されることにより，学生の回答がより説得力のあるものとなっている。

　ここで取り上げた4人の学生の回答には，①「結論」が明確に示されており，②資料から読み取れる根拠となる事実が示されており，③説得力を持たせるための工夫（反論を想定した記述，問題解決の方向性についての記述，改善策についての記述）を見ることができた。これらは，より説得力のある「回答」にするための学生自身の工夫であり，「自ら課題を見つけ，自らの考えを表現させる」ことができた結果といえる。

以上のことから，資料に基づいて推論させるという表現活動を行う際，評価ツールを用いた評価方略が有効な手立てであることを指摘できる。

第5項　評価方略の活用の論理

第2節では，単元「制度について考えよう」を事例に，評価のためのツールを活用した評価方略を示した。それは，4種類の評価のためのツールを授業全体の学力形成過程の中に位置づけることによって可能となる。単元「制度について考えよう」における学力保障のための評価方略は次のようになった。

表7-3-9．単元「制度について考えよう」に見られる学力保障のための評価方略の構成

展開	授業場面	ツールによって確定される社会認識の種類		
		事実	モデル	判断
展開1, 2	社会制度の理解	○		
展開3, 4	枠組みの把握	○	○	
展開5, 6	判断場面	○	○	○

単元「制度について考えよう」の授業観を踏まえると，単元を構成する3つの授業場面のそれぞれが現代社会の仕組みを理解させる上で必要な授業場面であることが分かった。そこで，それぞれの授業場面の終結部に，対応する評価のためのツールを実施し，生徒の学習状況を確認することによって，授業実践を行った。

実際の授業実践では，最終的な生徒の判断場面において「文章の書き方」の指導を重視したため，「書き方」にとらわれている生徒がみられたが，多くの生徒が社会保障制度の適切な理解を踏まえた記述を最終的な判断場面で行っているという点で効果があったと言える。

第 4 節　社会系教科における授業者のための評価法作成方略

　第 7 章では，授業場面に対応した評価法及び評価ツールのそれぞれの機能を概観し，それぞれの機能を組み合わせた評価方略を提案した。

　第 3～6 章で示された評価のためのツールは，教授活動，学習活動に着目した最も基本的なものであり，単元ではなく，授業の特徴的な一場面に対応するものであった。そのため，すべての授業に対応できないという限界をそれぞれが持っていた。

　しかし，そもそも社会系教科は多様な授業場面で構成されている。それぞれのツールの限界を踏まえ，授業場面に応じた評価のためのツールを学力形成過程に合わせて使い分けること，個々の子ども／生徒の学習状況をとらえることで彼らの学力を保障することが可能となり，より効果的な学習へとつながる。

　社会系教科の授業は，複雑な構造となることが多い。しかしながら，複雑な構造もそれぞれ異なる側面からとらえることによって，把握が可能である。複雑さを一面で捉えようとするのではなく，授業場面レベルでそれを捉え，それぞれの場面にふさわしい評価を行うこと，そして，それを組み合わせた学力保障のための評価方略が必要といえよう。

注

1)　梅津正美代表「社会科授業研究における教育実践学的方法論の構築と展開—PDCA に基づく授業理論の有効性の検証と社会科授業研究スタンダード開発—」兵庫教育大学大学院連合学校京区学研究科『共同研究プロジェクト N』http://www.office.hyogo-u.ac.jp/jgs/project/n/（2014 年 5 月 28 日）を参照。
2)　例えば，棚橋［2007a］や峯［2011］で取り上げられている。
3)　評価規準と評価基準を「評価規準・基準」とまとめて表記している。これは，テスト得点や作品を比較したり，照合したりするための何らかの枠組みのことであり，このうち評価規準は「何を評価するのか」という質的な判断のための枠組みであり，

評価基準は「どの程度であるか」という量的な判断のための枠組みである［藤岡，2006］。

4) アセスメントとは、「対象について単にテスト法だけではなく、多くの方法を用いて多面的に調べ、総合的に診断・評価を行うことであり、(中略) 一般的には、処遇の立案、実施、そして評価に対し、価値のある情報を与えること［辰野，2006］」である。

5) 日本テスト学会は、このような測定に用いる用具のことをテストと定義し、「テストの開発，実施，利用，管理にかかわる規準　基本状況　Ver.1.1」を示している。(http://www.jartest.jp/pdf/3_kihon_joko_ver.1.1.pdf) 2014年3月31日確認

6) この実践は筆者により、2006年に熊本県私学秀岳館高等学校の2年生に対し実施されたものである。この実践報告については、井上［2006］［2007］にある。

7) 棚橋［2007b］に詳しい。

8) 「ファミリィ・アイデンティティ」とは、何を家族と同定 (identify) するのかという「境界の定義」であり、近代家族を相対化する概念として上野により示された枠組みである。［上野，2003］

9) 棚橋［2007，p.28］の図2を参考にした。

10) 提示した問題は、平成16〜18年度にかけて筆者が実践したものを一部改変したものである。

11) この枠組みの作成にあたっては、足立［1984］，トゥールミン［2011］のモデルを参考にした。

12) 論理的な「主張」のとらえに当たっては、伊勢田［2005］を参考にした。

13) 識者の見解を作成するにあたり、教材資料第6，7章を参考にした。

14) 原文のままである。

〈展開5(1)ツール(1)（資料編）〉

資料1．一般世帯平均人員の推移

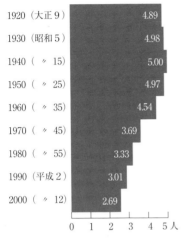

注) 1980年以前は普通世帯の平均。
出典) 湯沢雍彦『データで読む家族問題』
日本放送出版協会，2005年。

資料2．人員別世帯数割合の推移
(普通世帯，2000年は一般世帯)

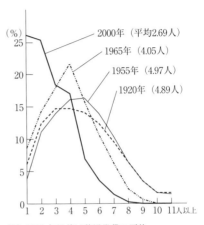

注) 1980年以前は普通世帯の平均。
出典) 湯沢雍彦『データで読む家族問題』日本放送出版協会，2005年。

資料3．世帯規模縮小の国際比較

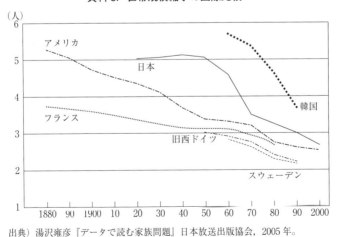

出典) 湯沢雍彦『データで読む家族問題』日本放送出版協会，2005年。

資料4. 一般世帯と施設等の世帯の数と人数（2000年の概数）

総世帯　4646万世帯（12671万人）		
一般世帯 4638万世帯（12482万人）		c 施設等の世帯 8.1万世帯（189万人）
a 二人以上世帯	b 単独世帯	居住者の内訳
住居と生計を共に している人の集まり 3410万世帯 （11,255万人）	一戸を構えて 住んでいる単身者 1227万世帯 （1227万人）	間借り・下宿 などの単身者 29万人
うち三世代以上世帯 477万世帯 （2530万人）	うち65歳以上の単独世帯 303万世帯 （303万人）	会社などの 独身寮の単身者 84万人
		その他の 施設の居住者 76万人

出典）湯沢雍彦『データで読む家族問題』日本放送出版協会，2005年。

資料5. 世帯の家族類型別一般世帯数―全国

世帯の家族類型	一般世帯(1,000世帯)		家族類型別割合（%）	
	1980年	2000年	1980年	2000年
総　　　　数	35,824	46,376	100.0	100.0
親　族　世　帯	28,657	33,920	80.0	73.1
核家族世帯	21,594	27,462	60.3	59.2
夫婦のみ	4,460	8,864	12.5	19.1
夫婦と子ども	15,081	14,946	42.1	32.2
男親と子ども	297	550	0.8	1.2
女親と子ども	1,756	3,101	4.9	6.7
その他の親族世帯	7,063	6,459	19.7	13.9
夫婦と両親	193	244	0.5	0.5
夫婦と片親	415	722	1.2	1.6
夫婦，子どもと両親	1,732	1,441	4.8	3.1
夫婦，子どもと片親	2,638	2,128	7.4	4.6
夫婦と他の親族	114	127	0.3	0.3
夫婦，子どもと他の親族	341	364	1.0	0.8
夫婦，親と他の親族	161	117	0.4	0.3
夫婦，子ども，親と他の親族	854	480	2.4	1.0
兄弟姉妹のみ	208	305	0.6	0.7
他に分類されない親族世帯	407	533	1.1	1.1
非親族世帯	62	187	0.2	0.4
単独世帯	7,105	12,268	19.8	26.5

出典）湯沢雍彦『データで読む家族問題』日本放送出版協会，2005年。

〈展開5⑵ツール⑵(資料編)〉

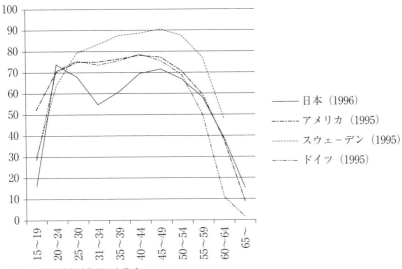

資料6. 各国女性の年齢別労働率

出典）国際労働経済年鑑より作成

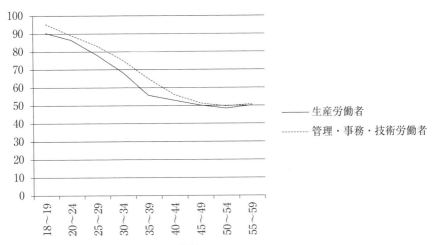

資料7. 日本における年齢別男女間賃金格差 (1997年)

＊各年齢層の男性賃金を100としたときの指数
出典）平成9年賃金構造基本統計調査結果より作成
http://www.jil.go.jp/jil/kisya/daijin/980423_01_d/980423_01_d.html#top　2014年，4月確認

資料 8. 短時間雇用者（週間就業時間 35 時間未満の者）数及び構成費の推移
—非農林業—

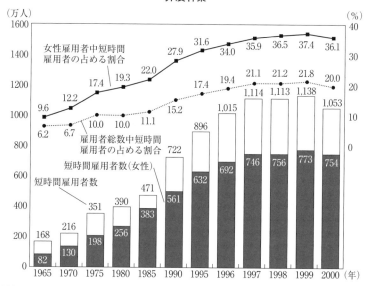

注）雇用者数は休業者数を除く。
出典）湯沢雍彦『データで読む家族問題』日本放送出版協会，2005 年。

資料 9. 自殺率の推移（人口 10 万対）

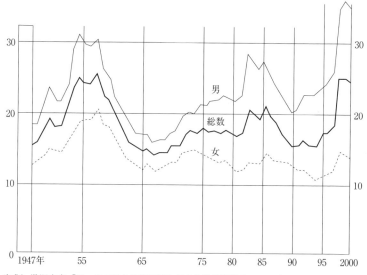

出典）湯沢雍彦『データで読む家族問題』日本放送出版協会，2005 年。

資料10. 男女有職者の仕事時間の推移

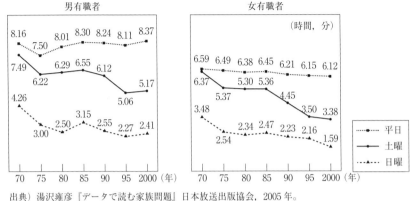

出典）湯沢雍彦『データで読む家族問題』日本放送出版協会，2005年。

資料11. 有職者の仕事時間量分布の変化（％）

		0時間	4時間以下	4〜6時間	6〜8時間	8〜10時間	10時間以上
男有職者	1995年	8	4	5	24	35	25
	2000年	6	4	5	19	36	30
女有職者	1995年	12	12	15	31	22	7
	2000年	14	13	14	26	25	9

注）4〜6時間は，4時間15分以上のことをさし，4時間は含んでいない（ほかも同様）。
出典）湯沢雍彦『データで読む家族問題』日本放送出版協会，2005年。

資料12. 妻の年齢別離婚件数百分率

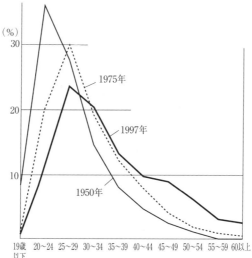

出典）湯沢雍彦『データで読む家族問題』日本放送出版協会，2005年。

資料13. 男女の家事時間の推移

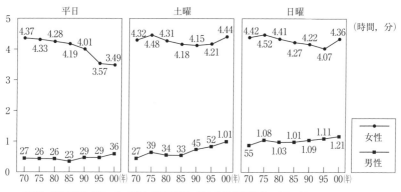

出典）湯沢雍彦『データで読む家族問題』日本放送出版協会，2005年。

資料14. 20代〜30代男女有職者の「労働」時間（週, 1995年）

		仕事	仕事のつきあい	通勤	家事	「労働」時間
男有職者	未婚		0.16	0.59	0.24	8.46
	既婚		0.19	0.55	0.54	9.41
	共働き		0.18	0.48	0.49	9.40
	非共働き		0.19	0.59	0.58	9.39
	幼児あり		0.18	0.54	1.08	9.51
	幼児なし		0.20	0.55	0.30	9.20
女有職者	未婚		0.09	0.54	1.03	8.15
	既婚		0.08	0.31	5.26	10.44
	幼児あり		0.08	0.28	6.37	11.30
	幼児なし		0.08	0.33	4.28	10.05

出典）湯沢雍彦『データで読む家族問題』日本放送出版協会，2005年。

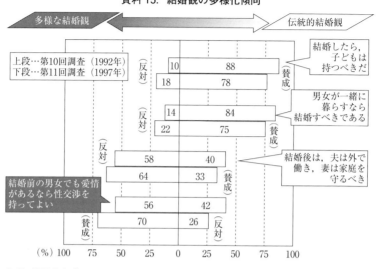

資料15. 結婚観の多様化傾向

出典）湯沢雍彦『データで読む家族問題』日本放送出版協会，2005年。

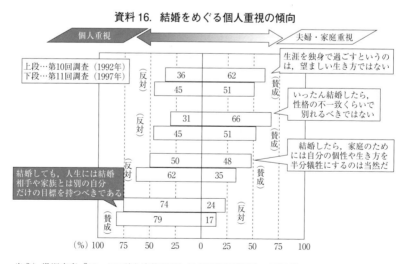

資料16. 結婚をめぐる個人重視の傾向

出典）湯沢雍彦『データで読む家族問題』日本放送出版協会，2005年。

終章　社会系教科における評価と今後の課題

　社会系教科はこれまで「社会認識を通して市民的資質を育成する」ための様々な授業や教育課程が分析，開発されてきた。それは，よりよく社会科の理念を実現する授業の探求であったと言っても過言ではない。しかしながら，これらの研究は常に目指すべき学力の全体性を捉えきれない不十分さが指摘されていた。この不十分さを，例えば，森分［1978］は社会認識に限定することで克服しようとし，池野［連載2006～2007］［2009］は向上主義の立場からこれを克服しようとしている。

　しかしながら，両者ともに，教科の中で育成すべき最も「よい学力とは何か」という問いに答えようとしている点でこれまでの研究と同様である。結局は，想定される学力の全体性を捉えていないという指摘が，双方からなされ，より包括的に社会科の理念を実現する授業や教育課程を明らかにする議論への発展は難しくなるだろう。

　そうであれば，問いを変え，「社会系教科で育成される学力は，どのような側面で捉えることができるのか，また，それらはどのような関係にあるのか」について，授業の事実に基づいた探求が求められるのではないだろうか。

　この問いを考える上で，中心となるのが子ども／生徒の学力保障のために行われる評価である。本研究では，子ども／生徒の学力保障のために行われる評価の主体を授業者と捉え，授業者が個々の子ども／生徒の学力を保障するための評価のためのツールとその組み合わせによる単元全体の評価法作成の方略を明らかにした。

　まず，授業場面の「よさ」が最もよく表れている授業を分析し，その評価の具体として示した。これを，授業場面に対応した評価のためのツールとした（第3～6章）。さらに，明らかとなった4種類の評価のためのツールを単

元全体が依拠する授業観と学力形成過程に合わせて設定した。

　評価は方法論であり，技術論である。そのため，子ども／生徒の学習状況を評価する実際の場面では，評価の目的よりはむしろ，実用性や具体性が強調される。結局は，「ツール」なのである。これまでの研究は，評価の「ツール」としての側面を過大評価し，学力の全体を捉えるという無謀な目標を立てていたのではないだろうか。授業論とは異なり，評価は，理念としての評価と方法，技術としての評価（ツール）には隔たりがある。この違いを十分に意識することが社会系教科における評価をよりよくするものにつながるのである。

　本研究は，理念としての評価と，方法，技術としての評価を合わせて示し，社会系教科における学力保障のための評価の在り方を示したという点で意義があるといえよう。

　このような評価観に立った場合，残された課題は2点である。1つは社会系教科に特徴的な授業場面のさらなる抽出である。本研究で取り上げた授業場面は，「社会認識」に着目した最も基本的な4つの場面であった。しかしながら，例えば，討論や社会参加など，近年新たな領域も確立されつつある。そのような授業場面に対し，どのような評価のためのツールが想定されるかを明らかにする必要があろう。2つめは，評価のためのツールの形式の妥当性である。本研究では，評価の根拠となる評価資料の特質の分析から，現段階で最も相応しいと思われる形式を選択し，評価のためのツールを作成した。しかしながら，論理的に示されたのは条件のみであり，方法，技術の発展によってはよりよい方法，技術へと変える必要性がある。評価の方法，技術の発展を見据え，さらによりよい評価のためのツールへと改善していくことが求められる。

引用・参考文献

1. 足立幸男．(1984)．議論の論理―民主主義の議論―．木鐸社．
2. 安彦忠彦．(2002)．教育課程編成論．日本放送出版協会．
3. 安彦忠彦（編）．(2006)．カリキュラム研究入門．勁草書房．
4. 安彦忠彦・石堂常世（編）．(2004)．現代教育の原理と方法．勁草書房．
5. 天野郁夫（編）．(1997)．教育への問い．東京大学出版会．
6. 天野正輝．(2000)．総合的学習のカリキュラム開発と評価．晃洋書房．
7. 池田央．(1971)．行動科学の方法．東京大学出版会．
8. 伊勢田哲治．(2003)．疑似科学と科学の哲学．名古屋大学出版会．
9. 伊勢田哲治．(2005)．哲学思考トレーニング．ちくま新書．
10. 板倉聖宣．(2003)．教育評価論．仮説社．
11. 稲葉宏雄．(1984)．学力問題と到達度評価（上）（下）．あゆみ出版．
12. 岩田一彦．(1994)．社会科授業研究の理論．明治図書．
13. 岩田一彦．(2001)．社会科固有の授業理論・30の提言―総合的学習との関係を明確にする視点―．明治図書．
14. 上野千鶴子．(2001)．構築主義とは何か．勁草書房．
15. 上野千鶴子．(2003)．近代家族の成立とその終焉．岩波新書．
16. 内田義彦．(1971)．社会認識の歩み．岩波新書．
17. 内海巌（編）．(1971)．社会認識教育の理論と実践―社会科教育学原理―．葵書房．
18. 梅野正信・安藤保（編）．(1991)．西郷・大久保・東郷」論争点を授業する．明治図書
19. 尾原康光．(2009)．自由主義社会科教育論．渓水社．
20. 梶田叡一．(1983)．教育評価．有斐閣双書．
21. 加藤寿朗．(2007)．子どもの社会認識の発達と形成に関する実証的研究―経済認識の変容を手がかりとして―．風間書房．
22. 金子邦秀．(1995)．アメリカ新社会科の研究―社会科学科の内容構成―．風間書房．
23. 神川正彦．(1970)．歴史における言葉と論理Ⅰ―歴史哲学基礎論―．勁草書房．
24. 北俊夫．(2004)．社会科の思考を鍛える新テスト―自作のヒント―．明治図書．
25. 草原和博．(2004)．地理教育内容編成論研究―社会科地埋の成立根拠―．風間書房．

26. 桑原敏典．(2004)．中等公民的教科目内容編成の研究―社会科公民の理念と方法―．風間書房．
27. 小原友行．(1998)．初期社会科授業論の展開．風間書房．
28. 西條剛央．(2005)．構造構成主義とは何か―次世代人間科学の原理―．北大路書房．
29. 佐伯胖，宮崎清孝，佐藤学，石黒広昭．(1998)．心理学と教育実践の間で．東京大学出版会．
30. 佐藤学．(1990)．米国カリキュラム改造史研究．東京大学出版会．
31. 佐藤学．(1997)．教師というアポリア．世織書房．
32. 佐藤学．(2000)．「学び」から逃走する子どもたち．岩波ブックレット No. 524．
33. 佐藤学．(2006)．学校の挑戦―学びの共同体を創る―．小学館．
34. 重松鷹泰責任編集．(1971)．授業における評価研究．明治図書．
35. 志水宏吉．(2003)．公立学校の挑戦―「力のある学校」とはなにか―．岩波ブックレット No. 611．
36. 志水宏吉．(2005)．学力を育てる．岩波新書．
37. 志水宏吉（編）．(2009)．「力のある学校」の探求．大阪大学出版会．
38. 社会認識教育研究会．(1978)．社会認識教育の探求．第一学習社．
39. 社会認識教育学会．(1989)．社会科教育の理論．ぎょうせい．
40. 社会認識教育学会（編）．(1994)．社会科教育学ハンドブック．明治図書．
41. 社会認識教育学会（編）．(2003)．社会科教育のニュー・パースペクティブ―変革と提案―．明治図書．
42. 社会認識教育学会（編）．(2006)．社会認識教育の構造改革―ニュー・パースペクティブにもとづく授業開発―．明治図書．
43. 社会認識教育学会（編）．(2012)，新　社会科教育学ハンドブック，明治図書．
44. 鈴木節也．(2003)．絶対評価時代のテストの作り方．学陽書房．
45. 諏訪哲二．(2008)．学力とは何か．洋泉社．
46. 関雅美．(1990)．ポパーの科学論と社会論．勁草書房．
47. 全国社会科教育学会（編）．(2007)．優れた社会科授業の基盤研究Ⅱ　中学校・高校の"優れた社会科授業"の条件．明治図書．
48. 高浦勝義．(1998)．総合学習の理論・実践・評価．黎明書房．
49. 高浦勝義．(2004)．絶対評価とルーブリックの理論と実践．黎明書房．
50. 辰野千壽・石田恒好・北尾倫彦監修．(2006)．教育評価事典．図書文化．
51. 田中耕治（編）．(2002)．新しい教育評価の理論と方法（Ⅰ・Ⅱ）．日本標準．
52. 田中耕治（編）．(2005)．よくわかる教育評価．ミネルヴァ書房．

53. 田中耕治. (2008). 教育評価. 岩波書店.
54. 田中耕治（編）. (2008). 新しい学力テストを読み解く. 日本標準.
55. 田中耕治・西岡加名恵（編）. (2008).「学力向上」実践レポート―実践の成果と舞台裏―. 教育開発研究所.
56. 西岡加名恵・田中耕治（編）. (2009).「活用する力」を育てる授業と評価. 学事出版.
57. 田中統治・根津朋美（編）. (2009). カリキュラム評価入門. 勁草書房.
58. 棚橋健治. (2002). アメリカ社会科学習評価研究の史的展開―学習評価にみる社会科の理念実現過程―. 風間書房.
59. 棚橋健治. (2007a). 社会科の授業診断―よい授業に潜む危うさ研究―. 明治図書.
60. 戸田山和久. (2005). 科学哲学の冒険―サイエンスの目的と方法をさぐる―. 日本放送出版会.
61. 中田基昭. (1993). 授業の現象学―子どもたちから豊かに学ぶ―. 東京大学出版会.
62. 中田基昭. (1996). 教育の現象学―授業を育む子どもたち―. 川島書店.
63. 中山康雄. (2008). 科学哲学入門―知の形而上学―. 勁草書房.
64. 日本テスト学会. (2007). テスト・スタンダード―日本のテストの将来に向けて―. 金子書房.
65. 鍋島祥郎. (2003). 効果のある学校―学力不平等を乗り越える教育―. 解放出版社.
66. 根津朋美. (2006). カリキュラム評価の方法―ゴール・フリー評価論の応用―. 多賀出版.
67. 橋爪大三郎. (1992). 陳腐で凡庸で過酷で抑圧的な民主主義は人類が生み出した最高の政治制度である. 現代書館.
68. 橋本重治. (1981). 続・到達度評価の研究. 図書文化.
69. 橋本重治. (2003). 教育評価法概説. (応用教育研究所，編) 図書文化.
70. 長谷川晃. (1996). 解釈と法思考, 日本評論社.
71. 藤井千之助. (1985). 歴史意識の理論的・実証的研究―主として発達と変容に関して―. 風間書房.
72. 本田由紀. (2005). 多元化する「能力」と日本社会. NTT出版.
73. 松下佳代. (2007). パフォーマンス評価―子どもの思考と表現を評価する―. 日本標準ブックレット.
74. 牧野由香里. (2008).「議論」のデザイン. ひつじ書房.
75. 宮台真司・鈴木弘輝・堀内新之介. (2007). 幸福論. 日本放送出版協会.

76. 溝口和宏．（2003）．現代アメリカ歴史教育改革論研究．風間書房．
77. 峯明秀．（2011）．社会科授業改善の方法論改革研究―資質形成の相違に応じた螺旋PDCAサイクル―．風間書房．
78. 村井淳志．（1996）．学力から意味へ―安井・本多・久津見・鈴木各教室の元生徒の聞き取りから―．草土文化．
79. 森分孝治．（1978）．社会科授業構成の理論と方法．明治図書．
80. 森分孝治．（1984）．現代社会科授業理論．明治図書．
81. 渡辺雅子．（2003）．叙述スタイルと歴史教育―教授法と教科書の国際比較―．三元社．
82. 渡辺雅子．（2004）．納得の構造―日米初等教育に見る思考表現のスタイル―．東洋館出版社．
83. B.S. ブルーム著／梶田叡一他，訳（1973）．学習評価法ハンドブック（上下）．第一法規．
84. B.S. ブルーム著／梶田叡一他，訳（1980）．個人特性と学校学習―新しい基礎理論―．第一法規．
85. C.V. ギップス著／鈴木秀幸訳．（2001）．新しい評価を求めて―テスト教育の終焉―．論争社．
86. D. ショーン／佐藤学・秋田喜代美訳（2001）．専門家の知恵―反省的実践家は行為しながら考える―．ゆみる出版．
87. G. ウィギンズ，J. マクタイ著／西岡加名恵訳（2012）．理解をもたらすカリキュラム設計―「逆向き設計」の理論と方法．日本標準．
88. J.S. ブルーナー著／鈴木祥蔵・佐藤三郎訳．（1963）．教育の過程．岩波書店．
89. J.S. ブルーナー著／岡本夏木, 池上貴美子, 岡村佳子訳．（2004）．教育という文化．岩波書店．
90. K. ポパー著／森博訳．（1974）．客観的知識―進化論的アプローチ―．木鐸社．
91. K. ポパー著／森博他訳．（2001）．科学的発見の論理（上下）．恒星社厚生閣．
92. R.M. ガニエ．（1982）．学習の条件．学芸図書．
93. R.W. タイラー著／金子孫市監訳．（1978）．現代カリキュラム研究の基礎―教育課程編成のための―．社団法人　日本教育経営協会．
94. S.J. グールド．（2008）．人間の測り間違い―差別の科学史（上下）―．（鈴木善次・森脇靖子，訳）河出文庫．
95. V. バー著／田中一彦訳．（1997）．社会的構築主義への招待―言説分析とは何か―．川島書店．

引用・参考論文

1. 赤沢早人．(2007)．戦後教育評価論のパラダイム―橋本重治の場合―．著：田中耕治，人物で綴る戦後教育評価の歴史（pp. 58-73）．三学出版．
2. 李貞姫．(2009)．社会科学的概念の獲得を目指す地域学習の授業分析―韓国小学校社会科授業を事例に―．社会系教科教育学研究，pp. 31-40.
3. 伊東亮三・池野範男．(1986)．社会科テストの教授学的研究（Ⅰ）．日本教科教育学会誌，11 (3)，pp. 9-13.
4. 伊東亮三・木村博一・棚橋健治．(1987a)．社会科テストの教授学的研究（Ⅱ）．日本教科教育学会誌，12 (1)，pp. 11-16.
5. 伊東亮三・吉川幸男．(1987b)．社会科テストの教授学的研究（Ⅲ）．日本教科教育学会誌，12 (2)，pp. 7-12.
6. 伊東亮三．(1983)．社会科授業理論の認識論的基礎づけ（Ⅰ）―「追体験し意味を理解する社会科」の場合―．日本教科教育学会誌，8 (1)，pp. 27-32.
7. 池野範男．(1983)．社会科授業理論の認識論的基礎づけ（Ⅱ）―「子どもの思考を育てる社会科」の場合―．日本教科教育学会誌，8 (1)，p. 33-39.
8. 池野範男．(2006-2007)．連載　社会科の読解力を鍛えるテスト問題．社会科教育．明治図書．
9. 池野範男・伊東亮三・奥山研司ほか．(1990)．社会科テストの教授学的研究（Ⅳ）―「テスト構成案」の必要性―．広島大学教育学部　学部附属共同研究体制研究紀要（18），pp. 55-65.
10. 池野範男・伊東亮三・奥山研司ほか．(1991)．社会科テストの教授学的研究（Ⅴ）―歴史テスト構成案の開発（2）―．広島大学教育学部　学部附属共同研究体制研究紀要（19），pp. 117-127.
11. 池野範男・伊東亮三・奥山研司ほか．(1992)．社会科テストの教授学的研究（Ⅵ）―歴史テスト構成案の開発（3）―．広島大学教育学部　学部附属共同研究体制研究紀要（20），pp. 71-80.
12. 池野範男・伊東亮三・奥山研司ほか．(1993)．社会科テストの教授学的研究（Ⅶ）―歴史テスト構成案の開発（4）―．広島大学教育学部　学部附属共同研究体制研究紀要（21），pp. 63-72.
13. 井上奈穂．(2002)．目標達成度を明確化した態度評価法―ハーバード社会科の社会的論争問題分析テスト SIAT を題材に―．社会科研究（57），pp. 51-60.

14. 井上奈穂. (2006). 生徒の批判の視点を保障する社会科授業の開発―「ファミリィ・アイデンティティ」の概念に基づいて―. 社会科教育論叢. (45), pp. 58-63.
15. 井上奈穂. (2007). 多様な学力保障のための評価問題―評価問題の形成的機能に着目して―. 教育学研究紀要, (53). pp. 216-221.
16. 井上奈穂 (2009a), 社会系教科における評価法開発の論理―「科学的知識の形成」を目標とする授業の場合―. 日本教科教育学会誌, (32) 2, 日本教科教育学会, pp. 49-58.
17. 井上奈穂 (2009b), 社会系教科における学力保障のための評価の視点―評価の形成的機能に着目して―. 教育学研究紀要. (54), pp. 197-202.
18. 井上奈穂. (2010). 社会系教科における評価のためのツール設計の論理―社会的事象に関する知識の獲得を目的とする授業の場合―. 社会認識教育学研究, (25), pp. 31-40.
19. 井上奈穂 (2012), 社会系教科における授業者による学習評価の論理―「決定・判断」を基盤とした授業の場合―. 鳴門教育大学研究紀要, (27), pp. 100-110.
20. 井上奈穂 (2013), 授業者による学習評価の論理―大津和子の実践「世界の貿易」の分析から―. 鳴門教育大学研究紀要, (28), pp. 80-90.
21. 上野実義ほか. (1973). 社会認識教育の実験・実証的研究―科学的社会認識の系統的育成 (1) ―. 社会科教育論叢 (20), pp. 12-79.
22. 上野実義ほか. (1974). 社会認識教育の実験・実証的研究―科学的社会認識の系統的育成 (2) ―. 社会科教育論叢 (21), pp. 24-68.
23. 梅津正美. (2000). 社会科学科. 著: 森分孝治・片上宗二 (編), 社会科 重要用語の300の基礎知識. 明治図書, p. 22.
24. 梅津正美. (2007). 社会科におけるテスト問題構成の方法. 鳴門教育大学研究紀要, (22), pp. 175-187.
25. 大木康弘. (1991). 目標改善をめざす公民科評価研究―アメリカNAEPの態度目標を手がかりに―. 教育学研究紀要 (第二部). (37), pp. 172-177.
26. 大杉昭英. (1990). 「個別化」を導入した探求としての社会科―高校現代社会「消費者問題」の授業構成―. 社会科研究 (38), pp. 119-130.
27. 尾原康光. (1995). リベラルな民主主義社会を担う思考者・判断者の育成 (1) ―D.W. オリバーの場合―. 社会科研究 (43), pp. 81-90.
28. 尾原康光. (2007a). 社会科と『愛国心』教育―教科レベルでの検討―. (鳥取社会科懇話会, 編) 社会科研究 (28).
29. 尾原康光. (2007b). 社会科と『愛国心』教育 (2) ―授業論レベルでの検討―.

2006年度社会系教科教育学会全国研究大会発表レジュメ.
30. 柏木正. (2002). 「到達度評価」の前史. 著：遠藤光男・天野正輝（編），到達度評価の理論と実践 (pp. 129-144). 昭和堂.
31. 加藤好一. (2008). 「大量消費社会の出現」をどう教えるか―「三層構造」でつくる公民はじめの授業―. 歴史地理教育 (730), pp. 48-51.
32. 加藤寿朗・和田倫寛. (2009). 子どもの社会認識発達に基づく小学校社会科授業の開発研究. 社会系教科教育学研究 (21), pp. 1-10.
33. 河南一. (1994). 教科書をどう研究するか. (熊本大学教育学部社会科教育方法研究室，編) 研究室紀要 (1), pp. 25-40.
34. 片上宗二. (1994). 社会認識と市民的資質. 社会認識教育学会編. 社会科教育学ハンドブック. pp. 67-76. 明治図書.
35. 木原成一郎. (2007). 授業の改善における形成的評価の役割―教師の指導と子どもの学習の「調整」―. 教育目標・評価学会 (17), pp. 10-16.
36. 来山裕. (1988). 社会科における評価の研究―初期学習指導要領における評価―. 社会科研究 (36). pp. 57-71.
37. 児玉修. (2009). 社会科授業における問いの対比的構造. 社会科研究 (70), pp. 11-20.
38. 児玉修. (1976). 社会的判断力育成の教材構成―D.W.オリバーの公的問題について―」. 社会科研究 (25), pp. 93-102.
39. 草原和博. (2006). 教科教育実践学の構築に向けて―社会科教育実践研究の方法論とその展開―. 著：兵庫教育大学大学院連合学校教育学研究科，教育実践学の構築―モデル論文の分析と理念型の提示を通して― (pp. 35-61). 東京書籍.
40. 小原友行. (1985). 意思決定力を育成する歴史授業構成. 史学研究 (177), pp. 45-67.
41. 坂井誠亮. (2008a). 初期社会科「田原本プラン」における学習評価の特質―実践記録及びテスト問題を手がかりとして―. 教育方法学研究, (34). pp. 49-60.
42. 坂井誠亮. (2008b). 昭和27年 (1952年) 度版「桜井プラン」における学習評価に関する検討―評価規準及びテスト問題を中心として―. カリキュラム研究 (17), pp. 29-44.
43. 渋谷憲一. (2006). テスト法の意義と種類. 著：監修 辰野千壽・石田恒好・北尾倫彦，教育評価事典 (p. 153). 図書文化.
44. 田口紘子. (2007). ワークショップ学習によるアメリカ初等歴史教育改革―授業記録書"history Workshop"の場合―. 社会科研究 (67), pp. 61-70.

45. 田口紘子. (2008). 議論を基盤にした小学校歴史学習原理―Sara Atkinson の場合―. 社会系教科教育学研究 (20), pp. 141-150.
46. 辰野千壽. (2006). 教育評価の概念・意義. 辰野千壽・石田恒好・北尾倫彦監修. 教育評価事典. 図書文化, pp. 18-19.
47. 田中耕治. (1980). カリキュラム改革運動における「構造」概念について―ブルーナーとシュワブの場合―. 京都大学教育学部紀要 (26), pp. 222-232.
48. 田中耕治. (1983). 教育目標論の展開―タイラーからブルームへ―. 京都大学教育学部紀要, (24), pp. 91-108.
49. 棚橋健治. (1999). 社会科の本質と学習評価―アメリカ社会科学習評価研究史の位相―. 社会科研究 (51), pp. 1-10.
50. 棚橋健治. (2004a). "すぐれた授業" は社会科学力を保障しているか. (明治図書) 社会科教育 (546), pp. 12-43.
51. 棚橋健治. (2004b). 子どもの学力を保障する社会科の授業づくり. 学校教育 (1044), pp. 6-11.
52. 棚橋健治ほか. (2004c). ＜シンポジウム＞"すぐれた授業" は社会科学力を保障しているか. (明治図書) 社会科教育 (546), pp. 12-43.
53. 棚橋健治. (2007b). 公民領域における優れた学習指導案とその要件. 著：全国社会科教育学会 (編), 優れた社会科授業の基盤研究Ⅱ 中学校・高校の "優れた社会科授業" の条件 (pp. 95-100). 明治図書.
54. 寺尾健夫. (1990). 小学校社会科歴史テストの分析―総合テスト問題作成過程の再構成―. 社会系教科教育学研究 (2), pp. 59-66.
55. 寺尾健夫. (1991). 小学校社会科歴史テストにおける解答方法の特性―多肢選択問題解答価値の分析を通して―. 社会科研究 (39), pp. 56-69.
56. 寺尾健夫. (1994). 授業との連携強化と認識・認知構造の測定をめざす社会科テストの可能性. 社会科教育論叢 (41), pp. 74-82.
57. 清水誠・寺尾健夫. (1995). 多重対問形式を利用した中学校社会科問題場面テストの開発―公民的分野「選挙制度」の授業と評価テストの分析―. 福井大学教育実践研究 (20), pp. 183-202.
58. 寺尾健夫. (1996a). 歴史学習における理解の変容と評価法―歴史理解の観点の分析を手がかりとして―. 社会系教科教育学研究 (8), pp. 1-8.
59. 寺尾健夫. (1996b). 社会科授業と評価テストとの対応づけによる方法的能力育成の効果. 福井大学教育学部紀要 第Ⅳ部 (52), pp. 29-40.
60. 寺尾健夫・大橋巌・中島文男. (1996). 中学校社会科歴史テストの開発. 福井大

学教育実践研究（21），pp. 119-138.

61. 寺尾健夫. (1998). 社会科学習能力・技能に関する教師の評価基準と児童の自己評価基準との統合. 社会系教科教育学研究（10），pp. 99-108.
62. 寺尾健夫・中條和光. (1998). 社会科テスト問題データベースの開発. 福井大学教育実践研究（23），pp. 91-110.
63. 永井滋郎ほか. (1975). 社会認識教育の実験・実証的研究—科学的社会認識の系統的育成（3）—. 社会科教育論叢（22），pp. 9-54.
64. 撫尾知信. (2006). 診断的評価・形成的評価・総括的評価. 著：監修　辰野千壽・石田恒好・北尾倫彦，教育評価事典（pp. 62-63）. 図書文化.
65. 西岡加名恵. (2005). ウィギンズとマクタイによる『逆向き設計』論の意義と課題. カリキュラム研究（14），pp. 15-29.
66. 西岡加名恵. (2007). 「逆向き設計」論にもとづくカリキュラム編成—中学校社会科における開発事例—. 教育目標・評価学会紀要（17），pp. 17-24.
67. 平田知美. (2008). 「発達の最近接領域」の概念にもとづいた評価（ダイナミック・アセスメント）に関する研究.（4），pp. 21-30.
68. 藤岡秀樹. (2006). 評価規準と評価基準. 著：監修　辰野千壽・石田恒好・北尾倫彦監修. 教育評価事典. 図書文化，p. 80.
69. 藤本将人. (2004). 市民性教育におけるオーセンティック（Authentic）概念の特質—ミシガン州社会科評価プロジェクトの場合—. 社会科研究（61），pp. 21-30.
70. 福田正弘. (1999). 子どもの企業行動理解の発達. 社会科研究（50），pp. 111-120.
71. 溝口和宏. (2003). 社会問題科の内容編成原理. 編. 社会認識教育学会. 社会科教育のニュー・パースペクティブ. 明治図書，pp. 54-63.
72. 溝口和宏. (2000). 市民的資質育成のための歴史内容編成—「価値研究」としての歴史カリキュラム—. 社会科研究（53），pp. 33-42.
73. 溝口和宏. (1994). 歴史教育における開かれた態度形成—D.W. オリバーの『公的論争問題シリーズ』の場合—. 社会科研究（42），pp. 41-50.
74. 溝口和宏. (2001). 開かれた価値観形成をはかる社会科教育：社会の自己組織化にむけて—単元「私のライフプラン—社会をよりよく生きるために—」の場合—. 社会系教科教育学研究（13），pp. 31-40.
75. 溝上泰. (1971). オリバーの社会認識教育論. 著：社会認識教育学会，社会認識教育の理論と実践. 葵書房. pp. 272-287.

76. 峯明秀. (2005). 学習指導要領「公民科」目標と学力形成指導の実際―大学入試センター試験評価基準を手がかりにして―. 教科教育学論集　第4集, pp. 15-24.
77. 峯明秀. (2008). 学習成果発表に向けての学習者による「調整」. 大阪教育大学社会科教育学研究 (6), pp. 11-20.
78. 峯明秀. (2009a). 学習者の内面の表出を図る社会科授業のPDCAサイクル―自らの生き方を追究させる築地実践の分析を通して―. 社会系教科教育学研究(21), pp. 11-20.
79. 峯明秀. (2009b). 自分の関わる発言・表現の多様化を図る社会科授業のPDCAサイクル―学習者が社会問題を認識し, 自ら生き方を追究する授業（有田和正実践）分析―. 社会科教育研究 (108), pp. 19-31.
80. 峯明秀. (2009c). 知識の量的拡大・効率化を図る授業のPDCA―客観的実在としての社会の事実的知識を獲得する社会科―. 社会科研究 (71), pp. 51-60.
81. 宮台真司. (2000). 共同体原理を脱し, 共生原理を確立せよ. 著：宮台真司・宮崎哲也他, リアル国家論. pp. 13-48. 教育史料出版会.
82. 森分孝治・棚橋健治. (1984). 社会科教授能力の形成―社会科教育学講義と社会科授業観の変革―. 著：広島大学教育学部教育方法改善研究委員会, 人間発達の実験的・実証的研究能力形成のための教育方法の改善, pp. 161-184.
83. 森分孝治・太鼓矢晋. (1975). 社会科学的概念学習の授業構成―「公害」の授業書試案―. 広島大学教育学部学部附属共同研究体制　研究紀要 (4), pp. 15-24.
84. 森分孝治ほか. (1976). 社会科学的概念学習の授業構成（Ⅱ）―「幕藩体制」の授業書試案―. 広島大学教育学部学部附属共同研究体制　研究紀要 (5), pp. 29-38.
85. 森分孝治・河南一. (1982). 社会科学的概念学習の授業構成（Ⅲ）―「平安期の時代構造」の教授書試案―. 広島大学教育学部学部附属共同研究体制研究紀要 (10), pp. 35-46.
86. 森分孝治・木村博一・棚橋健治. (1984). 社会科学的概念学習の授業構成（Ⅳ）―「東南アジア」の教授書試案―. 広島大学教育学部学部附属共同研究体制研究紀要 (12), pp. 31-47.
87. 森分孝治・太鼓矢晋. (1975). 社会科学的概念学習の授業構成―「公害」の授業書試案―. 広島大学教育学部学部附属共同研究体制　研究紀要 (4), pp. 15-24.

87. 森分孝治・河南一ほか．(1985)．社会科学的概念学習の授業構成（Ⅴ）―「鎌倉幕府の成立」の教授書試案―．広島大学教育学部学附属共同研究体制　研究紀要（13），pp. 21-33.
88. 森分孝治．(2001)．市民的資質育成における社会科教育―合理的意思決定―．社会系教科教育学研究（13），pp. 43-50.
89. 山本憲令．(1999)．「学力（思考力，資料活用能力）」を測定評価できる社会科テスト問題の開発．社会系教科教育学研究（11），pp. 61-68.
90. 山本憲令．(1990)．「行為を軸とした因果連関モデル・原因探求過程」を組み込んだ社会科授業．社会系教科教育学研究（2），pp. 93-98.
91. 吉川幸男．(1983)．社会科授業理論の認識論的基礎づけ（Ⅲ）―「科学的認識と実践主体を育てる社会科」の場合―．日本教科教育学会誌．(8) 1，pp. 41-47.
92. 吉村功太郎．(2001)．社会的合意形成を目指す授業―小単元「脳死・臓器移植法と人権」を事例に―．社会系教科教育学研究（13），pp. 21-28.
93. 渡部竜也・宇津剛．(2007)．社会認識教育としての消費者教育の創造―「差異の産業的生産」を視点にした単元の開発―．社会系教科教育学研究（19），pp. 19-28.
94. 渡部竜也．(2008)．井上達夫的リベラリズム社会は「政治的なるもの」の学習を必要としないのか―尾原康光氏の批判に答える―．2008年度日本公民教育学会全国研究大会レジュメ．
95. 渡部竜也．(2010)．社会科の授業観察・授業分析．原田智仁編．社会科教育のフロンティア．pp. 69-73．保育出版社．
96. D.W.Oliver, J.P.Shaver. (1966). *Teaching Public Issues in the High School*. Houghton Mifflin Company.
97. G.P.Wiggins. (1998). *Educative Assessment : Designing Assessments to Inform and Improve Student Performance*. Jossey-Bass.
98. G.Wiggins & Jay Mctighe. (2006). *Understanding by Desigh*. NJ: Pearson Education,inc.
99. Oliver, D. &. (1991). Achieving Thinking and Decision-Making Objectives in Social Studies. In J. P. Shaver (Ed.), *Handbook of Research on Social Studies Teaching and Learning*. N.Y: National Council for the Social Studies.
100. Oliver, D.W. & Shaver, J.P. (1962). Evaluating the Jurisprudential Approach to the Social Studies. The High School Journal, 53-63.
101. Parker, C. W. (1993). Assessing Student Learning of An Issue-Oriented

Curriculum. In R. &. Evans (Ed.), *Handbook on Teaching Social Issues*. National Council for the Social Studies.

報告書ほか

1. 国立教育研究所教育課程研究センター．(2009年11月2日)．参照先：教育課程実施状況調査：http://nier.go.jp/kaihatsu/kyouikukatei.htm
2. 伊東亮三ほか．(1994)．歴史テストのデータバンク化とテスト問題作成方略の開発研究」平成5年度科学研究費補助金（一般研究（C））研究成果報告書．
3. 棚橋健治他．社会科学習評価システム開発の総合的研究　1999年度〜2002年度科学研究費補助金（基盤研究（C）(2)）研究成果報告書．
4. 原田智仁ほか．(2008)．思考力・判断力を問う中学校社会科テスト問題の開発研究．財団法人日本教材文化研究財団．
5. 【特集　シンポジウム】社会科授業論のニューウェーブ―これまでの授業ではどうしていけないのか，これからの授業をどのようにつくるのか―．(2001)．社会系教科教育学研究（13），pp.1-50．

教　材　資　料

○第3章
1．放送教育開発センター．実習生の授業―高校・地理―（1978）．［映像資料］．

○第4章
1．放送教育開発センター（1978）．実習生の授業―高校・地理―．［映像資料］．
2．帝国書院．（1993）．詳細地理　最新版．帝国書院．
3．二宮書店．（1994）．詳説 新地理．二宮書店．
4．文部省．（1978）．高等学校学習指導要領解説　社会編．

○第5章
1．犬田充．（1977）．大衆消費社会の終焉．中公新書．
2．今田高俊．（1987）．モダンの脱構築．中公新書．
3．今田高俊．（2000）．日本の階層システム5―社会階層のポストモダン―．東京大学出版会．
4．今田高俊．（2001）．意味の文明学序説．東京大学出版会．
5．大塚英志．（2003）．定本物語消費論．角川文庫．
6．岡田斗司夫．（2007）．いつまでもデブと思うなよ．新潮新書．
7．佐伯啓思．（1993）．「欲望」と資本主義―終りなき拡張の論理―．講談社現代新書．
8．松原隆一郎．（1996）．失われた景観―戦後日本が築いたもの―．ＰＨＰ新書227．
9．松原隆一郎．（2003）．消費資本主義のゆくえ．ちくま新書
10．松原隆一郎．（2005）．分断される経済―バブルと不況が共存する時代―．NHKBooks．
11．見田宗介・栗原彬・田中義久（編）．（1988）．社会学事典．弘文堂．
12．ガルブレイス著／鈴木哲太郎・都留重人訳．（1980）．ゆたかな社会／大衆的貧困の本質．株式会社ティビーエス・ブリタニカ．
13．J.ボードリヤール著／今村仁司・塚原史訳．（1995）．消費社会の神話と構造．紀伊國屋書店．
14．J.ボードリヤール著／塚原史訳．（2004）．暴力とグローバリゼーション．NTT出版．

15. ブーアスティン著／後藤和彦・星野郁美. (1964). 幻影の時代. 創元新社.
16. リースマン著／加藤秀俊訳. (1998). 孤独な群衆. みすず書房.
17. 文部科学省. (1999). 高等学校公民科学習指導要領 1999年告示.
18. 鐘江宏之. (2008). 飛鳥・奈良時代 律令国家と万葉びと 三. 小学館.
19. 川尻秋生. (2008). 平安時代 揺れ動く貴族社会 四. 小学館.
20. 朝尾直弘ほか編. (1993). 岩波講座 日本通史 第2巻 古代1. 岩波書店.
25. 朝尾直弘ほか編. (1994). 岩波講座 日本通史 第3巻 古代2. 岩波書店.
21. 朝尾直弘ほか編. (1994). 岩波講座 日本通史 第4巻 古代3. 岩波書店.
22. 朝尾直弘ほか編. (1995). 岩波講座 日本通史 第5巻 古代4. 岩波書店.
23. 朝尾直弘ほか編. (1995). 岩波講座 日本通史 第6巻 古代5. 岩波書店.
24. 朧谷寿. (1991). 集英社版 日本の歴史⑥ 王朝と貴族. 集英社.
25. 五味文彦・斎藤功・高橋進ほか. (2006). 新編 新しい社会 歴史. 東京書籍.

○第6, 7章
1. 文部科学省. (1999). 中学校学習指導要領.
2. 赤松良子. (2003). 均等法をつくる. 勁草書房.
3. 伊田広行. (1998). シングル単位の社会論―ジェンダー・フリーな社会へ―. 世界思想社.
4. 伊田広行. (1998). シングル単位の恋愛・家族論―ジェンダー・フリーな関係へ―. 世界思想社.
5. 岩月謙司. (2002). 女は男のどこをみているか』ちくま新書.
6. 岩村暢子. (2007). 普通の家族がいちばん怖い―徹底調査！破滅する日本の食卓―. 新潮社.
7. 江原由美子. (2000). フェミニズムのパラドックス―定着による拡散―. 勁草書房.
8. 小浜逸郎. (1999). 「弱者」とはだれか. PHP新書083.
9. 金城清子. (1996). 生殖革命と人権―産むことに自由はあるのか―. 中公新書.
10. 河野稠果. (2007). 人口学への招待―少子・高齢化はどこまで解明されたか―. 中公新書.
11. 児玉美穂. (2001). はじめての年金・医療保険―保険の基本は社会保険から―. 集英社新書.
12. 佐伯啓思. (1993). 「欲望」と資本主義―終りなき拡張の論理―. 講談社現代新書.
13. 佐藤博樹，武石恵美子. (2004). 男性の育児休業―社員のニーズ，会社のメリッ

ト—．中公新書．
14. 白川一郎．(2005)．日本のニート・世界のフリーター—欧米の経験に学ぶ—．中公新書ラクレ．
15. 白波瀬佐和子．(2005)．少子高齢社会のみえない格差—ジェンダー・世代・階層のゆくえ—．東京大学出版会．
16. 橘木俊詔．(2005)．企業福祉の終焉—格差の時代にどう対応すべきか—．中公新書．
17. 橘木俊詔．(2006)．格差社会—何が問題なのか—．岩波新書．
18. 田村秀．(2006)．データの罠—世論はこうしてつくられる—．集英社新書．
19. 中川信俊．(1999)．社会問題の社会学—構築主義アプローチの新展開—．世界思想社．
20. 仲正昌樹．(2007)．「プライバシー」の哲学．ソフトバンク新書．
21. 日本経済新聞社（編）．(2005)．少子化に挑む—「脱・人口減少」への最後の選択—．日本経済新聞社．
22. 日本経済新聞社（編）．(2005)．未知なる家族—The Family and Beyond—．日本経済新聞社．
23. 21世紀研究会（編）．(2007)．法律の世界地図．文藝春秋．
24. 長谷部恭男．(2006)．憲法とは何か．岩波新書．
25. 長谷部恭男．杉田敦．(2006)．これが憲法だ！．朝日新書．
26. 林道義．(1996)．父性の復権．中公新書．
27. 保坂正康監修．(2007)．50年前の憲法大論争．講談社現代新書．
28. 樋口陽一．(1999)．憲法と国家．岩波新書．
29. 久本憲夫．(2003)．正社員ルネサンス—多様な雇用から多様な正社員へ—．中公新書．
30. 普光院亜紀．(2003)．共働き子育て入門．集英社新書．
31. 丸山真男．(1981)．日本の思想．岩波新書．
32. 三木義一．(2003)．日本の税金．岩波新書．
33. 三砂ちづる．(2004)．オニババ化する女たち—女性の身体性をとりもどす—．光文社新書．
34. 三浦展．(2005)．下流社会—新たな階層集団の出現—．光文社新書221．
35. 森岡孝二．(2005)．働きすぎの時代．岩波新書．
36. 山田昌弘．(2004)．パラサイト社会のゆくえ—データで読み解く日本の家族—．ちくま新書．

37. 湯沢雍彦．(2005)．データで読む家族問題．日本放送出版協会．

＊以下，図表の出典一覧（資料 6, 7 は筆者作成）
資料 1．湯沢雍彦『データで読む家族問題』日本放送出版協会，2005 年，pp. 14-15.
資料 2．湯沢雍彦『データで読む家族問題』日本放送出版協会，2005 年，pp. 14-15.
資料 3．湯沢雍彦『データで読む家族問題』日本放送出版協会，2005 年，pp. 14-15.
資料 4．湯沢雍彦『データで読む家族問題』日本放送出版協会，2005 年，pp. 16-17.
資料 5．湯沢雍彦『データで読む家族問題』日本放送出版協会，2005 年，pp. 14-15.
資料 8．湯沢雍彦『データで読む家族問題』日本放送出版協会，2005 年，pp. 64-65.
資料 9．湯沢雍彦『データで読む家族問題』日本放送出版協会，2005 年，pp. 186-187.
資料 10．湯沢雍彦『新版　データで読む家族問題』日本放送出版協会，2008 年，pp. 28-29.
資料 11．湯沢雍彦『データで読む家族問題』日本放送出版協会，2005 年，pp. 14-15.
資料 12．湯沢雍彦『データで読む家族問題』日本放送出版協会，2005 年，pp. 202-203.
資料 13．湯沢雍彦『データで読む家族問題』日本放送出版協会，2005 年，pp. 30-31.
資料 14．湯沢雍彦『データで読む家族問題』日本放送出版協会，2005 年，pp. 14-15.
資料 15．湯沢雍彦『データで読む家族問題』日本放送出版協会，2005 年，pp. 108-109.
資料 16．湯沢雍彦『データで読む家族問題』日本放送出版協会，2005 年，pp. 14-15.

あ と が き

　本書は，平成22（2010）年広島大学に提出した学位論文『社会系教科における評価のためのツール作成の方略』を，修士課程，及び博士課程，鳴門教育大学での個別の研究成果も含め，再編成したものを，平成26年度独立行政法人日本学術振興会科学研究費助成事業（科学研究費補助金）（研究成果公開促進費）の交付を受けて，公刊するものである。
　ここにそれらの研究成果と，本書の構成との対応関係を示しておきたい。第2章「社会系教科に求められる評価のためのツール」は，全国社会科教育学会第49回全国研究大会（2000年，長崎大学）での自由研究発表「目標達成度を明確化する評価の方法─『社会的論争問題分析テスト』の場合─」と『社会科研究』第57号（2002年）に掲載された「目標達成度を明確化した態度評価法─ハーバード社会科の社会的論争問題分析テストSIATを題材に─」に基づき，加筆したものである。第4章「事実の習得につながる評価のためのツール」は，全国社会科教育学会第58回全国研究大会（2009年，弘前大学）での自由研究発表「社会系教科における評価のためのツール設計の論理─「社会事象に関する知識の獲得を確認するための評価」の場合─」と『社会認識教育学研究』第25号（2010年）に掲載された「社会系教科における評価のためのツール設計の論理─社会的事象に関する知識の獲得を目的とする授業の場合─」に基づき，加筆・修正したものである。そして，第5章「見方・考え方の習得につながる評価のためのツール」は，全国社会科教育学会第53回全国研究大会（2004年，鹿児島大学）の課題研究Ⅱでの発表「社会科教育における達成度を明確にした指導法の類型化」と『社会科研究』第65号（2006年）に掲載された「社会科教育における目標に対応した評価法─科学的探求にもとづく理論学習の場合─」及び，『日本教科教育学会誌』第32巻2号（2009

年）に掲載された「社会系教科における評価法開発の論理—「科学的知識の形成」を目標とする授業の場合—」，『教育学研究紀要』第54巻（2009年）に掲載された「社会系教科における学力保障のための評価の視点—評価の形成的機能に着目して—」に基づき，加筆・修正したものである。第6章「生き方の選択につながる評価のためのツール」は，日本公民教育学会第21回全国研究大会（2010年，京都教育大学）での自由研究発表「現実社会を見据えた市民性育成のための評価法開発—単元「わたしのライフスタイル」の場合—」，と『鳴門教育大学研究紀要』第27巻（2012年）に掲載された「社会系教科における授業者による学習評価の論理—「決定・判断」を基盤とした授業の場合—」に基づき，加筆・修正したものである。最後に，第7章「社会系教科における授業者のための評価法作成方略」は，『社会科教育論叢』第47集（2006年）に掲載された「生徒の批判の視点を保障する社会科授業の開発—「ファミリィ・アイデンティティ」の概念に基づいて—」，日本社会科教育学会第61回全国研究大会（2011年，北海道教育大学）での自由研究発表「社会系教科における学習支援の方略—授業実践「制度について考えよう」を事例に—」及び，『社会科授業研究（사회과수업연구）』第2巻第1号（2014年）に掲載された「社会系教科における評価方略の開発と検証—単元「制度について考えよう」を事例に」に基づき，加筆・修正を行ったものである。

　本書の研究に取り組むようになったのは，鹿児島大学で溝口和宏先生（鹿児島大学教授）のゼミに進学してからのことである。高等学校の頃，最も好きな教科が「世界史」であったため，大学では，イギリスの歴史教育の分析から，歴史をどう教えるかについて考察した。その後，大学院でも，歴史教育について考えるつもりでいたが，カリキュラムや単元構成が分かっても，実際の授業で，どう教えるのかについては分からないのではないかという不安に駆られ，院生室で悩んでいたら，溝口先生から，「授業の実際が分かりたいのであれば，評価を見てみればよい」とアドバイスを受け，ハーバード社会科の評価問題であるSIATの分析をすることになった。SIATの分析を

あとがき 253

始めた当初，非常に形式的で，ハーバード社会科の最も意義があり，面白いと思える部分が，ごっそり抜かれている印象を受けた。社会科の到達点に位置付くとされるハーバード社会科は，授業論としては非常に面白い。しかし，その評価は，面白味がない。このことには何か意味があるのではないかと思いつつ，言葉にできないまま，修士課程を修了した。

　その後，鹿児島大学の臨時の事務官や高等学校での非常勤講師を経て，熊本の私立高校の教師となることができた。多様な学科を持つ高校であったこともあり，教壇に立つ先生方，生徒たちは非常に個性豊かであった。そこで，地理歴史科，公民科を教えていく中で，進学だけでなく，様々なニーズを持っている生徒がいた。彼らに，最低限身につけなければならない能力は何なのか，その定着はどういう方法で確認すればよいのか，生徒自身や保護者が納得する評価とはなにか，周りの先生方に卒業に足る力があることを示すには，どんなエビデンスを示せばよいのかなど，実践の場で，いろいろな角度から考えることができた。そんな楽しくはあるが日常の勤務に埋没しそうになったとき，社会系教科教育学会第15回全国研究大会のシンポジウム「評価から社会科の学力を問う―公民的資質は評価できるか―」(2004年，兵庫教育大学)でシンポジストとして登壇する機会をいただいた。社会系教科教育学会には，現職の先生方が多く所属されており，当時，現職とはいえ，数年目の私の発表に説得力があるとは思えなかったが，せっかくの機会だからとお引き受けしたものの，勤務校での業務と学会発表の準備の両立がなかなかできず，ぎりぎりになって発表をとりやめようかと思ったこともあった。しかし，当時，兵庫教育大学におられた橋本康弘先生（福井大学准教授）に準備等でご配慮いただき，なんとか発表することができた。また，宿泊した施設でたまたま隣に泊まられていた石川照子先生（兵庫県立西宮香風高等学校）にお声掛けいただき，そのご縁で岩田一彦先生（兵庫教育大学名誉教授），原田智仁先生（兵庫教育大学教授）を交えてのお話の機会や，在学しておられる現職の先生方とお話をする機会をいただいた。教員経験の少ない私にとって，先生方との理

論的な話と現場での経験とを絡めながらの議論は興味深く，教壇に立ちながらも研究が続けていけるのだというモデルを見せていただいた気がした。先生方のおっしゃっていた「どんなに忙しくても学会に参加し，発表をする」ことが肝要であり，同じ志を持った仲間が集まることで，問題意識が深まり，それぞれが高められていくのだと思った。これを機に，学会に参加するようになり，様々な人とのつながりができた。その中で，修士論文で引っかかっていた問いを解決しないと，目の前の生徒の評価をきちんとできないのではないかという思いに駆られるようになった。

そこで，修士論文作成の際，溝口先生から「社会科で評価をやりたかったら，棚橋先生の論文，挙げられている参考文献を全部読んでおきなさい」と言われ，SIATを分析しているときも，ずっと参考にしていた棚橋健治先生ご本人に，相談したいと思うようになった。2006年の1月4日，思い立って，朝一番の新幹線に乗り，熊本から広島大学に向かった。広島大学に着いてから，棚橋健治先生にアポイントメントをとっていなかったことに気づき，教育学研究科の玄関前の電話ボックスから研究室に電話したところ，連絡がつき，ご相談をすることができた。あの時は，論文を読んでいたため，非常に近い気がしていたが，そもそも，ご本人と直接お話をするのは，ほぼ初めてであり，かなり非常識な行動だった。しかし，快く相談に乗っていただき，いろいろな疑問をすっきりさせることができた。広島大学からの帰りには，ここで勉強したいという思いが強くなり，翌年に受験した。結果，広島大学大学院教育学研究科に進学する機会を得ることができた。進学後，棚橋先生は非常にお忙しく，研究室におられることが少ないことを知った。あの日，あの時，棚橋先生とお話ができなければ，博士課程を受験することもなかったし，本書が完成することもなかった。

以上の経緯から，本書の完成は多くの方々のご指導・ご尽力の賜であると言える。棚橋健治先生（広島大学教授）には，学位論文の作成から審査に至るすべての過程で主査として，常に厳しく，しかし懇切丁寧にご指導を賜っ

た。小原友行先生（広島大学教授），池野範男先生（広島大学教授），木村博一先生（広島大学教授）には副査として直接，ご指導・ご鞭撻を賜った。木原成一郎先生（広島大学教授）には，貴重なご指導・ご示唆をいただいた。また，草原和博先生（広島大学教授），中本和彦先生（四天王寺大学准教授），そのほか，木村一子先生をはじめ，多くの先生方から学会や研究会を通じて，多くのご批判ご助言をいただいた。そして，峯明秀先生（大阪教育大学教授），川口広美先生（滋賀大学講師），南浦涼介先生（山口大学講師），後藤賢次郎先生（山梨大学講師），李貞姫先生（光州教育大学教授），松岡靖先生（京都女子大学准教授）は，机を並べ議論をするだけでなく，なかなか進まない私の研究についての愚痴を聞き，励ましてくれた。

　鳴門教育大学では，同じ社会科教育学研究室の梅津正美先生（鳴門教育大学教授），伊藤直之先生（鳴門教育大学准教授）には，研究方法や姿勢についてのご示唆・ご教示いただいた。同じく西村公孝先生（鳴門教育大学教授），小西正雄先生（鳴門教育大学教授），金野誠志先生（鳴門教育大学教授）にも，研究についてご示唆をいただいた。

　また，梅野正信先生（上越教育大学教授）にはお会いするたびに，声をかけて頂いている。そして，鹿児島大学の院生室で色々な議論をした甲斐恵先生（宮崎県立日向高等学校教諭），福元千鶴先生（筑波大学附属高等学校教諭）には，学部・大学院の頃から現在に至るまで，ときには叱咤激励も含め，私の研究を支えてくれている。

　本書を閉じるにあたって，まだまだ御礼を申し上げていない人たちもいるが，紙幅の関係上，お許し願いたい。最後に，福田喜彦先生（愛媛大学准教授）には，公私ともに様々な場面で支えてもらっている。鹿児島大学教育学部の頃から，読書会から飲み会までいろいろな場面で切磋琢磨し，お互いを高め合っている。しかし，思えば，いろいろな決断場面において，躊躇している私の行動をいつも後押ししてくれている。これからも，家族として，研究の仲間として，ともに歩んでいきたい。

末筆になったが，本書の刊行を受け入れて下さった風間書房の風間敬子社長と編集担当の斉藤宗親氏に御礼の気持ちを申し述べたい。

2014 年 11 月

井 上 奈 穂

著者略歴

井上奈穂（いのうえ　なほ）

1976年5月	鹿児島県に生まれる
2001年3月	鹿児島大学大学院教育学研究科教科教育専攻社会科教育専修修了　修士（教育学）
2003年4月	八商学園秀岳館高等学校講師
2010年3月	広島大学大学院教育学研究科博士課程後期文化教育開発専攻修了　博士（教育学）
2010年4月	国立大学法人鳴門教育大学大学院学校教育研究科講師
2013年4月	国立大学法人鳴門教育大学大学院学校教育研究科准教授

著書

『教育実践学としての社会科授業研究の探求』（共著）風間書房，2015年。
『中等社会系教育』（共著）協同出版，2014年。
『テキストブック　公民教育』（共著）第一学習社，2013年。
『新　社会科教育学ハンドブック』（共著）明治図書，2011年。

社会系教科における評価のためのツール作成の論理
──授業者のための評価法作成方略──

2015年1月31日　初版第1刷発行

　　　　　　　著　者　井上奈穂
　　　　　　　発行者　風間敬子

　　　発行所　株式会社　風間書房
　　　〒101-0051　東京都千代田区神田神保町1-34
　　　　電話 03(3291)5729　FAX 03(3291)5757
　　　　　　　　　　　振替 00110-5-1853

　　　　　　印刷　藤原印刷　製本　井上製本所

©2015 Naho Inoue　　　　　　　　　　NDC分類：370
ISBN978-4-7599-2063-5　Printed in Japan

JCOPY 〈(社)出版者著作権管理機構　委託出版物〉

本書の無断複写は，著作権法上での例外を除き禁じられています。複写される場合はそのつど事前に(社)出版者著作権管理機構（電話 03-3513-6969，FAX 03-3513-6979，e-mail:info@jcopy.or.jp）の許諾を得てください。